教育部人文社会科学重点研究基地重大项目"□□国生态文明与绿色发展研究"（18JJD790016）资助

通往绿色发展之路

—— 产业结构演进视角下的中国绿色发展研究

陈 亮 著

中国财经出版传媒集团

经济科学出版社
Economic Science Press

·北 京·

图书在版编目（CIP）数据

通往绿色发展之路：产业结构演进视角下的中国绿
色发展研究/陈亮著 . -- 北京：经济科学出版社，
2024.5

ISBN 978 - 7 - 5218 - 5933 - 1

Ⅰ. ①通⋯　Ⅱ. ①陈⋯　Ⅲ. ①中国经济 - 绿色经济 -
经济发展 - 研究　Ⅳ. ①F124.5

中国国家版本馆 CIP 数据核字（2024）第 106517 号

责任编辑：李一心
责任校对：王肖楠
责任印制：范　艳

通往绿色发展之路

——产业结构演进视角下的中国绿色发展研究

陈　亮　著

经济科学出版社出版、发行　新华书店经销
社址：北京市海淀区阜成路甲 28 号　邮编：100142
总编部电话：010 - 88191217　发行部电话：010 - 88191522
网址：www. esp. com. cn
电子邮箱：esp@ esp. com. cn
天猫网店：经济科学出版社旗舰店
网址：http://jjkxcbs. tmall. com
北京季蜂印刷有限公司印装
710×1000　16 开　15.25 印张　230000 字
2024 年 5 月第 1 版　2024 年 5 月第 1 次印刷
ISBN 978 - 7 - 5218 - 5933 - 1　定价：76.00 元
（图书出现印装问题，本社负责调换。电话：010 - 88191545）
（版权所有　侵权必究　打击盗版　举报热线：010 - 88191661
QQ：2242791300　营销中心电话：010 - 88191537
电子邮箱：dbts@ esp. com. cn）

序　言

　　"生态兴则文明兴，生态衰则文明衰""绿水青山就是金山银山""我们要建设的现代化是人与自然和谐共生的现代化"。自中共十八大以来，在习近平新时代中国特色社会主义思想科学指引下，中国秉持尊重自然、顺应自然、保护自然的生态文明理念，立足于社会主义初级阶段的现实，强调将生态文明建设贯穿统筹推进"五位一体"总体布局、协调推进"四个全面"战略布局之中，坚定不移地促进经济社会发展的全面绿色转型，积极参与全球环境与气候治理，以"碳达峰碳中和"目标为推动绿色发展的系统性抓手，促进产业结构转型升级加速演进，推动生态文明建设不断取得新突破，生态环境质量改善程度与速度为世人所瞩目。回首新中国生态环境保护事业与生态文明建设，历代中国共产党人带领全国各族人民风雨同舟、艰苦奋斗，深刻把握人类文明发展规律，不断深化对人与自然关系的科学认识，着眼于中国不同发展阶段社会主要矛盾发展变化的时代背景，在推进中国特色社会主义现代化强国的伟大实践中，不断探索出一条不同于西方传统生态治理的创新之路。

一

　　生态文明的中国之路，自新中国成立以来历经风雨 70 余年的奋力实践，努力把握经济社会发展和生态文明建设的内在规律，不断推动经济社会发展与生态环境保护的协同共进，努力探索出一条能够同时实现"生产发展、生活富裕、生态良好"的现代化发展之路，这一伟大探索进程主要经历了以下几个阶段：

　　一是发展起步与生态环保事业的开创探索阶段。从 1949 年中华人民共和国成立至 1977 年的这个时期，我国基本实现了 20 世纪五六十年代制定的国家工业化的初期目标，建立起了比较完整的工业体系和国民经济体系，经济总量翻了两番多。这一时期，我国在一穷二白和外有封锁的发展约束下，选择了以重工业优先发展和自力更生为主要目标的发展战略，以劳动力和资源要素的高投入、高消耗所形成的经济增长，推动了国民经济的发展。然而，大规模经济建设导致环境问题突出，工业"三废"带来了不小的生态环境代价。面对贫穷落后亟须发展与生态环境恶化的现实，尤其是看到西方国家因工业化过程中日渐突出的环境公害而在世界范围内兴起的环境保护运动，我国在恢复联合国合法席位之后，第一次派团参加了 1972 年联合国人类环境会议，代表发展中国家发声，并为联合国《人类环境宣言》贡献了中国智慧，自此中国在全球生态环境建设中一直都是重要的参与者和贡献者。1973 年召开了新中国第一次全国环境保护会议，次年成立了环境保护的政府管理机构，环境保护政策开始成为我国现代化发展中公共政策体系的一个重要内容，由此拉开了中国生态环境保护事业的序幕。

二是发展转型与生态环境保护法治化制度化体系逐步建立阶段。改革开放极大地解放和发展了生产力，推动了中国特色社会主义事业取得举世瞩目的成就。改革开放以来，我国工业化、城镇化进程突飞猛进，逐步成长为世界第二大经济体、制造业第一大国和货物贸易出口第一大国，综合国力、社会生产力水平和人民生活水平显著提高。与此同时，资源消耗过大、环境污染及全球气候变化等问题相互叠加，我们进一步认识到生态环境保护工作的重要性和迫切性，环境保护与经济发展相统一的认识逐步促成了"预防为主、防治结合""谁污染、谁治理""强化环境管理"为主的政策体系，环境保护法、森林法、土地管理法、水法、大气污染防治法、城市规划法等专项立法工作与综合性法律的统筹修订进一步加快。随着社会主义市场经济体制的基本建立，基于市场机制的资源环境政策工具逐步丰富，但在生态环境保护的制度化建设与转变经济发展方式的过程中，仍存在一些体制性问题和结构性问题，亟须推动经济发展方式由资源要素驱动向创新驱动的根本性转变，实现生产方式消费方式的绿色转型和生态环保体制的变革。

三是推进绿色发展与深化生态治理体系和治理能力现代化阶段。党的十八大以来，我国经济从高速增长阶段转向高质量发展阶段，经济增长更加依赖于新质生产力发展与全要素生产率的提高，而非单纯依赖生产要素投入量的增加，促进以绿色低碳循环为特征的经济结构转型。然而，经济发展方式的转变既不可能一蹴而就，也不可能依赖工业化、城镇化、农业现代化进程自发实现，必须通过发展理念、发展方式、发展目标、发展手段等方面的系统调整，实现对传统发展方式和生态环境治理方式的根本性超越，推进实现生态环境治理体系和治理能力现代化。党的十八大以来，中央在健全自然资源资产产权制度、建立国土空间开发保护制度、建立空间规划体系、完善资源总量管理和全面节约制度、健全资源有偿使用和生态补偿制度等基础制度层面深入推进，在大气、水、土壤、海洋、减灾防灾、防沙治沙等重点领域推进一系列生态环境治理的重大措施，在发展进程中严格执行环保、能耗和质量等相关法律法规和标准，使我国生态文明建设取得质的突破，为全球生态环境治理做出了中国贡献，展现了引领全球绿色发展和生态文明建设的大国担当。

二

从"了解自然、克服自然和改造自然"[①]，到"人与自然是生命共同体，人类必须尊重自然、顺应自然、保护自然"[②]，习近平生态文明思想作为马克思主义中国化与现实世情国情相结合的最新理论成果，使我们对人与自然关系的认识发生了飞跃，对人类文明发展规律的认识进入了新境界。

推进生态文明建设，重点是解决生态环境领域的突出问题，但归根结底还是要转变经济发展方式和生活方式。因此，必须始终贯彻创新、协调、绿色、开放、共享的发展理念，以新质生产力推动经济发展方式的根本性转变，推进经济发展政策和生态环境政策之间的协同共进。通过供给侧结构性改革，促进绿色低碳循环经济在现代经济发展体系中主导地位的形成，提高资源环境的产出水平和环境承载力，促进人口资源环境的协调发展，实现人与自然和谐共生。

推进生态文明建设，关键还在于以制度体系建设为抓手，推进国家生态环境治理体系和治理能力的现代化。以全面深化改革为根本动力，

---

① 中共中央文献研究室. 毛泽东文集（第二卷）[M]. 北京：人民出版社，1993：269.
② 中共中央文献研究室. 习近平谈治国理政（第三卷）[M]. 北京：外文出版社，2020：39.

转变政府职能，正确处理政府与市场的关系，使市场在资源配置中起决定性作用，更好地发挥政府作用，有效发挥两者的协调互补功能，让市场准确反映资源稀缺程度和环境损害成本，将资源环境压力转化为技术进步、结构调整和增长方式转变的内在动力。在生态文明建设的治理主体上，形成政府、企业、社会高效参与、协同配合又相互协商监督制衡的治理结构，从而有效协调局部利益、个人利益、短期利益，保障全社会的整体利益、共同利益、长期利益。在国家层面，构建和完善生态文明建设的"四梁八柱"，提升生态环境治理能力；在企业和居民层面，加强激励约束并重的长效机制建设，将资源节约与生态环境保护逐步由末端治理向生产流通消费全过程延伸，促进绿色发展、绿色消费、绿色生活方式的实现。在生态文明建设的治理手段上，综合运用法律、经济、技术和行政等手段，不断丰富和完善基于法治和市场的绿色发展政策工具，优化社会性规制工具和经济性规制工具的结构，发挥市场化手段、自愿性手段与规制型政策工具的协同效应与治理效能，以最小的治理成本发挥最大的治理收益。

生态文明建设作为治国理政的重要内容，形成绿色发展方式和生活方式，更需要每个公民知行合一的共同参与。健全生态文明制度体系，坚定推进人与自然和谐共生的现代化进程，为中华民族赢得美好未来，为全球生态安全贡献中国担当。

三

本书得到教育部人文社会科学研究基地重大项目"产业结构演化视角下的中国生态文明与绿色发展研究"（18JJD790016）的资助支持。作者诚挚感谢中国人民大学经济学院林岗教授的鼎力支持；感谢教育部人文社会科学研究基地中国人民大学中国经济改革与发展研究院院长、中国人民大学经济学院院长刘守英教授及研究院常务副院长、经济学院副院长于泽教授的帮助和指导；感谢中国人民大学经济学院高德步教授、陈享光教授的帮助与支持；感谢时英、杨向辉、胡文涛、张楠、王一帆、哈战荣、黄荣荣、高浩宇等人在资料搜集、数据处理、文字编校等方面给予的帮助和做出的贡献；感谢经济科学出版社领导及编辑宋涛老师、李一心老师，他们严谨的审校与热情的帮助，才使本书得以顺利出版。

作者研究水平有限，就教于学术同行，感谢各位专家批评指正！

目　录

导　论

第一节　研究背景与意义

一、研究背景

生态文明和绿色发展是继传统农业文明、现代工业文明之后在发展思路和发展理念上的重大进步，这一发展理念将推动现代工业文明从传统化石能源依赖、自然环境损害的现代工业文明发展路径转向可持续的、环境与资源相容的绿色文明。绿色发展作为中国生态文明建设的具体体现，已经成为应对全球气候变化、保障资源供给安全及引领新一轮全球经济发展潮流的基本途径与战略选择，成为全球各国或地区政府的共识，也成为国际政治的重要命题。绿色发展以其"低消耗、低排放、低污染、高效益"的优势为世界各国政府所青睐，发达国家正在凭借其绿色技术和创新优势，在政治、经济、技术、贸易和金融等方面构筑全球新的竞争格局，抢占新一轮绿色技术高地。

改革开放以来，随着我国经济的快速发展，经济发展与环境保护的矛盾日益凸显，大气污染、土地荒漠化、水土流失和生物多样性减少等生态环境问题频繁发生。生态破坏和环境污染问题不仅恶化了人类的生存环境，也成为经济发展的绊脚石。因此，严峻的现实要求我们必须正确处理好经济发展与生态环境保护的关系。当前我国进入新的发展阶段，经济已由高速增长阶段转向高质量发展阶段，以牺牲环境为代价、追求经济一时高速增长的发展方式已经不适合中国发展实际。党的十八大以来，以习近平同志为核心的党中央提出了"创新、协调、绿色、开放、共享"的新发展理念，要求实现绿色发展，促进人与自然和谐共生的现代化。习近平总书记在党的二十大报告中提出，中国式现代化是人与自然和谐共生的现代化，必须牢固树立和践行"绿水青山就是金山银山"的理念，站在实现人与自然和谐共生的高度谋划发展。"十四五"以来，我国经济一直保持稳定增长，在"绿水青山就是金山银山"理念的引领下，经济发展与生态环境保护的矛盾得到了缓和，但是我国经济社会发展不协调、不持续的问题仍然存在。因此，在"十四五"时期乃至未来相当长的一段时间内，推动经济发展方式的绿色转变都将是我国政府的重点工作之一。

当前我国正处在转变发展方式、优化经济结构、转换增长动能的攻关期，产业结构作为经济结构的重要组成部分，产业结构的演化是实现转变发展方式和转换增长动能的重要手段，对我国实现以绿色为普遍形态的经济高质量发展具有重要意义。随着我国对生态环境保护的日益重视，当前我国正在探索以产业生态化和生态产业化为代表的产业发展与生态保护融合发展的新模式。产业发展作为影响生态环境的重要因素，产业结构的演化也会改变其对生态环境产生的影响，尤其是科技创新、绿色金融因素诱发的产业结构演化会对我国的绿色发展进程产生了不同程度的影响。本书将基于产业结构演化的视角，研究我国的绿色发展水平及趋势，科技创新、绿色金融因素与绿色发展的关系，以及相关政策因素对绿色发展的影响，通过这些研究有助于我们更好地把握产业结构演化背景下我国生态文明与绿色发展的理论支撑和实践逻辑，为我国实现生态文明寻求更为科学可行的政策方案。

二、研究意义

从理论研究的角度看，绿色发展理念指导下的经济发展模式将彻底改变中国经济的宏观和微观运行模式，将彻底改变整个生产、管理和社会经济治理体系，这种改变需要新的理论加以解释、指导和总结其发展历史、现实和趋势。同时，现有的经济实践活动也为理论发展提供了新的事实和样本来源，绿色发展提出的资源高效利用和循环利用目标，通过现实的物质循环和能量全面模式，正在推动经济社会的变革，这就需要综合经济学、环境学、生态学、政治学等多学科的相关知识，系统分析经济社会发展中多个方面的变化。本书对绿色发展和产业结构优化相关理论进行系统梳理，从经济学角度对产业结构优化与绿色发展辩证统一性展开进一步论证，进而为新知识、新学科、新理念的不断创新提供重要基础。

从中国经济和社会发展的现实来看，在"十四五"或者更长的一段时期内，中国经济发展和产业转型的过程与推动中国生态文明和绿色发展在时间和空间上具有很强的一致性。从国内现实来看，旧有的发展模式导致水土流失严重、沙漠化迅速发展、草原退化加剧、生物物种加速灭绝、水体污染严重、空气质量不容乐观、环境污染向农村蔓延等环境问题不断凸显，已经影响到我国可持续发展。造成这些问题的原因是多样的，既有客观因素，又有主观失误，需要系统研究、逐步加以解决。从国际环境来看，中国作为《联合国气候变化框架公约》缔约方，承担了为全球气候变化做出积极贡献的历史责任。2014 年，《中美气候变化联合声明》提出，中国计划 2030 年左右二氧化碳排放达到峰值且将努力早日达峰，并计划到 2030 年将非化石能源占一次能源消费的比重提高到 20% 左右。在巴黎国际气候会议上，习近平总书记代表中国政府向世界做出了 2030 年单位 GDP 二氧化碳排放比 2005 年下降 60% ~ 65% 的减排承诺。2020 年 9 月 22 日，习近平主席在第七十五届联合国大会上进一步诠释了中国担当，中国将提高国家自主贡献力度，采取更加有力的政策和措施，二氧化碳排放力争于 2030 年前达到峰值，努力争取 2060 年前实现碳中和。这些国际责任和义务的完成和实现，都需要中国在生态文明建设和绿色发展进程中，不断对现实问题提出具体的解决方案。本书在严整的理论基础上，运用翔实的数据和创新方法，对我国绿色发展、产业结构优化以及两者的关系进行研究，为形成能有效解决生态文化和绿色发展相关问题的政策、措施和方案提供支撑。

第二节　国内外研究综述

目前，学界关于绿色发展机制及其影响因素的实证研究和讨论日渐增多，出现了很多有意义的重要成果。学术界对绿色发展与产业结构演化之间的关系的讨论逐渐形成了很多的共识，系统地归纳和总结这些研究成果和文献资料，将有助于更加准确地把握研究问题、厘清研究思路、确定研究方法，并顺利开展全书的研究设计。

一、绿色发展与产业结构的耦合协调研究

关于绿色发展和产业结构发展水平测度的研究。关于绿色发展的测度，主要分为两种方法：一种是通过构建绿色发展指标体系，另一种是通过构建效率模型对一国或地区的绿色发展效率进行测度。黄跃和李琳（2017）[①] 以我国城市群为研究对象构建了绿色发展综合评价体系，研究表明 2005 年以来我国城市群绿色发展水平波动上升，并且呈现出一定的层级格局。张旭等（2020）[②] 基于 DPSIR 模型建立了高质量绿色发展指标体系，对 2013～2017 年我国省域高质量绿色发展水平的时空演化情况进行研究，发现我国绿色发展水平整体呈现逐年上升趋势，但省际差异较大且呈明显的空间聚集现象。杨志江和文超祥（2017）[③] 运用模型测算了我国省际 1999～2012 年的绿色发展效率，对我国绿色发展效率的演变特征与区域差异进行了考察，发现我国总体绿色发展效率不高，而且东部与中西部呈现严重两极分化的格局。周亮等（2019）[④] 对我国城市绿色发展效率的时空分异特征进行了测度和刻画，研究发现 2005～2015 年我国城市层面绿色发展效率稳步提升，空间上呈现出"东中西"阶梯状递减的区域差异。关于产业结构的测度，匡远配和唐

[①] 黄跃，李琳. 中国城市群绿色发展水平综合测度与时空演化 [J]. 地理研究，2017，36（7）：1309 – 1322.
[②] 张旭，魏福丽，袁旭梅. 中国省域高质量绿色发展水平评价与演化 [J]. 经济地理，2020，40（2）：108 – 116.
[③] 杨志江，文超祥. 中国绿色发展效率的评价与区域差异 [J]. 经济地理，2017，37（3）：10 – 18.
[④] 周亮，车磊，周成虎. 中国城市绿色发展效率时空演变特征及影响因素 [J]. 地理学报，2019，74（10）：2027 – 2044.

文婷（2015）①、徐波等（2019）②、韩英和马立平（2020）③、黄天能（2021）④ 分别从省级、城市群和城市的维度对我国产业结构转型进行了测度，并逐步完善了测度方法和维度：除了传统的产业结构升级水平，还增加了产业结构超前系数、产业结构年均变动值等对产业结构升级方向和速率的测度。

关于产业结构对绿色发展的影响研究。国内外学者在对二者的关系研究上，主要集中在产业结构优化升级对绿色发展的影响方面。黄亮雄（2012）⑤ 研究了不同类型的产业主导模式会对当地污染排放强度、污染治理模式产生差异性后果。韩永辉（2015）⑥ 研究了产业结构升级对生态文明建设的影响，并且区分了本地效应和邻近地区效应的差异。赵领娣（2016）⑦ 在省级层面研究了 1997～2013 年我国产业结构调整对绿色发展效率的作用方向和影响力度，结果显示产业结构合理化和产业结构高级化均改善了绿色发展效率。李子豪（2018）⑧ 研究发现本地区和邻近地区的产业结构工业化都会对当地的绿色发展产生负面影响。刘金全等（2020）⑨ 基于 2002～2018 年 30 个省份的面板数据，采用 PVAR 模型，验证了产业结构升级能够促进绿色发展，同时绿色经济发展水平的提高也可以推动产业结构升级，二者相互作用。

---

① 匡远配，唐文婷. 中国产业结构优化度的时序演变和区域差异分析 [J]. 经济学家，2015（9）：40-47.

② 徐波，汪波，朱琳. 我国产业结构与就业结构演进及动态测度 [J]. 统计与决策，2019，35（18）：121-125.

③ 韩英，马立平. 京津冀产业结构转型升级的效果测度 [J]. 首都经济贸易大学学报，2020，22（2）：45-55.

④ 黄天能，许进龙，谢凌凌. 资源枯竭城市产业结构转型升级水平测度及其影响因素——基于 24 座地级市的面板数据 [J]. 自然资源学报，2021，36（8）：2065-2080.

⑤ 黄亮雄，王鹤，宋凌云. 我国的产业结构调整是绿色的吗？ [J]. 南开经济研究，2012（3）：110-127.

⑥ 韩永辉，黄亮雄，王贤彬. 产业结构升级改善生态文明了吗——本地效应与区际影响 [J]. 财贸经济，2015（12）：129-146.

⑦ 赵领娣，张磊，徐乐等. 人力资本、产业结构调整与绿色发展效率的作用机制 [J]. 中国人口·资源与环境，2016，26（11）：106-114.

⑧ 李子豪，毛军. 地方政府税收竞争、产业结构调整与中国区域绿色发展 [J]. 财贸经济，2018，39（12）：142-157.

⑨ 刘金全，魏阙. 创新、产业结构升级与绿色经济发展的关联效应研究 [J]. 工业技术经济，2020，39（11）：28-34.

二、技术创新、产业结构优化与绿色发展研究

目前国内学者针对绿色发展绩效及其影响因素的主流实证研究，就其分析范式和采用的方法论体系来看，主要限定在两个相对稳定的方向。其中一个方面，是根据绿色发展及主要影响因素的核心内涵和基础作用机制，从不同的主要维度选取若干指标，依据某一特定统计原则或口径标准确定权重体系，构造绿色发展和相关影响因素的指数体系，进而进行经验检验。如韩永楠等（2021）[①] 对我国市域层面技术创新与绿色发展动态关系与特点的研究，以及曾刚和胡森林（2021）[②] 对黄河流域城市绿色发展中技术创新影响的研究，以及史敦友（2021）[③] 对我国工业绿色化发展中的环境规制异质性和技术创新的作用机制的讨论等近期代表性成果都是采用上述方法。这种方法的优点是量化指标及其权重的处理相对比较灵活，尤其在我国科技系统的投入产出数据的统计和发布还缺乏结构性明细数据的背景下，上述方法可以根据掌握的数据材料分析区域或局部的绿色发展问题。但是也存在相对比较严重的缺陷，一方面，由于缺乏主要变量之间具有逻辑一致性的数理基础，在量化方法上不可避免地涌现出多元化的特征。尽管多元化的研究方法有助于在相互比较中增强我们对绿色发展复杂系统的认识，但任何一种单一方法都很难全面测度系统动态运动的主要特征。另一方面，从微观机制来看，对绿色发展具有直接推动作用的技术创新活动实际上是绿色技术创新，也即具有直接或间接的节能减排功效，可以促进经济发展生态化或生态产业化发展的技术创新活动。换句话说，并不是所有的技术创新活动都具有绿色发展倾向，甚至完全相反，否则我们难以解释改革开放40多年来，在我国科技长足进步的背景下，近些年出现的生态环境系统的急速恶化现象。但是囿于我国上述官方统计数据发布的局限，上述主流研究在涉及技术创新驱动绿色发展的实证检验中，普遍没有对绿色技术创

---

① 韩永楠，葛鹏飞，周伯乐. 中国市域技术创新与绿色发展耦合协调演变分异 [J]. 经济地理，2021，41（6）：12 – 19.

② 曾刚，胡森林. 技术创新对黄河流域城市绿色发展的影响研究 [J]. 地理科学，2021，41（8）：1314 – 1323.

③ 史敦友. 异质性环境规制、技术创新与中国工业绿色化 [J]. 贵州财经大学学报，2021（3）：83 – 93.

新进行严格的区分，致使其实证检验的结论不可避免地存在偏倚性。

可能是恰恰认识到了上述研究方向的逻辑缺陷，对绿色发展绩效的另一个主流的研究方向是通过将污染排放作为经济系统的非预期产出纳入总量生产函数，进而测算整个宏观经济的绿色 TFP，并以此为核心指标采用参数估计或非参数方法（比较普遍的方法是运用 DEA 非参数测度方法及其拓展）测度绿色发展的相对绩效。严格来讲，上述方法确实是从宏观层面研究一个国家或地区绿色发展绩效及其因素解析的逻辑基础。因为，按照新古典经济增长理论的基本结论，经济增长质量提高的长期动力基础主要来自要素生产率，尤其全要素生产率（TFP）的提高（Solow，1957）[①]。沿着这一思路，在生态环境约束趋紧的条件下，将碳排放和能源要素纳入 TFP 增长测算框架而测算得到的全要素生产率增长，通常被主流文献定义为绿色生产率增长（陈诗一，2011）[②]。而实际上上述方法测算得到的绿色全要素生产率反映的仅仅是整个宏观经济系统的动态碳排放绩效（Total Factor Carbon Emission Performance，TF-CEP）（邵帅等，2022）[③]。其涵盖的绿色发展内涵实质上仅限定在"节能减排"，也即经济生态化发展的基本范畴。尽管"节能减排"是绿色发展的题中应有之意，且在一段时间内构成绿色发展的核心目标之一。但是，根据本研究对绿色发展内涵的界定，绿色发展涉及经济、生活、社会管理等各个层面的绿色生态化演变，且仅就经济的绿色发展而言，不仅涉及以节能减排为核心的产业生态化发展，更需要促进生态的产业化发展，也鼓励对生态环境具有正外部性的生产要素和产业的规模化、市场化发展。因此，上述方法尽管有效解决了实证检验的数理逻辑问题，但其实质含义并不能全面反映绿色发展的综合内涵。

三、绿色金融、产业结构转型与绿色发展

金融的核心功能是实现资源在不确定性跨时空的配置，相比于传统

[①] Solow R M. Technical Change and the Aggregate Production Function [J]. Review of Economics and Statistics, 1957（39）：312－320.

[②] 陈诗一. 节能减排、结构调整与工业发展方式转变的研究 [M]. 北京：北京大学出版社，2011.

[③] 邵帅，范美婷，杨莉莉. 经济结构调整、绿色技术进步与中国低碳转型发展——基于总体技术前沿和空间溢出效应视角的经验考察 [J]. 管理世界，2022，38（2）.

金融体系，绿色金融核心功能更强调支持绿色发展的资源配置、风险管理和市场定价[①]。如何有效实现绿色金融对绿色发展的支撑作用，促进供给侧结构性改革和产业结构调整，成为新时代生态文明建设亟须解决的重要问题。目前国内外学者对绿色金融与绿色发展关系的研究日渐增多，一些学者直接研究了绿色金融与生态环境保护、绿色金融与产业结构调整之间的关系，埃雷米亚等（Eremia et al.，2006）[②]、王遥等（2016）[③] 认为，绿色金融可优化资源配置，能够促进生态和资源保护；苏冬蔚和连莉莉（2018）[④]、张婷等（2022）[⑤] 在研究中指出，绿色金融能够促进产业结构优化调整。一些学者从具体的产业出发，探讨了绿色金融发展对某一特定产业的影响，马骏等（2021）[⑥] 分析了绿色金融对农业的影响；安德森（Anderson，2016）[⑦]、林德简等（2018）[⑧]、苏任刚等（2019）[⑨] 重点研究了绿色金融对环保产业发展的影响；汪恩贤等（Wang et al.，2019）[⑩]、王韧（2021）[⑪] 聚焦于高耗能产业，分析了绿色金融对该产业产生的影响。这部分研究认为，绿色金融在引导金融资源流向绿色环保产业的同时，能够限制"两高一剩"产业的资金借贷，

① 金融时报. 央行副行长陈雨露：绿色金融"三大功能""五大支柱"助力实现"30. 60目标"，http：//www. pbc. gov. cn/redianzhuanti/118742/4198764/4198778/4201524/index. html.

② Eremia A，Stancu I. Banking Activity for Sustainable Development [J]. Theoretical and Applied Economics，2006（6）：23 – 32.

③ 王遥，潘冬阳，张笑. 绿色金融对中国经济发展的贡献研究 [J]. 经济社会体制比较，2016（6）：33 – 42.

④ 苏冬蔚，连莉莉. 绿色信贷是否影响重污染企业的投融资行为 [J]. 金融研究，2018（12）：123 – 137.

⑤ 张婷，李泽辉，崔婕. "绿色金融、环境规制与产业结构优化." 山西财经大学学报44. 06（2022）：84 – 98.

⑥ 马骏，孟海波，邵丹青，等. 绿色金融、普惠金融与绿色农业发展 [J]. 金融论坛，2021，26（3）：3 – 8.

⑦ Anderson J. Environmental Finance [M]//Ramiah V，Gregoriou G. Handbook of Environmental and Sustainable Finance. London：Academic Press，2016：307 – 333.

⑧ 林德简，陈加利，邱国玉. 中国环保产业的绿色金融支持因子研究——基于中证环保产业 50 指数成分股的实证分析 [J]. 工业技术经济，2018，37（5）：129 – 135.

⑨ 苏任刚，赵湘莲，程慧. 绿色金融支持绿色产业发展的作用机理、路径分析 [J]. 财会月刊，2019（11）：153 – 158.

⑩ Wang E，Liu X，Wu J，et al. Green Credit，Debt Maturity，and Corporate Investment – Evidence from China [J]. Sustainability，2019，11（3）：583.

⑪ 王韧. 中国绿色金融治理效应评估及绿色政策选择——基于 334 家公众公司的微观数据 [J]. 宏观经济研究，2021（6）：133 – 145.

通过鼓励清洁产业发展、制约高污染行业发展，推动地区的产业转型升级（郭克莎和田潇潇，2021）[1]。与此同时，斯丽娟和姚小强（2022）[2] 提出，绿色金融促进区域产业结构生态化发展是实现绿色低碳发展的重要途径之一；刘霞和何鹏（2019）[3] 认为绿色金融能够有效促使产业结构合理化和产业结构高级化水平提高；高锦杰和张伟伟（2021）[4] 则认为，绿色金融能够显著促进产业结构生态化转型。

四、环境规制政策与绿色发展关系研究

我国环境规制的根本目标是推动经济实现发展方式的绿色转变，通过各种政策举措提高各领域的资源使用效率、减少污染排放水平，从而实现经济可持续发展。但环境规制到底能在多大程度促进各领域绿色发展？这一问题已经引起学界的广泛关注。有的学者认为，环境规制能够有效地促进环境绩效或生态效率的提高，曼达尔（Mandal，2010）[5] 分析了典型的高污染行业，即印度水泥行业的能源效率问题，发现环境规制对该行业的能源效率具有显著的促进作用。李胜兰等（2014）[6] 基于地方政府竞争的视角，测算了中国三十个省份的区域生态效率，发现在环境规制制定、实施和监督中，地方政府越独立，环境规制对区域生态效率的作用就越显著促进；何爱平等（2019）[7] 构建了区域绿色发展效率指数，验证了环境规制在推动绿色发展中起到积极作用。与以上学者不同，有的学者重点讨论了不同类型环境规制政策对生态效率影响的差

① 郭克莎，田潇潇. 加快构建新发展格局与制造业转型升级路径［J］. 中国工业经济，2021（11）：44 –58.

② 斯丽娟，姚小强. 绿色金融改革创新与区域产业结构生态化——来自绿色金融改革创新试验区的准自然实验［J］. 学习与探索，2022（4）：129 –138，2.

③ 刘霞，何鹏. 绿色金融在中部地区经济发展中的影响效应研究［J］. 工业技术经济，2019，38（3）：76 –84.

④ 高锦杰，张伟伟. 绿色金融对我国产业结构生态化的影响研究——基于系统 GMM 模型的实证检验［J］. 经济纵横，2021（2）：105 –115.

⑤ Mandal S K., Madheswaran S. Environmental Efficiency of the Indian Cement Industry：An Interstate Analysis［J］. Energy Policy，2010，38（2）：1108 –1118.

⑥ 李胜兰，初善冰，申晨. 地方政府竞争、环境规制与区域生态效率［J］. 世界经济，2014，37（4）：88 –110.

⑦ 何爱平，安梦天. 地方政府竞争、环境规制与绿色发展效率［J］. 中国人口·资源与环境，2019，29（3）：21 –30.

异性，韩晶等（2014）[①]将环境规制划分为行政化环境规制和市场化环境规制两种，指出与行政化规制相比，市场化规制对制造业环境效率的影响更加显著。罗能生等（2017）[②]将环境规制分为治理投入型和经济激励型两类，发现环境规制异质性的存在会改变环境规制与区域生态效率之间的关系，治理投入型环境规制与生态效率之间存在"U"型关系，而经济激励型环境规制则在全国以及区域层面对生态效率均影响不显著。刁心薇等（2020）[③]则实证分析了环境规制对我国能源效率的影响，将环境规制分为显性和隐性两种，发现显性环境规制不利于能源效率的提高，而隐性的则对能源效率有正向影响。在以上学者的研究中，普遍采用了数据包络分析法（DEA）、基于表面形态学分析法（SBM）以及两者的结合与拓展方法对生态效率进行测算。

一些学者在研究中发现，地方政府在多级环境治理体系中扮演着重要角色（王班班等，2020）[④]。长期以来，我国绿色发展进程中需要解决的一个关键矛盾就是环境保护与经济效率提升之间的矛盾，一方面，"自上而下"的传统环境规制模式下，地方政府出于经济发展和财政收入等因素的考量，缺乏严格执行中央政府环境规制政策的主动性和积极性，导致环境治理低效情况的长期存在（金刚和沈坤荣，2019）[⑤]；另一方面，由于环境与绿色融资的"双重外部性"的存在（Ley et al.，2016）[⑥]，导致市场失灵，使得企业进行绿色创新时存在着激励不足的问题。而破解环境保护与经济效率提升之间矛盾的关键，在于如何通过制度创新，发挥地方政府自主环境规制的积极性和主动性，激发企业市场主体的绿色创新活力，形成地方政府与企业创新主体之间的良性互动新

[①] 韩晶，陈超凡，施发启. 中国制造业环境效率、行业异质性与最优规制强度 [J]. 统计研究，2014，31（3）：61 - 67.

[②] 罗能生，王玉泽. 财政分权、环境规制与区域生态效率——基于动态空间杜宾模型的实证研究 [J]. 中国人口·资源与环境，2017，27（4）：110 - 118.

[③] 刁心薇，曾珍香. 环境规制对我国能源效率影响的研究——基于省际数据的实证分析 [J]. 技术经济与管理研究，2020（3）：92 - 97.

[④] 王班班，莫琼辉，钱浩祺. 地方环境政策创新的扩散模式与实施效果——基于河长制政策扩散的微观实证 [J]. 中国工业经济，2020（8）：99 - 117.

[⑤] 金刚，沈坤荣. 地方官员晋升激励与河长制演进：基于官员年龄的视角 [J]. 财贸经济，2019，40（4）：20 - 34.

[⑥] Ley，Marius，Stucki，Tobias，and Woerter，Martin. The Impact of Energy Prices on Green Innovation. The Energy Journal，2016，37（1）：41 - 75.

模式。现有文献多考察"自上而下"的环境规制行为，较少关注地方政府出于环境治理的迫切需求，自主设置污染物减排目标并采取相应的环境规制政策的"自下而上"的环境规制行为（沈坤荣和金刚，2018）[①]。冉冉（2013[②]，2014[③]）认为，在"自上而下"的环境规制模式下，地方政府环境规制的动力主要来自中央政府以指标考核为核心的"压力型"政治激励，而这种政治激励会导致指标考核在设置、监督、评价等方面存在着一定的制度性缺陷。张华（2016）[④]进一步指出，当中央与地方目标函数不一致时，地方政府就不会完全执行中央环境规制政策。

创新是影响绿色发展的重要因素，而环境规制是企业进行重要经营决策面临的制度背景，影响着企业的创新行为。但学术界对此的认识尚有一定分歧，一些学者认为环境规制政策难以促使企业进行创新，不仅增加了企业的生产成本，更降低了企业的竞争力（Conrad & Wastl，1995[⑤]；Shadbegian & Gray，2005[⑥]），还可能引发企业向类金融业务转移或进行跨地区污染转移，而不是诱发了企业的创新行为（王书斌和徐盈之，2015[⑦]；沈坤荣等，2017[⑧]）。另一些学者则针对环境规制是否能够激励企业绿色创新的"波特假说"（Porter&Van - der - Linde，1995）[⑨]展开了实证研究，证实了合理的环境规制政策能够有效促进企

---

① 沈坤荣，金刚. 中国地方政府环境治理的政策效应——基于"河长制"演进的研究 [J]. 中国社会科学，2018（5）：92 - 115，206.

② 冉冉. "压力型体制"下的政治激励与地方环境治理 [J]. 经济社会体制比较，2013（3）：111 - 118.

③ 冉冉. 中国环境政治中的政策框架特征与执行偏差 [J]. 教学与研究，2014（5）：55 - 63.

④ 张华. 地区间环境规制的策略互动研究——对环境规制非完全执行普遍性的解释 [J]. 中国工业经济，2016（7）：74 - 90.

⑤ Conrad K, and Wastl D. The Impact of Environmental Regulation on Productivity in German Industries [J]. Empirical Economics，1995，20（4）：615 - 633.

⑥ Shadbegian，Ronald J.，and Gray，Wayne B. Pollution abatement expenditures and plant - level productivity：A production function approach [J]. Ecological Economics，2005，54：196 - 208.

⑦ 王书斌，徐盈之. 环境规制与雾霾脱钩效应——基于企业投资偏好的视角 [J]. 中国工业经济，2015（4）：18 - 30.

⑧ 沈坤荣，金刚，方娴. 环境规制引起了污染就近转移吗？[J]. 经济研究，2017，52（5）：44 - 59.

⑨ Porter M E，Van - Der - Linde C. Toward a New Conception of the Environment - Competitiveness Relationship. Journal of Economic Perspectives，1995，9（4）：97 - 118.

业创新的"波特假说"(李青原和肖泽华,2020)①。

一些学者还研究了"一带一路"倡议这类政策对我国绿色发展的影响。早期研究主要围绕着外商直接投资"污染天堂"和"污染光环"效应的争论,讨论了中国的对外直接投资对"一带一路"沿线国家和地区的环境影响,证明了中国对外直接投资是绿色低碳的,"一带一路"倡议的实施显著降低了沿线国家和地区的环境污染,提高了沿线国家和地区的绿色全要素生产率(刘乃全和戴晋,2017②;协天紫光等,2019③;曹翔滕等,2020④;昌敦虎等,2022⑤)。同时,也有学者开始将研究视角转向国内。姚秋蕙(2018)⑥ 基于多区域投入产出模型测算了"一带一路"沿线15个国家的"碳转移",发现其中大部分国家已经成为全球碳排放转移的中转站,指出我国在与"一带一路"沿线国家和地区的经贸往来中,国内城市可能会由于承接相关产业而受到这些国家和地区碳排放转移和污染转移的威胁。余东升(2021)⑦ 则立足于国内和国际双重视角,采用双重差分模型实证检验了"一带一路"倡议对我国沿线城市的环境污染效应及作用机制,发现"一带一路"倡议不仅改善了国内沿线城市的环境污染,而且对国外沿线国家和地区也不存在"污染转嫁"。目前关于"一带一路"倡议环境效应的研究,更多是从沿线国家的层面,也有部分文献从污染排放的角度研究了"一带一路"倡议对国内沿线城市环境的影响,缺乏从碳排放的角度关注和研究"一带一路"倡议对国内沿线城市环境效应的文献。

---

① 李青原,肖泽华. 异质性环境规制工具与企业绿色创新激励——来自上市企业绿色专利的证据 [J]. 经济研究,2020,55(9):192-208.

② 刘乃全,戴晋. 我国对"一带一路"沿线国家 OFDI 的环境效应 [J]. 经济管理,2017,39(12):6-23.

③ 协天紫光,薛飞,葛鹏飞. 中国对外直接投资对"一带一路"沿线国家绿色全要素生产率的影响 [J]. 上海财经大学学报,2019,21(6):96-110.

④ 曹翔滕,聪波,张继军. "一带一路"倡议对沿线国家环境质量的影响 [J]. 中国人口·资源与环境,2020,30(12):116-124.

⑤ 昌敦虎,缪琪,原佳倩,等. "一带一路"沿线国家碳排放:外商直接投资与发展要素的共同影响分析 [J]. 环境科学研究,2022,35(7):1556-1563.

⑥ 姚秋蕙,韩梦瑶,刘卫东. "一带一路"沿线地区隐含碳流动研究 [J]. 地理学报,2018,73(11):2210-2222.

⑦ 余东升,李小平,李慧. "一带一路"倡议能否降低城市环境污染?——来自准自然实验的证据 [J]. 统计研究,2021,38(6):44-56.

五、研究评述

首先，从发达国家的生态文明和绿色发展经验和我国现代化发展过程中的资源环境瓶颈来看，现代化进程中的生态环境问题和经济发展进程中的绿色化已成为广为关注和无法回避的全球性问题。在绿色发展与产业结构关系的研究方面，现有文献大都认为当前经济发展中面临的生态和环境问题与现代化、工业化的快速发展有紧密联系，为解决生态问题，出现了说法各异的各种学派和理论。例如，可持续发展理论强调发展既包括经济发展，也包括社会的进步和保持、建设良好的生态环境，注重发展的公正性，强调发展的代际和代内公正。风险社会理论认为要解决现代化过程中的风险，应该对现代化进行反思的基础上进一步现代化，通过重构社会的理性基础和进行制度转型来规避风险。生态现代化理论强调，克服环境危机，实现经济与环境的双赢，只能通过进一步的现代化或者"超工业化"来实现，并在这一理念的指导下进行经济重建与生态重建。但在大多数研究中仍然缺乏对产业结构优化升级的具体讨论。

其次，现有研究对中国生态文明建设和绿色发展的关键特征、理论背景、现实问题、实际内涵、深层原因等方面作了较为深入的探讨和分析，并从生产方式、科学技术、文化理念、生活消费方式、政府与市场功能、全球治理下的全面合作等角度进行了研究。但对绿色发展水平的测度方面，无论是目前常用的综合指标体系还是效率模型，都无法全面刻画我国绿色发展水平，难以完整反映"十三五"规划和"十四五"规划对生态文明建设的要求和对绿色发展内涵的理解。

最后，现有研究仍然缺少绿色发展对产业结构的影响研究，产业结构的演进会对生态环境和绿色发展产生影响，但绿色发展理念及其指导下的环境政策也为产业结构演进的方向和速度提供了指引。单一研究产业结构对绿色发展的影响，而不关注产业结构和绿色发展的互动和耦合，因此会对二者关系的理解产生偏误。与此同时，考察产业结构和绿色发展水平之间的互动关系，不仅需要经济计量方法上的验证，还需要加入特定的地理分析方法。与此同时，在技术创新、绿色金融、环境规制政策等这些关键因素对绿色发展影响的研究中，缺乏产业结构演化这一重要的视角，而且目前学界对于某些特定环境政策或措施与绿色发展关系的研究仍然不足。

第三节　研究内容与相关概念

一、研究内容

本书由问题提出（导论）、理论研究（第一章、第二章）、实证研究（第三至八章）和结论与建议（第九章）四大部分九个章节组成，具体章节内容安排如下。

导论。本章主要介绍研究背景、研究意义、国内外研究综述、研究内容和相关概念、研究思路、研究方法以及研究的创新和不足等内容。通过研究背景和意义，阐明了研究中国生态文明和绿色发展的重要性和迫切性；通过综述产业发展和转型、生态文明和绿色发展以及两者关系的相关文献，发现从产业结构演化的视角，研究中国生态文明和绿色发展的重要意义，并由此提出本书的研究目标、思路和方法等内容。

第一、第二章为理论研究。第一章总结了产业结构演化视角下绿色发展的相关理论基础，为全书的研究进行理论铺垫。第一章首先对西方国家提出的可持续发展理论、生态现代化理论和绿色经济理论进行了系统梳理，这些理论经过我国学者的批判性发展，为我国绿色发展提供了理论借鉴。基于产业结构演化的视角，产业生态化和生态产业化成为我国实现绿色发展的重要方式。接下来，第一章总结了当前我国学者对产业生态化和生态产业化的相关研究。从对产业生态化的研究来看，当前学者在产业生态化的内涵、测度方法、时空特征以及影响因素方面都取得了重要的研究进展。从对生态产业化的研究来看，生态产业化是利用当地生态资源推动绿色发展的重要手段，推动实现生态产业化和产业生态化的融合发展是当前研究的重点。第二章通过对创新引领绿色发展的时代逻辑进行理论阐释，阐明创新是引领新时代绿色发展的第一动力，并对创新引领绿色发展的现实基础进行分析，认为我国创新引领绿色发展在战略层面、制度层面、科技层面、观念层面等方面具有与时俱进的良好基础，进而初步分析提出我国进一步通过创新引领绿色发展的切实可行路径，加快科技创新与制度创新，构建绿色发展的现代经济体系。

第三章为中国绿色发展水平评价与趋势分析。本章以 2016 年我国国家发展改革委、国家统计局、环境保护部、中央组织部制定的《绿色发展指标体系》作为依据，构建了包含资源利用、环境治理、环境质量、生态保护、增长质量、绿色生活、公众对生态环境质量满意程度 7 个一级指标和 56 个二级指标的绿色发展评价指标体系，通过该指标体系对我国 2011～2020 年省域层面的绿色发展水平进行了测度和分析。

第四章为绿色发展与产业结构的耦合协调分析。本章从绿色发展与产业结构的关联出发，以 2011～2020 年我国 30 个省份面板数据为样本，在第三章构建的省际绿色发展指标体系的基础上，用耦合协调模型、空间自相关模型、核密度估计和泰尔指数分解等方法，研究了我国绿色发展和产业结构耦合协调度的时空格局、动态演进和空间分异特征，以期为协调地区绿色发展水平和产业结构升级提供依据和参考。

第五章为技术创新、产业结构优化与绿色发展。本章利用省级层面绿色发展和产业结构优化的结构性面板数据，在充分借鉴既有研究成果的基础上，依托第三章测算得到的省级层面绿色发展综合指数数据，以及不同维度的产业结构优化省级面板数据，实证检验了产业结构优化、绿色技术创新对绿色发展绩效的相对影响。考虑到我国经济发展在区域层面的空间结构异质性特征以及绿色发展不同阶段的地域性特征和发展过程中的空间外溢性，本章基于省级层面的空间面板数据进行空间计量检验，实证研究了绿色发展绩效及其主要影响因素。

第六章绿色金融、产业结构转型与绿色发展。本章基于 2011～2020 年省际面板数据，采用交互固定效应模型、动态面板门槛、面板 VAR 模型等计量方法，从多个维度实证分析了绿色金融与区域绿色发展两者之间的关系。通过多维度的分析，得出了三个方面的主要结论，并提出政府应该重视绿色金融在推动绿色发展方面所具有的资源配置功能，加大绿色金融对现有产业高级化、绿色化转型升级的支持力度，引导资源进行绿色化配置，激励企业进行绿色转型的结论，为区域绿色发展的实现提供坚实的支撑。

第七章环境规制、地方政府选择与企业绿色创新。本章以我国部分省市进行低碳试点建设为考察背景，利用我国上市公司绿色专利数据，研究了地方政府环境规制选择与企业绿色创新之间的因果关系，研究发现三个重要的结论，提出通过提升地方政府自主环境规制动力，创造政策红利，激发市场主体绿色创新活力，是新时代以绿色发展理念引领经济高质量发展的内在要求。本章的研究为我国构建以地方政府为主导、以企业为主体的环境综合治理体系，促进"有为政府"与"有效市场"的良性互动，实现以绿色发展理念引领经济高质量发展提供了有益的经验支撑与政策启示。

第八章"一带一路"倡议对国内沿线城市的环境效应。本章从碳排放总量和强度"双控"视角出发，结合 2007～2017 年我国 285 个地级及以上城市的面板数据，利用双重差分模型估计了"一带一路"倡议这类政策的实施对国内沿线城市碳排放总量和强度的影响及其机制，并通过工具变量、倾向得分匹配、安慰剂检验等方法进行多重稳健性检验。本章对"一带一路"倡议这类政策实施的环境效应进行分析，为了解一项政策如何能加快城市发展方式的绿色转型提供了一定启示。

第九章为总结与建议。本章根据前八章系统的研究，得出绿色发展和产业结构升级的耦合协同程度存在区域差异、产业结构优化是实现绿色发展的必然路径、地区环境规制政策优化与企业绿色创新能力提升之间存在良性互动、产业结构转型升级是经济发展与碳排放脱钩的主要途径四个基本结论。并根据这些研究结论，结合"十四五"期间我国面临的新形势，提出我国绿色发展、产业结构优化和增长质量提升等方面的五点政策建议。

二、相关概念

本书主要涉及五个核心概念，分别是绿色发展、产业结构、技术创新、绿色金融和环境规制。这五个概念是从实际经济问题中抽象出来的理论范畴，对于更加准确地掌握中国生态文明与绿色发展进程具有重要的理论研究价值和现实意义。目前学界对于这五个概念的研究很多，导致不同研究中对相关概念的界定有所差别。因此，本书从研究主题出发，对所涉及的这五个概念进行如下具体的说明。

一是关于绿色发展。它的本质是一种人与自然和谐共生的价值取向，是以实现人与自然和谐共生为目标的一种可持续的经济增长和社会发展方式，它是一个不断运动、变化和发展的开放性概念，会根据研究对象和对人类可持续发展认识的偏向不同而有所差异。我国提出的绿色发展是植根于中国传统文化和中国特色社会主义建设实践，以新发展理念为指导，倡导构建一种不同以往任何文明体系的生态文明，通过深化改革的方式推动建立人与自然之间新的平衡，当前的核心任务是资源节约、环境友好绿色发展体系的构建。绿色发展是我国建设生态文明的现实途径或手段，也是我国生态文明建设的具体体现。

二是关于产业结构。产业是生产力和社会分工不断发展的产物，是具有某种同类属性或特征、互相作用的经济活动组成的集合或者系统，它的不断转换和升级是经济发展过程中的一种常态。一般学界会根据不同的标准将产业划分成不同的类型，常见的分类方法包括：三次产业分类、标准产业分类以及工业结构产业分类法等，产业结构就是在产业类型划分的基础上形成的。从狭义层面上，产业结构是国民经济的比例关系问题，即各产业部门占国民经济的不同比重及相对应的数量关系，受到产业划分标准密的影响；从广义层面上，产业结构更加强调"结构"的内容，包括各产业部门之间要素投入结构、技术结构以及产出结构等变化所呈现出的相互联系或比例关系。在现实的经济活动中，产业结构的变动无处不在，它总是和经济发展相联系具有明显的规律性。

三是关于技术创新。它包括新技术新产品的研发和新技术新产品的实现两个不可分割的过程，是企业家为了抓住潜在的市场盈利机会，以获得更多的商业利益为目标，重新组织生产条件和要素，建立起效能更强、效率更高和费用更低的生产经营系统，从而推出新的产品、新的生产（工艺）方法、开辟新的市场、获得新的原材料或半成品供给来源或建立企业的新的组织，它是包括科技、组织、商业和金融等一系列活动的综合过程，是始于技术的研发，并最终将其转化为商业化产品的整个行为过程。

四是关于绿色金融。它是一种新的金融发展范式，核心功能是实现资源配置的绿色性，引导资源支持绿色低碳发展，拓展功能包括环境资源价格发现和环境风险管理，衍生功能则包括提供绿色投融资服务、支持绿色产业发展、推动绿色消费等，这些功能实现的物质载体包括绿色信贷、绿色保险、绿色债券等绿色金融工具及其组织体系。

五是关于环境规制。它是一个跨学科的概念，属于政府规制的范畴。本书所界定的环境规制概念与法学、政治学等学科对环境规制的界定不同，是经济学范畴内的界定。环境规制是指政府为了达成环境保护和经济发展相协调的目标，解决因资源环境问题而产生的市场失灵，通过制定一系列相应的政策、措施或制度安排，对特定经济主体的活动进行的直接或间接调节。

第四节　研究思路与方法

一、研究思路

本书的研究遵循"方法论研究→理论研究→应用研究"的思路展开，紧紧围绕"十四五"期间中国生态文明与绿色发展的重大问题展开，具体的研究结构和技术路线如下：

在方法论研究层面，首先在调研数据和文献综述的基础上，结合中国未来一段时期经济与社会发展的新格局与新形势，提出更加符合中国实际的绿色发展的系统评价方法，并对中国绿色发展水平进行测度和评价。其次，在实证研究方面，通过构建耦合协调模型、空间自相关模型、空间杜宾模型、门槛回归模型等对相关问题进行分析，在计量方法上更为丰富。

在理论研究层面，重点研究两个层面的问题：一是基于中国绿色发展的评价系统，对中国绿色发展与产业结构的耦合协调情况进行全面系统的分析；二是以机理分析为目标，分析技术创新和绿色金融如何通过影响产业结构，影响中国绿色发展进程的，分析环境政策和"一带一路"倡议这类政策如何影响我国绿色创新和城市环境发展的，进而影响绿色发展的。

在应用研究层面，基于翔实的数据，采用丰富的计量方法或手段，对中国绿色发展与产业结构的耦合协调关系、技术创新与绿色发展的关系、绿色金融与绿色发展的关系、环境政策与绿色创新的关系以及"一带一路"倡议这类政策与城市环境的关系进行验证，结合"十四五"期间中国面临的新格局，提出并完善中国绿色发展、产业转型和增长质量提升等方面的政策建议。

本书技术路线如图 0 - 1 所示。

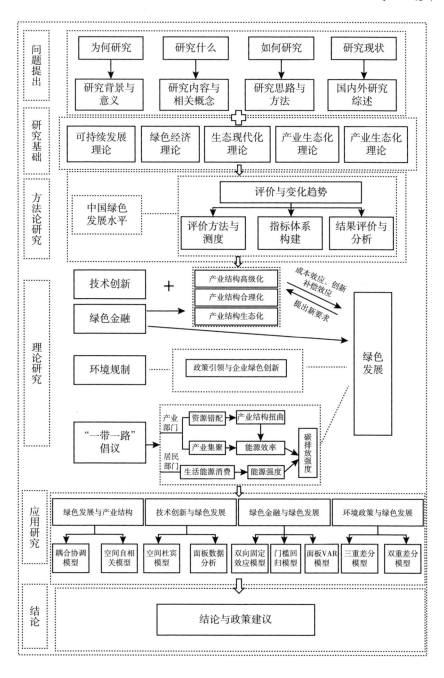

图 0 - 1　本书技术路线

二、研究方法

本书在研究中采用的主要方法包括以下三种：

一是归纳与演绎相结合的方法。归纳和演绎两种方法的思路相反，但在分析现实问题时又相辅相成，它是逻辑推理中的重要方法之一。论文从经典文献和基础理论入手，归纳总结与研究主题相关的文献，并从一般到特殊厘清了产业发展和转型与推进生态文明和绿色发展之间的辩证统一关系。从什么是绿色发展、绿色发展的影响因素是什么、为什么要研究技术创新、绿色金融与绿色发展、环境政策与绿色创新的关系等方面展开全面论证，形成完整的逻辑闭环。

二是规范分析方法。本书不仅对中国实施生态文明建设和绿色发展进程中的若干事实进行了系统性的分析，提炼了实践背后的理论价值，还构建了科学系统的绿色发展评价方法，全面评价中国当前绿色发展的实际状况，捕捉绿色发展过程中的薄弱环节，进而对绿色发展转型过程中面临的关键问题进行全面、科学和系统性的识别，对中国生态环境问题的发展趋势做出科学的评估和判断，进而为准确界定研究问题提供支持。

三是实证分析方法。本书从产业结构演化的角度深入研究了多种经济社会因素与绿色发展的关联性，通过耦合协调、空间自相关、空间杜宾、门槛回归等计量模型的构建，分析了技术创新、绿色金融等因素与绿色发展的因果联系、联动关系，检验了环境政策以及相关政策对绿色发展进程的影响，从而为政策制定提供科学依据，为促进中国生态文明与绿色发展的政策建议。

第五节　主要创新点与不足

一、主要创新点

本书的主要创新之处包括以下三个方面：

一是生态文明与绿色发展理论方面的新尝试。本书系统研究中国"十四五"期间及其未来一段时间面临的新问题和新格局，结合中国经济和社会发展的典型事实，通过理论提炼和总结，在立足于现有研究的基础上，全面整合现有生态文明与绿色发展理论的最新进展，研讨中国生态文明和绿色发展的驱动因素，内在动力和逻辑机理，进而为形成反映中国特色的生态文明和绿色发展理论提供全新尝试。

二是生态与绿色研究视角的全面性。全面和系统围绕"十四五"期间新发展理念中的绿色发展理念，系统研究这一理念背后的经济结构、产业发展、社会组织、企业形态、宏观变量、贸易结构和国际格局等方面的相关影响和关键特征。从目前已有的研究看，学者们多是基于截面数据或时间序列数据对生态和绿色发展中的某个具体问题展开研究，系统性和全面性尚可进一步提升，本书将利用最新的计量分析工具，全面审视未来一段时间中国生态文明建设和绿色发展中的核心问题，并展开具有深度的理论探讨和深度研究，是对现有研究的重要扩展。

三是中国生态文明与绿色发展实证研究和政策分析的新探索。本书从产业结构和绿色发展、技术创新与绿色发展、绿色金融与绿色发展、环境政策与绿色创新关系的研究出发，在对中国技术创新、绿色金融、产业结构、环境政策、地方政府选择和企业绿色创新的现实分析基础上，结合对当前中国绿色发展水平和趋势数据的评价和分析，提出中国当前在生态建设和绿色发展的相关政策，以为中国实现经济和社会的绿色发展提供基于实证研究的政策建议。

二、不足之处

本书阐明了中国生态文明和绿色发展的关系，理论分析了产业结构与绿色发展、技术创新与绿色发展、绿色金融与绿色发展以及环境政策与绿色发展的关系，也通过多种方法对这些关系进行了比较全面的论证，但是至少还存在以下三个方面的不足之处有待后续完善：一是绿色发展作为一条实现生态文明的现实路径，还受到诸多因素的影响，产业结构演化视角下只涉及技术创新、绿色金融和部分环境政策仍是不全面的，其他因素的影响有待进一步研究；二是由于方法和数据的局限性，不能为科学设计中国生态文明建设和绿色发展进程的实施路径与时间表提供准确建议，特别是结合中国宏观经济和社会发展的现实情况，找准问题切入点和战略实施抓手，使中国生态文明建设有步骤、分阶段、有目标的科学推进；三是由于中国生态文明和绿色发展需要与当前中国经济和社会发展的诸多重要方面相互协调，必须在系统分析我国相关领域政策体系特点与问题的基础上，构建更为准确的评价体系。

第一章 理论基础

伴随着工业革命的开展，西方国家实现了巨大的物质财富，但过度依赖资源环境的粗放式发展方式对人类生存的生态环境产生不可逆转的影响，加剧了人与自然的紧张关系。为此，西方学者率先从不同角度出发，提出了可持续发展理论、绿色经济理论和生态现代化理论，试图解释工业化和现代化发展进程中出现的生态环境问题，并为平衡经济发展与生态环境保护提供理论支撑。与此同时，党的十八大以来，党中央提出要将经济社会发展同生态文明建设统筹起来，加大力度推进生态文明建设、解决生态文明问题。为此，我国将产业发展与生态文明保护相结合，探索出产业生态化与生态产业化两种新的产业发展模式，全面推动绿色发展。产业生态化和生态产业化方面的相关研究对我们认识和处理产业发展与生态文明保护的关系具有重要启示。对这些理论进行综述，不仅为各国处理工业化进程中的生态环境问题提供了理论指导，也为当前理解我国产业发展和绿色发展的关系提供了理论借鉴。

第一节 可持续发展理论

可持续发展理论是在人们对生态环境问题认识逐渐深化的基础上而逐步形成的。20 世纪中叶后，工业革命带来的环境污染问题日益引起人们的重视。1962 年，蕾切尔·卡逊（Rachel Karson）发表了著作《寂静的春天》，她较早地注意到了污染对生态环境的影响，并由此引发了人们对传统发展方式的反思。1968 年成立的罗马俱乐部（The Club of Rome）在《增长的极限》这一报告中提出，全球经济增长会因粮食短缺和环境污染而达到极限，进一步强调人口、资源与环境问题的重要性。1972 年联合国人类环境会议召开，来自全世界的 113 个国家和地区针对生态环境对人类的影响展开了讨论，这是第一次将全球环境问题探讨作为主题的国际会议，代表着在全球范围内人们开始试图应对经济发展中的生态环境问题。此后，国际自然资源保护同盟起草了《世界自然保护大纲》，成为保护世界生物资源的纲领性文件，为国家和国际社会对自然资源的保护提供了行动纲领。20 世纪 80 年代之后，人们在重视生态环境问题的同时，开始探索平衡经济发展与生态环境保护的新发展模式。1987 年布伦特兰（G. H. Brundtland）发布报告《我们共同的未来》，报告分为"共同的问题""共同的挑战""共同的努力"三个部分，并首次给出了"可持续发展"的概念。"可持续发展"是指既满足当代人的需求，又不对后代人满足其自身需求的能力构成危害的发展[1]，在这一概念的基础上，不同学者从自然属性、社会属性和经济属性出发，赋予了可持续发展更为丰富的内涵。但总体来看，可持续发展理论体现了公平性原则、持续性原则和共同性原则，强调发展既包括经济发展，也包括社会的进步和保持良好的生态环境，注重发展的公正性，强调发展的代际和代内公正。可持续发展理论提出后，被国际社会广泛认可和承诺，成为全球经济发展与环境治理的重要理论基础。

可持续发展理论由西方国家传入我国后，国内学者对其进行吸收，形成了对可持续发展内涵的认识[2][3]、对可持续发展战略的规划[4]、对可持续发展指标体系的构建[5][6]和对实现可持续发展途径的探索[7]。此外，

[1] Brundtland G H. World Commission on Environment and Development [J]. Environmental Policy & Law, 1987, 14 (1): 26 – 30.

[2] 牛文元. 可持续发展理论的内涵认知——纪念联合国里约环发大会 20 周年 [J]. 中国人口·资源与环境, 2012, 22 (5): 9 – 14.

[3] 张晓玲. 可持续发展理论：概念演变、维度与展望 [J]. 中国科学院院刊, 2018, 33 (1): 10 – 19.

[4] 俞亚丽. 我国可持续发展理论：进展与评价 [J]. 经济理论与经济管理, 2000 (3): 76 – 80.

[5] 孙太清. 可持续发展理论之探讨 [J]. 经济问题, 2004 (1): 9 – 11.

[6] 李天星. 国内外可持续发展指标体系研究进展 [J]. 生态环境学报, 2013, 22 (6): 1085 – 1092.

[7] 袁恩桢. 社会主义市场经济可持续发展的三个问题 [J]. 毛泽东邓小平理论研究, 2016 (9): 19 – 22, 91.

我国学者经过对可持续发展理论的不断反思与重构①，实现了对该理论的创新与本土化发展。当前，我国学者基于可持续发展理论，对我国的绿色发展问题进行了大量研究，可持续发展理论已成为研究绿色发展的重要理论基础。从可持续发展理论与生态文明建设的关系来看，郇庆治（2020）认为生态文明建设与可持续发展之间是一种彼此促动、互鉴融通的关系②，韩宁（2014）则认为生态文明是人类追求可持续发展的最新成果，是当代中国实现可持续发展的转机③。习近平生态文明思想也吸收了可持续发展理论的合理成分，并基于可持续发展战略，提出了生态文明的新理念④。随着对可持续发展理论研究的深化，当前学界逐步形成了对绿色发展的探讨，并为研究包容性绿色发展提供了理论参考⑤。

第二节　绿色经济理论

1989 年英国环境经济学家大卫·皮尔斯（David Pierce）在其著作《绿色经济蓝图》中最先提出"绿色经济"一词。但此时绿色经济只是传统环境治理政策的代名词，没有突破传统环境经济学的范畴。2007年，联合国环境规划署等国际组织在《绿色工作：在低碳、可持续的世界中实现体面工作》这一报告中首次将绿色经济定义为"重视人与自然、能创造体面高薪工作的经济"⑥。2008 年金融危机之后，绿色新政、绿色投资等概念相继被提出，绿色经济的研究真正进入可操作性层面。

---

① 方行明，魏静，郭丽丽. 可持续发展理论的反思与重构 [J]. 经济学家，2017（3）：24－31.

② 郇庆治. 生态文明建设与可持续发展的融通互鉴 [J]. 可持续发展经济导刊，2020（Z1）：59－62.

③ 韩宁. 生态文明：当代中国的文明选择与可持续发展的转机 [J]. 科学社会主义，2014（5）：111－114.

④ 魏海生，李祥兴. 建设美丽中国的行动指南——深入学习习近平生态文明思想 [J]. 经济社会体制比较，2022（1）：1－10.

⑤ 周小亮. 包容性绿色发展：理论阐释与制度支撑体系 [J]. 学术月刊，2020，52（11）：41－54.

⑥ UNEP et al. Green Jobs：Towards Decent Work in a Sustainable [J]. Low－Carbon World，2008（9）：4.

2010 年，联合国开发计划署提出了绿色经济的定义，即"带来人类幸福感和社会的公平，同时显著地降低环境风险和改善生态缺乏的经济，具有低碳、资源节约和社会包容性的特点"[1]，成为目前被学界广泛接受的关于绿色经济的定义。2012 年"里约 + 20"峰会上，进一步提出绿色经济的新理念。在此基础上，西方学者分别以效率导向、规模导向和公平导向为重点对绿色经济展开相关研究[2]。效率导向的绿色经济强调提高经济系统的效率，资本通过流向效率更高的经济部门以实现经济与生态的协调发展。规模导向的绿色经济强调经济发展不能超过生态规模的限制，通过限制规模来提升经济效率。公平导向的绿色经济强调社会系统的公平性，认为公平分配能够调节效率导向和规模导向之间存在的矛盾。

绿色经济的概念引入我国后，国内学者对绿色经济的内涵进行了大量阐释。崔如波（2002）提出绿色经济是一种在本质上实现环境合理性与经济效率性相统一的市场经济形态，是可持续发展的更高级形态，它是建立在生态环境良性循环基础之上的、生态与经济协调发展的可持续经济[3]。赵斌（2006）认为绿色经济是既是以知识为基础的知识经济，又是人类创造绿色财富的经济，它强调以人为本、经济发展的生态化、追求高层次的社会进步和效率最大化[4]。诸大建（2012）则认为绿色经济新理论具有两个特征：一是强调地球关键自然资本的非减发展，二是提出包含自然资本在内的生产函数[5]。在此基础上，学者通过构建绿色经济指标体系[6][7]、使用方向距离函数构建绿色全要素生产率指标[8]

① UNEP. Green Economy: Developing Countries Success Stories, 2010, Nairobi, P. 5.

② 唐啸. 绿色经济理论最新发展述评 [J]. 国外理论动态, 2014 (1): 125 - 132.

③ 崔如波. 绿色经济: 21 世纪持续经济的主导形态 [J]. 社会科学研究, 2002 (4): 47 - 50.

④ 赵斌. 关于绿色经济理论与实践的思考 [J]. 社会科学研究, 2006 (2): 44 - 47.

⑤ 诸大建. 从"里约 + 20"看绿色经济新理念和新趋势 [J]. 中国人口·资源与环境, 2012, 22 (9): 1 - 7.

⑥ 徐晓光, 樊华, 苏应生, 等. 中国绿色经济发展水平测度及其影响因素研究 [J]. 数量经济技术经济研究, 2021, 38 (7): 65 - 82.

⑦ 刘西明. 绿色经济测度指标及发展对策 [J]. 宏观经济管理, 2013 (2): 39 - 40.

⑧ 孟望生, 邵芳琴. 中国各省区绿色经济增长效率测度 [J]. 统计与决策, 2020, 36 (16): 105 - 109.

等方法评价了绿色经济发展水平和效率。研究进一步指出，产业结构变动①、绿色技术创新②、绿色信贷③等能够显著影响绿色经济水平。

第三节　生态现代化理论

生态现代化理论的创始者为约瑟夫·胡伯，他在《生态现代化原理与方法》一书中提出生态现代化的概念，认为生态现代化是现代社会发展的新的历史阶段，是指带有绿色转向的工业结构调整。生态现代化理论创建后，许多学者对其进行了发展，其中最具代表性的人物为亚瑟·摩尔。摩尔进一步开拓了生态现代化理论，将生态现代化作为一种社会变革理论，他承认现代化的合理性，认为现代化条件下能够同时兼顾经济发展与环境改善，生态现代化是关于社会的生态化转向。摩尔认为在作为社会变革理论的生态现代化理论中，科学技术是加速生态变革的有效工具，政府应采取灵活的行政模式，增强市场动力和公众的社会参与。马丁·杰尼克则从如何解决环境问题入手，认为生态现代化是使"环境问题的解决措施从补救性策略向预防性策略转化的过程"。哈杰遵循福柯的话语分析路径，将生态现代化理论作为一种话语，关注生态现代化过程中结构要素的重要性。皮特·克里斯托夫进一步将生态现代化理论划分为弱生态现代化和强生态现代化，使生态现代化理论更符合现实发展。总的来看，生态现代化理论强调，想要克服环境危机，实现经济与环境的双赢，只能通过进一步的现代化或者"超工业化"来实现，并在这一理念的指导下进行经济重建与生态重建。

生态现代化的理论缘起与实践探索都主要基于欧洲发达国家的环境革新实践，但是随着经济转型与政治民主化的发展，生态现代化理论在发展中国家也具有一定的适用性，对我国的生态文明建设也具有理论借

---

① 钱争鸣，刘晓晨. 中国绿色经济效率的区域差异与影响因素分析 [J]. 中国人口·资源与环境，2013，23（7）：104－109.

② 范丹，孙晓婷. 环境规制、绿色技术创新与绿色经济增长 [J]. 中国人口·资源与环境，2020，30（6）：105－115.

③ 谢婷婷，刘锦华. 绿色信贷如何影响中国绿色经济增长？[J]. 中国人口·资源与环境，2019，29（9）：83－90.

鉴意义①。生态现代化理论强调处理好政府、市场与公众的关系，以此来实现生态化转型，为此我国要完善生态文明建设的制度保障，在生态文明建设过程中引入市场及经济主体，激发生态文明建设的社会力量，强化绿色技术创新，走出中国特色现代生态化之路②。同时也应注意到，生态现代化理论在应用与实践的过程中，面临着国家制度、社会结构和技术水平等一系列复杂因素的影响，必须不断对生态现代化理论进行批判与分析③。生态现代化理论建立在西方资本主义制度的基础上，以西欧社会的现代化实践为基础，它代表一种社会改良主义，它试图在不改变当代资本主义经济社会制度的前提下，来协调资本主义与生态危机的内在矛盾，因此生态现代化理论存在着不可避免的缺陷，我国的生态文明建设不能以此为理论根基④。中国的生态文明建设应该汲取生态现代化理论的合理内核，同时建立在对西方生态现代化理论的批判与超越的基础之上，构建具有中国特色的生态文明理论。

第四节　产业生态化理论

产业生态化是将产业发展方式与生态系统运行方式相结合的一种发展方式，当前学界对产业生态化的研究具有研究范围广、研究数量丰富的特点，不同学者从产业生态化的内涵、产业生态化的评价、产业生态化的时空特征、产业生态化的影响因素和产业生态化的实现路径等角度出发，对其进行了大量研究。

从产业生态化的内涵来看，当前学界并没有对产业生态化这一概念进行统一界定，不同学者基于不同的角度对产业生态化的内涵进行了阐述。张文龙和邓伟根（2010）指出，当前学界从目的、过程和系统三

---

① 王宏斌. 生态现代化理论视域中的中国生态文明建设：一种规范性的探讨 [J]. 当代世界与社会主义，2014（2）：89－92.

② 薄海，赵建军. 生态现代化：我国生态文明建设的现实选择 [J]. 科学技术哲学研究，2018，35（1）：100－105.

③ 马国栋. 生态现代化理论及其实践意涵 [J]. 武汉理工大学学报（社会科学版），2015，28（6）：1053－1058.

④ 李彦文，李慧明. 绿色变革视角下的生态现代化理论：价值与局限 [J]. 山东社会科学，2017（11）：188－192.

种角度出发，对产业生态化的内涵进行了阐释：从目的角度出发，产业生态化的目的是提高资源使用效率和减少对生态环境破坏以实现可持续发展；从过程的角度出发，产业生态化是对生产、分配、流通和消费广义生产过程的生态化；从系统的角度出发，产业生态化是利用自然生态系统的原理实现产业发展的良性循环①。尽管三种视角不同，但都认为产业生态化是仿照生态系统构建产业生态系统，实现产业发展与生态环境保护的和谐发展。王磊和龚新蜀（2013）则认为当前学者主要从企业层面的角度、生态链的角度、产业系统的角度和生态系统的角度来定义产业生态化，其共同点是强调产业生态化过程中系统性思想的作用，强调产业主体多样化、产业投入减量化、产业发展共生化、产业价值链延伸化和产业体系系统化②。沈洁等（2020）将产业生态化分为狭义和广义两个维度，狭义的产业生态化是指构建模仿自然生态循环的产业系统，广义的产业生态化则是从理念和原则层面出发。他们认为产业生态化应寻求建立社会经济与自然环境以及物质能量循环流动的产业体系③。还有学者从自然、社会和经济发展三者的协调关系出发，概括了产业生态化的内涵。周映伶等（2021）认为产业生态化是通过将特定区域内利益相关的产业、企业主体纳入一个封闭的生态循环系统，在生态经济和循环经济理论的指导下，产业生态系统内部创新融合发展，实现产业生产的资源吸收和产业活动废物的自我代谢的循环过程④。逯承鹏等（2022）也指出产业生态化是特定地域空间内产业系统的生态化发展过程，强调产业系统与自然系统和社会系统之间物质与能量的耦合优化，实现资源的高效利用，对环境的损害降到最低，协调自然、社会与经济系统之间的可持续发展⑤。可以看出，当前研究从不同的视角和范围出发，为产业生态化赋予了极为丰富的内涵。尽管不同学者对产业

① 张文龙，邓伟根．产业生态化：经济发展模式转型的必然选择［J］．社会科学家，2010（7）：44－48.

② 王磊，龚新蜀．产业生态化研究综述［J］．工业技术经济，2013，32（7）：154－160.

③ 沈洁，张永恒，周冰．黄河流域产业生态化评价及优化路径研究［J］．人民黄河，2020，42（10）：6－10.

④ 周映伶，罗胤晨，文传浩．城市产业生态化水平指标体系构建与综合评价［J］．统计与决策，2021，37（6）：73－77.

⑤ 逯承鹏，刘志良，刘祎平，毛锦凰．黄河流域产业生态化时空格局及其影响因素［J］．生态学杂志，2022，41（7）：1342－1350.

生态化的定义各有侧重，但是从总体来看，产业生态化具有以下几个特征：一是强调产业发展的生态化转型和循环发展；二是强调产业投入的轻量化和非期望产出的最小化；三是强调经济、社会和环境的协调发展。

从产业生态化的评价方法来看，当前学界运用了指标体系法、生态效率法、物质流分析法和能值分析法等多种方法对我国产业生态化水平进行了测度与评价。其中，指标体系法可操作性较强，是评价产业生态化水平中比较常用的方法之一。首先，基于对产业生态化内涵的理解，学者构建了不同的产业生态化评价指标体系。李扬杰等从资源消耗、污染排放、代谢循环、结构优化、创新支持、发展效率、空间集约7个维度构建了长江上游地区产业生态化水平动态评价指标体系[1]。郭付友等从产业系统和生态环境系统两方面构建了产业生态化发展水平综合评价指标体系[2]。其次，在已经建成的指标体系的基础上，研究主要使用熵值法、熵权法、主成分分析法、层次分析法等方法对产业生态化水平进行了测度与评价。尽管指标体系法可操作性较强，但其在指标体系构建方面具有较大的差异性，在指标权重的确定方面也存在随机性，因此具有一定的缺陷。生态效率分析方法将生态环境等因素纳入生产过程中，强调生态环境因素在产业发展中的影响，也是评价产业生态化水平的一种有效方法。袁世一等（2020）使用非期望产出 SBM－DEA 模型，建立投入指标、期望产出指标和非期望产出指标，对产业生态化效率进行测算[3]。周小喜等（2022）则使用多产出随机前沿方法评价了工业产业的生态化效率[4]。对产业生态化水平和效率进行科学评价是认识和推进我国产业生态化实践的前提，当前研究使用的评价方法各具特点，学者应根据研究目的科学地选择评价方法，从而准确地认识产业生态化实践的特征。

在对产业生态化水平进行评价的基础之上，学界总结了我国产业生

① 李扬杰，张莉. 基于全局熵值法的长江上游地区产业生态化水平动态评价 [J]. 生态经济，2021，37（7）：44－48，56.
② 郭付友，佟连军，刘志刚，等. 山东省产业生态化时空分异特征与影响因素——基于17地市时空面板数据 [J]. 地理研究，2019，38（9）：2226－2238.
③ 袁世一，等. 产业生态化与空间集聚效应研究——来自中国31个省、市、自治区的面板数据 [J]. 管理评论，2020，32（6）：72－81.
④ 周小喜，等. 工业产业生态化效率演变特征及其驱动因素 [J]. 统计与决策，2022，38（15）：93－97.

态化的时间演变特征和空间分布特征。从时间演变特征来看，各地的产业生态化水平总体上在逐年提高。在全国层面，陆根尧等指出，进入21世纪以来，我国开始注重经济增长与生态环境的协调发展，全国产业生态化的绝对水平在不断提升①。在区域层面，产业生态化水平也保持上升趋势。研究表明，我国沿海地区产业生态化水平整体呈持续上升趋势，产业效率与生态效率耦合度、协调度逐渐提高②，西部地区整体的产业生态化水平也实现较大幅度的提升③，京津冀地区产业生态化水平在不同层次上均呈上升态势④。此外，长江经济带各省份⑤、黄河流域各省份⑥产业生态化水平总体呈现稳步上升趋势。可以看出，不论是在全国层面、区域层面还是省级层面，产业生态化水平都呈上升趋势，说明我国的产业生态化实践取得了很大进展。但是从产业生态化的空间布局来看，我国的产业生态化水平仍存在空间差异。在全国层面，我国各省的产业生态化水平可以划分为领先区、发达区、中等区和落后区，东部地区的产业生态化水平明显高于中西部地区⑦。我国沿海地区产业生态化水平空间差异明显且相对稳定，天津、北京、上海等地区产业生态化指数最高，而河北、广西等地区相对较低⑧。在长江经济带流域，产业生态化综合水平也呈现"东高西低"的空间分布格局⑨。此外，产业生态化水平还具有空间集聚和空间溢出效应。陈芳等（2022）利用

① 陆根尧，盛龙，唐辰华．中国产业生态化水平的静态与动态分析——基于省际数据的实证研究［J］．中国工业经济，2012（3）：147-159.
② 程钰，李晓彤，孙艺璇，陈延斌．我国沿海地区产业生态化演变与影响因素［J］．经济地理，2020，40（9）：133-144.
③ 斯丽娟．西部地区产业生态化时空演进及其驱动机制［J］．甘肃社会科学，2021（4）：149-156.
④ 张亚明，陈宝珍．京津冀生态环境支撑区产业生态化效率研究［J］．现代城市研究，2016（12）：21-27.
⑤ 李扬杰，张莉．基于全局熵值法的长江上游地区产业生态化水平动态评价［J］．生态经济，2021，37（7）：44-48，56.
⑥ 逯承鹏，刘志良，刘祎平，毛锦凰．黄河流域产业生态化时空格局及其影响因素［J］．生态学杂志，2022，41（7）：1342-1350.
⑦ 张媛媛，袁奋强，刘东皇，等．产业生态化水平的测度及其影响因素研究［J］．长江流域资源与环境，2019，28（10）：2331-2339.
⑧ 韩政，程钰，刘娜．科技创新对中国沿海地区产业生态化的影响研究［J］．湖南师范大学自然科学学报，2021，44（4）：81-90.
⑨ 李扬杰，李敬．长江经济带产业生态化水平动态评价——基于全局主成分分析模型的测算［J］．林业经济，2020，42（7）：41-50.

莫兰指数说明了长三角地区产业生态化水平存在空间正相关的集聚效应，在局部地区存在高高聚集和低低聚集的特征①。魏巍等（2020）指出京津冀地区产业生态化水平与空间分布存在正相关性，京津冀地区内各城市的产业生态化水平不仅会影响周围城市的产业生态化水平，同时也会受到周围城市的影响，存在空间溢出效应②。

产业生态化的影响因素不仅能够解释产业生态化的时空特征，而且对设计产业生态化的实现路径具有重要启示，当前学界对产业生态化的影响因素进行了大量研究。由于产业生态化的内涵极为丰富，产业生态化的影响因素也非常繁多，包括经济发展水平、产业结构、产业集聚、外商投资、技术创新、环境规制、市场化水平、绿色金融等。产业生态化是产业系统与生态系统相互融合的过程，产业结构作为产业系统的关键特征，是影响产业生态化的重要因素。斯丽娟（2021）研究认为产业结构优化能够降低第二产业比重，直接减少高污染产业对生态环境的影响，从而提升西部地区的产业生态化水平③。周映伶等（2021）研究表明，在产业生态化评价指数中产业结构高级化所占权重最大，说明产业结构高级化是产业生态化的基础④。技术创新能够研发清洁技术，降低生产过程中的非期望产出，对产业生态化也具有重要影响。魏丽莉等（2022）认为，技术创新能够显著促进我国城市产业生态化转型，我国应融合数字技术和绿色创新技术，推动城市产业生态化转型⑤。环境规制是政府以保护生态环境为目的，对不符合环保标准的环境污染行为进行的限制，也是影响产业生态化的因素之一。陈芳等（2022）将环境规制分为正式环境规制和非正式环境规制，认为两者均对产业生态化水平起到促进作用，两者协同作用也有着显著正向影响，环境规制会倒逼

---

① 陈芳，赵芸霆．交互环境规制视角下长三角产业生态化水平测度及提升路径 [J]．区域经济评论，2022（4）：152 – 160.

② 魏巍，陈志国，孙春生，于茜．京津冀产业生态化水平测度及时空动态演变 [J]．统计与决策，2020，36（21）：110 – 113.

③ 斯丽娟．西部地区产业生态化时空演进及其驱动机制 [J]．甘肃社会科学，2021（4）：149 – 156.

④ 周映伶，罗胤晨，文传浩．城市产业生态化水平指标体系构建与综合评价 [J]．统计与决策，2021，37（6）：73 – 77.

⑤ 魏丽莉，修宏岩，侯宇琦．数字经济对城市产业生态化的影响研究——基于国家级大数据综合试验区设立的准自然试验 [J]．城市问题，2022（11）：34 – 42.

产业结构升级，促进产业生态化水平的提升①。李集生（2022）研究认为产业生态化与环境规制具有耦合协调关系，环境规制能够推动城市群产业生态化建设，产业生态化在一定程度上也会反作用于环境规制②。雷玉桃等（2018）进一步研究表明，环境规制对产业生态化效率的影响具有区域异质性③。绿色金融具有引导资源配置的功能，它通过限制资金流入高污染产业和为环保产业提供资金支持等手段，引导产业结构调整，也会对产业生态化产生影响④。可以看出，产业结构演变是影响产业生态化的关键因素，而技术创新、环境规制和绿色金融等因素则通过影响产业结构演化来提升产业生态化水平。从影响产业生态化的因素入手，学界对我国产业生态化的实现路径进行了相关研究。王磊等（2013）提出，产业生态化的实现路径包括物质减量化、生命周期评价、延伸生产者责任制度、为环境而设计和建立生态工业园⑤。张文龙等（2010）则从微观、中观和宏观层面说明了产业生态化的实现路径，微观层面要推动企业的清洁生产，中观层面要发展生态产业和传统产业的生态化改造，推进产业共生网络和生态企业的示范工程建设，宏观层面要建立产业生态化的激励约束机制⑥。各地应根据资源约束、环境承载力和产业特点，设计有针对性的产业生态化实现路径。

第五节　生态产业化理论

生态产业化是指将生态资源转化为生态产品或服务，以市场化运营

---

① 陈芳，赵芸霆. 交互环境规制视角下长三角产业生态化水平测度及提升路径［J］. 区域经济评论，2022（4）：152－160.

② 李集生. 产业生态化、环境规制与循环经济绩效的耦合实证——基于18个城市群面板数据［J］. 技术经济与管理研究，2022（6）：99－105.

③ 雷玉桃，游立素. 区域差异视角下环境规制对产业生态化效率的影响［J］. 产经评论，2018，9（6）：140－150.

④ 高锦杰，张伟伟. 绿色金融对我国产业结构生态化的影响研究——基于系统GMM模型的实证检验［J］. 经济纵横，2021（2）：105－115.

⑤ 王磊，龚新蜀. 产业生态化研究综述［J］. 工业技术经济，2013，32（7）：154－160.

⑥ 张文龙，邓伟根. 产业生态化：经济发展模式转型的必然选择［J］. 社会科学家，2010（7）：44－48.

和社会化生产的方式使生态产品或服务的价值得以变现的过程，其目的是实现生态资源的保值增值。实现生态产业化要求推动其与一、二、三产业的融合发展，在发展生态农业、生态工业和生态旅游业的过程中促进生态保护与经济发展的良性循环①。实现生态产业化的前提是界定生态产品的价值②，只有明确生态资源的产权，才能厘清生态产品"价值化—市场化—产业化"的发展路径③。生态产业化是利用当地自然资源优势推动产业发展的过程，涉及生态产品和服务生产、分配、交换和消费④，是"绿水青山就是金山银山"的具体体现。当前，生态产业化已经成为我国部分贫困的生态功能地区推动乡村振兴的重要路径之一。

尽管生态产业化和产业生态化的侧重点不同，但两者都是实现经济绿色发展的重要手段，研究生态产业化和产业生态化协同发展对我国推进生态文明建设和实现绿色发展具有重要意义。绿色发展不是将产业与生态进行简单的叠加，而是要推动生态产业化和产业生态化协同发展与深度融合。在生态产业化和产业生态化融合发展的理论构建方面，尚嫣然（2020）提出建立包括山水林田湖草系统保护与利用、绿色生态经济体系、自然资源资产化制度在内的"两化"融合发展的核心框架体系，并在此基础上构建了多价值集成的动态综合效益测算模型，探索"两化"融合发展的动态综合效益测度⑤。在对生态产业化和产业生态化协同发展的定量测度方面，陈长（2019）利用耦合协调模型测度了贵州省生态产业化和产业生态化协同程度⑥，王礼刚（2022）构建了"两化"协调发展系统评价体系，使用耦合协调模型评价了汉江生态经济带生态产业化与产业生态化的耦合程度，得出生态产业化与产业生态

① 陈洪波."产业生态化和生态产业化"的逻辑内涵与实现途径［J］.生态经济，2018，34（10）：209-213，220.

② 黎元生.生态产业化经营与生态产品价值实现［J］.中国特色社会主义研究，2018（4）：84-90.

③ 余东华.黄河流域产业生态化与生态产业化的战略方向和主要路径［J］.山东师范大学学报（社会科学版），2022，67（1）：128-138.

④ 谷树忠.产业生态化和生态产业化的理论思考［J］.中国农业资源与区划，2020，41（10）：8-14.

⑤ 尚嫣然，温锋华.新时代产业生态化和生态产业化融合发展框架研究［J］.城市发展研究，2020，27（7）：83-89.

⑥ 陈长.省域生态产业化与产业生态化协同发展理论、实证——以贵州为例［J］.贵州社会科学，2019（8）：122-130.

化耦合程度不断提高的结论①。在生态产业化与产业生态化融合发展的实现路径方面，张波（2021）提出要统筹政府、企业和市场协同推进，打造协同发展示范基地②；余东华（2022）提出强化环境治理和生态修复、推动产业融合和企业集聚、推进生态产品价值实现等是实现黄河流域产业生态化和生态产业化的主要路径③。

第六节 本章小结

随着我国对绿色发展重视程度的提升，在绿色发展领域的理论研究越来越丰富。一方面，学者对工业化背景下的可持续发展理论、生态现代化理论和绿色经济理论进行了吸收、批判与反思，为我国协调产业发展与绿色发展之间的关系提供了理论借鉴。另一方面，学者基于产业结构演化的视角，对产业生态化和生态产业化两种发展模式进行了理论研究。从对产业生态化的研究来看，当前学者对产业生态化的内涵进行了多角度的阐述，并基于不同的测度方法对我国产业生态化水平进行了评价，研究表明我国产业生态化水平不断提升，但仍然存在空间差异。研究进一步指出产业结构演化是推动产业生态化的重要因素，技术创新、环境规制和绿色金融等因素通过影响产业结构演化而作用于产业生态化。从对生态产业化的研究来看，生态产业化是利用当地生态资源推动绿色发展的重要手段，推动实现生态产业化和产业生态化的融合发展是当前研究的重点。

总的来看，当前关于产业结构演化和绿色发展的相关理论研究成果非常丰富，相关研究领域、研究方向和研究方法非常广泛，为本书在产业结构演化视角下研究绿色发展提供了重要的理论借鉴。但是，"十三五"以来我国经济社会发展面临着一系列新问题，产业生态化和绿色发展的内涵需要在当前研究的基础上进一步丰富与完善，以适应我国未来

---

① 王礼刚. 汉江生态经济带产业生态化与生态产业化耦合协调发展研究［J］. 长江流域资源与环境，2022，31（6）：1198 – 1207.

② 张波，白丽媛. "两山理论"的实践路径——产业生态化和生态产业化协同发展研究［J］. 北京联合大学学报（人文社会科学版），2021，19（1）：11 – 19，38.

③ 余东华. 黄河流域产业生态化与生态产业化的战略方向和主要路径［J］. 山东师范大学学报（社会科学版），2022，67（1）：128 – 138.

一段时间内绿色发展的现实需要。与此同时，当前研究更多关注产业结构演变对我国绿色发展的直接影响，对具体的作用机制与作用渠道的分析相对较少，因此有必要对产业结构演变下绿色发展机制与决定因素进行更为详细的论证。最后，目前对产业结构演化与生态文明和绿色发展的研究往往基于截面数据或时间序列数据从单一角度展开，在分析视角的系统性、研究内容的全局性和政策分析的全面性上仍有待完善。在本章内容的基础上，第三章将构建更加科学完善的绿色发展评价指标体系，对我国绿色发展水平与趋势进行分析与评价。

第二章 创新引领中国绿色
发展的时代逻辑

本章通过对创新引领绿色发展的时代逻辑进行理论阐释，阐明创新是引领新时代绿色发展的第一动力。中国创新引领绿色发展在战略层面、制度层面、科技层面、观念层面等具有了与时俱进的良好基础，在绿色发展的实践层面，逐步向资源节约与环境保护的新发展理念、绿色低碳的生产方式实现结构性转变，即全面贯彻绿色发展新理念，大力倡导绿色生产和绿色消费；不断加快创新人才集聚和成果转化，充分发挥科技创新的支撑引领作用；持续深化绿色发展的制度创新，全面推进环境治理体系与治理能力现代化；积极发挥市场资源配置的作用，加快构建绿色发展的现代经济体系。

党的十八大以来，以习近平同志为核心的党中央根据我国社会主要矛盾发生历史性变化、中国特色社会主义进入新时代的背景和特点，以及发展方式和发展道路再上新台阶的长远规划和时代要求，提出了实施创新驱动绿色发展的战略目标。国家主席习近平在 2020 年 9 月份的联合国大会一般性辩论上正式提出了中国碳排放目标：争取于 2030 年前达到峰值，努力争取 2060 年前实现碳中和。碳达峰、碳中和是实现绿色发展的系统性抓手，核心是以经济社会发展全面绿色转型为引领，加快形成节约资源和保护环境的产业结构、生产方式、生活方式、空间格局。"变革创新是推动人类社会向前发展的根本动力。……不断开拓生产发展、生活富裕、生态良好的文明发展道路，为我们的子孙后代留下蓝天碧海、绿水青山。"① 这些观点的提出，不是对党的十八届五中全会所提"创新、协调、绿色、开放、共享"五大发展理念的简单重申，

---

① 习近平. 开放共创繁荣 创新引领未来——在博鳌亚洲论坛 2018 年年会开幕式上的主旨演讲 [N]. 人民日报，2018 - 04 - 11.

也不是将创新与绿色作为两大平行理念的再次表述，而是根据变化了的形势，立足我国经济社会发展要实现的各种目标，对我们要实现什么样的发展、依靠什么实现长足发展这一重大问题深入思考之后做出的规划与布局，是对"创新是引领发展的第一动力"认识的再深化。

第一节　理论阐释：创新引领绿色发展的内在逻辑

在新时代，全球科技变革与经济结构调整的新形势和我国经济发展中资源环境约束与关键技术创新问题的制约，我国社会主要矛盾已经转化为人民日益增长的美好生活需要和不平衡不充分的发展之间的矛盾，都迫切要求我们改变既有的发展模式，走可持续发展的绿色之路。这条道路，内在地要求以科技创新发展为动力，以制度创新为保障。因此，习近平同志提出"创新是引领发展的第一动力"的观点，充分体现出我们对实现什么样的发展、如何发展等重大问题认识的与时俱进和时代升华，也突显了当前形势下要依靠全面创新引领新质生产力发展的时代特点。

一、创新是引领新时代绿色发展的第一动力

我们知道，大自然是人类生存发展的基础与前提，"人与自然是生命共同体"[①]，马克思主义正是在社会生产实践的基础上来解释人与自然和谐相处的辩证统一关系的。而人类的社会生产，又是由改造利用自然的生产力和人在生产活动中结成的生产关系构成的统一体。马克思主义认为，人类社会发展的每一次飞跃，都是生产力快速发展和生产关系深刻变革的结果，这其中起决定性作用的是以科学技术发展为主要内容的不断创新，以及与此相适应的生产关系的不断调整。正因为如此，才有了创新是一个民族发展的灵魂、是一个民族进步不竭动力的普遍认识。也正是认识到创新在生产力中发挥着革命性变革作用和重大支撑引领效应，新时代，"创新是引领发展的第一动力"，不仅是我们国家在

---

① 习近平. 决胜全面建成小康社会 夺取新时代中国特色社会主义伟大胜利——在中国共产党第十九次全国代表大会上的报告 [M]. 北京：人民出版社，2017：50.

发展模式与发展方向上走绿色之路的导向性思维和战略性规划，更是对马克思主义创新理论的发展与应用。

（一）创新为绿色发展提供根本动力：新时代新质生产力发展的内在要求

马克思主义认为，在生产力与生产关系、经济基础与上层建筑这两对推动人类社会发展的矛盾运动中，生产力是社会生产中最革命、最活跃的因素，决定着生产关系的调整与变革，进而影响到上层建筑的性质与内容。生产力主要由两类要素构成：一类是实体性要素，包括劳动者、劳动资料和劳动对象；另一类是附着性、渗透性要素，包括科学技术、劳动组织和生产管理等①。从生产力实体性要素的劳动力来说，劳动力是实现绿色发展的能动要素，良好的生态环境可以为劳动者提供良好的生产生活条件，有利于增进劳动者的健康，这也是在促进人自身生产力的发展，从而劳动者的发展与经济社会自然环境的绿色发展和谐共生。科学技术作为生产力的渗透性要素，作用于劳动者和劳动资料和劳动对象的实体性要素，反映着人与人、人与社会、人与自然之间的关系，科学技术在为人类提供生产实践能力的同时，也在深化人与自然生态之间的关系。科学技术作为生产力的渗透性要素，与掌握科学技术的劳动者这一实体性要素进行有机结合，从而对生产力的发展起着核心引领作用，成为现代社会生产发展的不竭动力，是先进生产力的集中体现。劳动者依靠科技创新，采用新技术、新工艺、新材料、新方法，利用先进生产工具，促进资源利用效率的提高，"大工业把巨大的自然力和自然科学并入生产过程，必然大大提高劳动生产率，这一点是一目了然的。"② 科技创新改进了生产工艺和生产工具，从而可以更充分地利用原材料，最大限度地提高劳动资料的质量，最大限度地减少废料，为人民群众提供更多更美好的生活物质基础。正因为如此，邓小平同志提出了"科学技术是第一生产力"③ 的思想，习近平同志做出了"发展是

① 黄顺基，郭贵春. 现代科学技术革命与马克思主义 [M]. 北京：中国人民大学出版社，2007：247.
② 马克思. 资本论（第1卷）[M]. 北京：人民出版社，1975：424.
③ 邓小平. 邓小平文选（第3卷）[M]. 北京：人民出版社，1993：274.

第一要务，人才是第一资源，创新是第一动力"① 的科学论断，并进一步强调科技创新是"发展新质生产力的核心要素"。②

在当今现代社会，科技的发展日新月异，信息、科技、管理和教育等渗透性要素的重要性越发突显，当它们作用于劳动资料和劳动对象等实体性要素，使得生产力发挥的作用越来越大，所以，科技创新是"直接生产力"③。创新的能力强弱，直接决定着生产力水平的高低和竞争力的强弱；创新的范围和广度，直接决定着生产力的主体改造世界的强度、广度和深度。另外，以科技和知识为主要内容的创新还会带来人的观念的改变、既有制度的调整、文化新形态、产业新业态的出现等。由此，科技创新总是体现为最先进、最直接的生产力，推动"以劳动者、劳动资料、劳动对象及其优化组合的跃升为基本内涵"新质生产力的发展，而新质生产力的发展必然会引起生产关系的发展变革，为经济社会发展提供最直接的动力。马克思在《政治经济学批判》序言中写道："社会的物质生产力发展到一定阶段，便同它们一直在其中运动的现存生产关系或财产关系（这只是生产关系的法律用语）发生矛盾。于是这些关系便由生产力的发展形式变成生产力的桎梏。那时社会革命的时代就到来了。随着经济基础的变更，全部庞大的上层建筑也或慢或快地发生变革。"④ 这里，马克思实际上把生产力与生产关系、经济基础与上层建筑之间的矛盾看作是制度创新的原因。

对此，习近平同志深刻地指出："当今世界，变革创新的潮流滚滚向前……谁排斥变革，谁拒绝创新，谁就会落后于时代，谁就会被历史淘汰。"⑤ "发展新质生产力，必须进一步全面深化改革，形成与之相适应的新型生产关系。"⑥我们在推动绿色发展时，要把创新放在发展新质生产力"第一动力"的高度予以强调。这样的认识和定位，既适应了新时代新质生产力发展的内在要求，也为绿色发展找到了根本动力之

---

① 中共中央文献研究室. 十九大以来重大文献选编（中）［M］. 北京：中央文献出版社，2021：762.

②⑥ 加快发展新质生产力，扎实推进高质量发展［N］. 人民日报，2024 - 02 - 02（1）.

③ 马克思恩格斯选集（第4卷）［M］. 北京：人民出版社，2012：408.

④ 马克思恩格斯选集（第2卷）［M］. 北京：人民出版社，2012：2 - 3.

⑤ 习近平. 开放共创繁荣 创新引领未来——在博鳌亚洲论坛 2018 年年会开幕式上的主旨演讲［N］. 人民日报，2018 - 04 - 11.

源，解决了在经济发展进入新常态的背景下，我们要实现的绿色发展依靠什么来培育新的增长动力和竞争优势的重大问题，这在认识上是一大突破，在实践上是一次飞跃，这也使我们进一步明确认识到，创新是应对现实问题的"良方"，更是推动绿色发展的"引擎"。只有创新，才能推动我们的发展方式从要素驱动转向创新驱动、从依赖规模扩张转向提高质量效益，真正为经济保持中高速增长、产业迈向中高端水平提供坚实支撑和强劲动力①。

（二）创新为绿色发展创设条件：新时代生产关系变革的现实必然

马克思在深入分析资本主义社会为攫取更多剩余价值所采用的生产方式"只会带来灾难"②的严重后果之后，把实现人类同自然的和解以及人类本身的和解确立为正确处理人与自然、社会三者关系的最高价值目标③，并提出实现这个目标的方式，是通过科技进步与创新更有效地利用和节约资源，促进资源的循环使用，并选择适合人与自然和谐发展的生产方式，"对我们的直到目前为止的生产方式，以及同这种生产方式一起对我们的现今的整个社会制度实行完全的变革"④。马克思、恩格斯虽然没有直接说过绿色发展，但在人与自然在社会生产实践基础上和谐发展的辩证统一关系上，给我们今天提出实施创新驱动战略、走绿色发展道路提供了思路，更重要的是表明了，在实现绿色发展中，不但需要创新与科技进步拓展思路、提供动力，还需要变革生产关系，"改革上层建筑，解放利于自然生息和人民幸福的生产力，实现资源的充分合理利用，促进人的全面发展"⑤，为实现长久、持续的绿色发展扫清障碍、创设条件。马克思指出："只有资本主义生产才第一次把物质生产过程变成科学在生产中的应用——变成运用于实践的科学，——但是，这只是通过使工人从属于资本，只是通过压制工人本身的智力和专

---

① 引领发展的第一动力——如何坚持创新发展［N］. 人民日报, 2016 - 01 - 29.
② 马克思恩格斯选集（第 3 卷）［M］. 北京：人民出版社, 1995：251.
③ 黄茂兴, 叶琪. 马克思主义绿色发展观与当代中国的绿色发展［J］. 经济研究, 2017 (6).
④ 马克思恩格斯选集（第 4 卷）［M］. 北京：人民出版社, 1995：385.
⑤ 欧阳志远. 社会根本矛盾演变与中国绿色发展辨析［J］. 当代世界与社会主义, 2014 (5).

业的发展来实现的。"① 科学技术的资本主义使用，使得科学技术异化为剥削工人实现资本积累的手段，社会生产关系决定了科学技术的应用方向。在生产资料公有制的社会主义生产条件下，科学技术为劳动人民所掌握，变成提高劳动生产率和改善人民生活的物质技术手段，服务于广大劳动人民的根本利益。

一般认为，要素投入和科技创新是经济发展最重要的两个驱动力，但进一步分析就可以发现，靠要素投入驱动发展空间有限，靠科技创新驱动发展潜力无限，这说明以科技为主的创新具有根本性、原生性、长远性和持久性。依靠科技创新，绿色发展带来经济发展方式的根本性转变，主要由依靠增加物质资源消耗的传统方式开始向主要依靠科技进步、劳动者素质提高和管理创新转变。面对蓄势待发的新一轮科技革命，创新是培育经济增长点、抢占发展制高点的最优选择，必须深入实施创新驱动发展战略，加快从要素驱动发展为主向创新驱动发展为主转变，扫除影响和制约创新发展的体制机制障碍，改变不适应当前经济社会发展的制度和方式，发挥科技创新的支撑和引领作用，充分释放人才、资本、知识、技术、管理、数据等创新资源的活力，为我国绿色发展营造良好氛围，创设厚实条件，使我国的绿色发展走上快车道和宽车道。

（三）创新为绿色发展指明方向：新时代新质生产力和生产关系辩证统一的有机契合

《资本论》中通过对商品二重性、劳动二重性转化的理论抽象，证明由于技术创新与劳动从属于资本，资本所有者为生产更多的相对剩余价值，具有高强度使用劳动力、推动技术创新与发展的强烈动机，"必须变革劳动过程的技术条件和社会条件，从而变革生产方式本身，以提高劳动生产力，通过提高劳动生产力来降低劳动力的价值，从而缩短再生产劳动力价值所必要的工作日部分"②。在资本主义社会中，由于科学技术发展的本质是为剩余价值生产服务的，所以资本对剩余价值的利用存在着"二重性"：一方面是资本追逐并占有剩余价值的过程，从客观上推动了从属于资本的生产力和科学技术的发展；另一方面是由于资本主义生活的基本矛盾，使得技术创新与生产力成为资本生产并获得财

① 马克思. 机器、自然力和科学的应用 [M]. 北京：人民出版社，1978：212.
② 马克思. 资本论（第1卷）[M]. 北京：人民出版社，2004：366.

富的手段，为了占有更多的剩余价值，必然会以破坏劳动力和自然资源等为代价，形成劳动与技术的异化①。在资本主义社会，以科技为主的创新与生产力的发展和财富的创造既有契合的一面，又有异化的一面，这是由资本主义社会的基本矛盾、特点和资本的本性决定的，但是在这些矛盾中，起核心动力作用，并最终推动经济发展乃至引起生产关系变革，还是在于生产力和生产关系能否实现辩证统一的有机契合，这关乎能否指引社会发展沿着正确的方向前进。

进入 21 世纪，我国经济社会发展中长期累积的生态环境保护问题频发，生态环境对人与自然和谐共生的社会影响激增，社会再生产中自然生态系统的再生产能力逐渐成为影响生产力发展的决定因素，生产关系中制约人与自然相协调的内容日渐突出，生产力与生产关系的矛盾有了一定的新变化，因此需要在生产关系层面调整与生产力发展不相适应的内容，"牢固树立保护生态环境就是保护生产力、改善生态环境就是发展生产力的理念，更加自觉地推动绿色发展、循环发展、低碳发展，决不以牺牲环境为代价去换取一时的经济增长，决不走'先污染后治理'的路子"②。

绿色发展体现出人与人之间在社会发展中的生产关系，"良好生态环境是最公平的公共产品，是最普惠的民生福祉"③，绿色发展所形成的良好生态环境，体现了社会利益的公平分配与共同占有的生产关系，是最公平的公共产品。环境污染、资源枯竭、生态危机会使得人民群众的健康生活受到损害，成为民生之患，反过来也会阻碍生产力的发展。应当看到，我国是社会主义国家，生产资料公有制是经济发展的坚实基础，人民当家作主是我们的政治优势，我们更有条件和优势实现创新驱动与绿色发展之间的互动，通过生产力与生产关系有机契合，充分发挥生产力中创新的指引作用，使我们的绿色发展在目标上实现既追求金山银山，又能确保青山绿水；在发展思路上贯彻既是资源节约型社会，又是环境友好型生态；在发展原则上遵循既能确保科技含量高、经济效益

①　王聪，何爱萍．创新驱动发展战略的理论解释：马克思与熊彼特比较的视角［J］．当代经济研究，2016（7）．

②　中共中央文献研究室．习近平关于社会主义生态文明建设论述摘编［M］．北京：中央文献出版社，2017：20．

③　中共中央文献研究室．习近平关于社会主义生态文明建设论述摘编［M］．北京：中央文献出版社，2017：4．

好，又能资源消耗低、环境污染少、人力资源优。

二、新时代绿色发展需要以全方位创新为基础

在中国特色社会主义新时代，我们要进行的绿色发展，不是凭空而来的，而是建立在当前经济社会发展的现实基础和人们追求美好生活的良好愿望之上的，它的实现，需要理论、制度、科技、文化等多方面的创新为其创设条件、打好基础，只有这样，我们所期望的绿色发展才能是有源之水、有本之木，走得长远，具有活力。绿色发展以系统思维、底线思维破解经济社会再生产与生态环境再生产的"两难"。绿色发展需要我们切实转变经济发展方式，以创新驱动绿色发展，使绿色发展成为新的经济增长点，成为引领经济发展的新动能。

理论创新是先导。恩格斯说过："一个民族要想站在科学的最高峰，就一刻也不能没有理论思维。"① 党的十八大以来，我们党围绕新时代坚持和发展什么样的中国特色社会主义、怎样坚持和发展中国特色社会主义这一时代课题，进行理论探索和创新，提出创新是引领新时代发展的第一动力和实现绿色发展等理论，不仅开辟了马克思主义新境界，也开创了中国特色社会主义新境界，使我们的发展站立在既保护环境、实现资源永续利用，又能促进经济社会健康发展、满足人民日益增长的美好生活需要的正确轨道上，健康、平稳地快速向前推进。这些理论，是对原有理论体系或框架的新突破，对原有理论和方法的新修正新发展，以及对理论禁区和未知领域的新探索，是我们党治国理政、执政为民成熟的表现。只有坚持在继承中求创新，在比较中求创新，在实践中求创新，才能使理论创新既有坚实的基础，又具有与时俱进的时代特性和源源不断的活力。

制度创新是保证。"生态文明制度创新是生态文明建设的主要动力，主要是通过改善人与人、人与自然的关系来减轻人类活动对自然的压力。"② 在我国人口众多、地域范围广阔、发展方式和模式千差万别、人们认识水平差别较大的形势下，要以新的生产生活方式、新的政策制度去改变大家都固化了的习惯，采取新的发展模式，会遇到巨大的障碍

---

① 马克思恩格斯全集（第3卷）[M]. 北京：人民出版社，1971：467.
② 夏光. 迎接生态文明创新的春天 [N]. 光明日报，2016 – 06 – 10.

和阻力。但是，为了我国经济的健康、永续发展，为了我们有个好的生存环境，并能为子孙留下蓝天青山和绿水，就必须根据经济社会长远发展的需要，综合考虑，进行制度创新，制定出既有"人情味"，又有刚性，既能解决当前问题，又有长远发展规划的政策和制度，着力解决生态环境方面的问题，让人民群众不断感受到生态环境的改善和生活条件的好转[①]，树立"绿水青山就是金山银山"的强烈意识和发展模式，努力走向社会主义绿色发展、环境保护新时代。

科技创新是核心。科技创新是生态绿色化、发展绿色化的根本动力，绿色生态建设必须依靠科技创新与发展，这是世界发达国家在经济社会发展中总结出的一条经验。所以党的十八大明确提出："科技创新是提高社会生产力和综合国力的战略支撑，必须摆在国家发展全局的核心位置。"[②] 这强调，要走中国特色自主创新道路，实施创新驱动发展战略，必须发挥科学技术修复环境、治理环境和保护环境的重要功能，也要发挥其对绿色发展的支撑作用。我们要走绿色发展之路，必须注重科技创新。进行科技创新，就要从科技创新本身及创新的成果对生态环境没有危害的原则出发，贯彻落实绿色发展理念，把促进人与自然和谐共生作为目标，不断推出节约资源、保护环境的先进技术[③]，加快科技成果转化，扩大科技成果应用范围，形成多部门联动、多管齐下、立体化、全方位的科技创新格局，为绿色发展提供强有力的支持。

三、创新引领绿色发展是时代要求

创新引领绿色发展，并不否认二者之间存在的优势互补、协同共进的关系。只有实现二者的高度契合，才会发挥"合力"作用，成为促进经济社会全局发展的重要利器。这是时代的要求，也符合马克思主义的辩证法。那么，不管是在理论创新中，还是在具体实践中，都不能将创新驱动与绿色发展截然分开，或者非此即彼，更不能将二者对立起来，否则，在实践中就会出现重大失误，造成重大损失。新时代，为扬

①　习近平谈治国理政（第2卷）［M］. 北京：人民出版社，2017：393.
②　胡锦涛. 坚定不移沿着中国特色社会主义道路前进　为全面建成小康社会而奋斗［N］. 人民日报，2012 – 11 – 9.
③　王干. 以系统思维推进生态文明建设［N］. 人民日报，2018 – 02 – 09.

创新之长避固守之短、趋绿色发展之利避传统发展之害，消除思想障碍和片面认识将成为行之有效的助推器。

（一）树立绿色政绩观，不再单纯追求 GDP 增长

中国特色社会主义进入新时代，我国经济社会已由高速增长阶段转向高质量发展阶段，与之相适应，人们追求的不再是吃得饱、穿得暖的基本需要，而是对美好生活的高层次需要。人们需要的这一转变，既具有鲜明的时代特征，也是时代发展的内在要求，这就要求我们的领导干部必须转变思想观念，进行创新性思维，在追求发展、考虑政绩时，目光着眼长远发展，更加注重绿色效益，将是否能保护好生态环境、创造宜居宜业的家园作为最高追求和最大政绩，把生态文明建设、实现绿色发展作为重要政治任务抓紧抓好，而不能再单纯地以 GDP 为上。这既是时代的要求，也是习近平同志经常强调的以"绿水青山就是金山银山"为核心理念的绿色政绩观的核心内容。

（二）树立综合效益观，杜绝只看眼前收益

绿色发展是个功在当代、利在千秋的系统工程，对其评判，"一定要树立大局观、长远观、整体观，不能因小失大、顾此失彼、寅吃卯粮、急功近利"[1]，这就要求我们要树立综合效益观、整体观，立足当前，着眼全局，看重长远，在发展理念上进行创新，生产方式上积极转变，发展路子上推陈出新，建立健全高质量发展的现代经济体系，逐步形成科学的环境保护体系，不断建立新的生产合作体系以及科学合理的分配体系，才能走出一条经济发展与生态文明建设相辅相成、当前利益与长久愿望相得益彰的发展新路。

（三）树立制度规范观，避免随机行事和因事定规

在创新性思维下，在我们的设计中，我们要实现的绿色发展是一项长期的目标和规划，而不是权宜之计、短期行为，所以需要最严格的制度、最严密的法治作保障，否则，创新就只能是个幌子或噱头，绿色发展就只能是个概念和口号，我们所有设计和规划都可能会随时出现因人

---

① 中共中央文献研究室. 习近平关于社会主义生态文明建设论述摘编 [M]. 北京：中央文献出版社，2017：12.

而异、因事而变的状况，存在最终回到老路的可能性。因此，为了从根本上改变、杜绝这些行为和想法，必须健全规章和制度，严格制度的实施和落实，建立健全责任终身追究制，为在我国实施绿色发展构筑一道严格、有力的制度屏障。

（四）树立全民发展观，避免少数人着急和多数人漠视

创新引领绿色发展是个浩大工程、长远战略，其规划的实施、措施的落实、制度的贯彻，不是靠单个人或者部分人可以完成的，而是要人人参与、人人投入、人人有责，然后才能有成果人人共享、成就人人所有。要形成这样的局面，就要以最新的理论、最新的科技成果及其产生的绿色效益为基础，大力宣传与教育，在全社会营造良好风气，提高公民绿色发展意识，使每个公民都成为创新引领、节约资源、保护环境、绿色发展的宣传者、实践者和推动者，为大家营造美丽、舒适的生产生活环境。

第二节　现实基础：创新引领绿色发展的时代条件

创新引领绿色发展是新时代我国实现经济发展方式转变、建设美丽中国的内在要求，也是建设美丽世界、发挥全球生态文明建设引领者的使命所在。因此，深度把握当今时代我国创新引领绿色发展的现实基础，有助于我们深化对创新引领绿色发展的认识，有助于我们找准推动经济社会发展的关键点和着力点。为此，需要从发展战略、制度保障、科技创新和意识理念等多个层面来进行考察我国创新引领绿色发展的现实状况。

一、创新驱动绿色发展战略规划的逐步深化

创新驱动绿色发展，已经成为世界发展的大势所趋和国家命运所系。自2008年金融危机以来，西方发达国家通过调整经济结构拉动经济复苏，开启了"绿色新政"，如OECD推动建立绿色增长战略框架，美国、欧盟、日本、韩国等都在谋划实施国家绿色低碳转型增长和重塑

未来制造业的根本战略。

西方发达国家之所以积极推行绿色新政，为了实现降低碳依赖促进资源可持续利用和环境改善的政策目标，但其核心的意图在于培育新的增长引擎，抢占未来全球竞争制高点和制定全球治理规则的主导权。

值得注意的是，作为后发工业化国家的新兴经济体和广大发展中国家，在其工业化发展路径上，再也无法向发达国家那样将其工业化污染的"负外部性"转嫁至其他国家，而只能将其工业化的负面效应内部化，出路只能是走出一条资源节约环境友好的新型工业化之路。对于我国而言，我国经济已由高速增长阶段转向高质量发展阶段，传统发展动力不断减弱，资源环境承载能力已经达到或接近上限，创新驱动绿色发展，成为中国寻求从传统比较优势向竞争优势转变的依靠力量和根本战略。2013年，中国GDP占全球12%，能源消费量占全球22%，碳排放量接近全球30%，全球碳排放增量中有60%来自中国[①]。资源环境约束已成为制约我国全面建成小康社会和生态文明建设的突出短板。创新驱动绿色发展是破解资源环境约束，重构我国国家核心竞争力，抢占产业发展国际制高点，实现可持续发展的必由之路。

改革开放40多年的持续快速发展使中国逐步开启从富起来到强起来的新时代。改革开放40多年所取得的成绩，为创新引领绿色发展奠定了发力加速的基础，创新引领绿色发展已经成为国家意志和全社会的共同行动。2015年6月，我国根据自身国情和国际形势变化，向《联合国气候变化框架公约》秘书处提交了应对气候变化国家自主贡献文件，提出到2030年大幅降低我国单位国内生产总值的二氧化碳排放，并争取尽早达到峰值[②]。这是一个发展中国家尽自己所能做出的最大贡献，也是一个负责任的大国向世界做出的承诺，自主贡献承诺的坚实基础就是依靠科技创新的引领。在2016年发布的《国家创新驱动发展战略纲要》中，将绿色化作为提升产业竞争力的三大技术基点之一，并对建设世界科技强国做出"三步走"的战略目标进行了全面部署：在2020年迈入创新型国家行列，基本建成中国特色国家创新体系的基础上，2030年跻身创新型国家前列，发展驱动力实现根本转换，并在

---

① 吕薇等．绿色发展：体制机制与政策［M］．北京：中国发展出版社，2015：2．

② 新华社．我国提交应对气候变化国家自主贡献文件，http：//www.gov.cn/xinwen/2015 - 06/30/content_2887337.htm．

2050 年建成世界科技创新强国，成为世界主要科学中心和创新高地。

在新时代，"绿水青山就是金山银山"的新发展理念，正融入我国推进的绿色发展战略框架、政策体制、现实条件等各方面，成为新时代我国相关战略规划及其实施的基本指引。国民经济和社会发展五年规划作为我国最重要的宏观经济发展战略，能够及时反映出国家长期发展战略分步实施的根本要求。自 2006 年"十一五"规划至 2016 年开始实施的"十三五"规划中，绿色发展的底色越来越重，创新驱动绿色发展的预期性指标和约束性指标不断细化，在主要发展目标中的指标数量比重日渐上升，考核评价制度日趋强化。2015 年我国自主贡献的减排承诺亦作为约束性指标纳入国民经济和社会发展中长期规划中。到 2020 年末，科技进步贡献率超过 60%，资源能源节约和环境治理方面得到大幅度改善，单位 GDP 能源消耗降、用水量进一步降低、非化石能源占一次能源消费比重进一步提高，以及其他 21 项关于创新驱动与绿色发展方面的预期性和约束性指标。

战略目标从无到有地提出，发展指标由粗到细地分化，约束性指标规定的比例加大，都进一步说明，我们对创新驱动绿色发展战略认识的深化与细化、清晰化与科学化，新发展规划中出现的新变化、新态势表明，我国创新驱动绿色发展的战略体系已初步构建，推动经济社会发展的动力转换正在加速进行。

二、创新引领绿色发展的政策法规体系日趋完善

创新引领绿色发展作为国家优先发展的战略方向，需要体制机制改革以激发创新活力与绿色发展潜力，以系统性的制度创新来保障高水平创新型美丽国家的建设发展。

在促进科技创新方面，坚持顶层设计，推进法规层面与政策层面激励创新的制度协同，加快科技政策体系向创新政策体系的根本性转变。党的十八大以来，国家先后修订并颁布了新的《中华人民共和国科学技术进步法》《国家科学技术奖励条例》和《中华人民共和国促进科技成果转化法》，三部法律法规的修订，从制度创新的角度为创新主体建立健全了激励约束机制，为有效聚合创新要素实现经济发展提供制度保障。与此同时，国家还先后发布了诸多政策性文件，构建新时代的科技

创新政策体系。如我国围绕《国家中长期科学和技术发展规划纲要(2006 – 2020 年)》发布了系列配套政策，围绕科技体制改革出台了《关于深化科技体制改革加快国家创新体系建设的意见》和《深化科技体制改革实施方案》，围绕创新创业出台《国务院关于强化实施创新驱动发展战略进一步推进大众创业万众创新深入发展的意见》等一系列相关政策。我们从中可以发现：创新驱动成为更为重要的关键词，环境营造与选择性支持相协同，统筹协调与分工负责相互动，制度供给与市场驱动相结合，从政策目标、政策工具、政策着力点、政策制定、政策协调、政策执行等各个方面，均呈现出从科技政策体系向科技创新政策体系转变的鲜明特征①。创新正在成为我国寻求竞争优势的核心力量和战略基石。

绿色发展，离不开科技创新的引领支撑和制度创新的全面保障。推进绿色发展，要"严守生态保护红线、环境质量底线，资源利用上线和环境准入负面清单"，坚持从严管制与有效激励相结合作为政策的出发点。党的十八大以来，我国政府先后制定修订了一系列法律法规，着力推进生态治理的科学化和治理体系的现代化，促进生态环境制度建设的完善。《节约能源法》《环境保护法》《大气污染防治法》《循环经济促进法》《可再生能源法》《矿产资源法》《森林法》等一批法律法规的出台，基本形成对自然资源管理、环境保护和绿色低碳循环经济等领域的全覆盖。目前，我国已形成了以《宪法》为基础，以《水法》《土地管理法》《环境保护法》《节约能源法》等生态治理的政策法规体系，绿色发展的法治保障体系日渐完善。

随着生态文明建设进入新时代，我国生态环境政策体系正在实现两个方面的演进目标：从注重末端治理向注重源头预防演进，从注重单纯的环境规制向全球视角的绿色低碳循环可持续发展演进。在绿色发展的实践中，经历了以污染防治为主，向污染防治和生态保护并重，再到预防、修复、重建相结合的转变②。近年来，中共中央、国务院先后出台了《关于加快推进生态文明建设的意见》和《生态文明体制改革总体方案》等政策，特别是党的十九大对 2015 年的《生态文明体制改革总体方案》更是做出了系统性推进，"设立国有自然资源资产管理和自然生态监管机构，完善生态环境管理制度，统一行使全民所有自然资源资

---

① 梁正. 从科主技政策到科技与创新政策 [J]. 科学学研究，2017 (2).
② 解振华，潘家华. 中国的绿色发展之路 [M]. 北京：外文出版社，2018：Ⅲ.

产所有者职责,统一行使所有国土空间用途管制和生态保护修复职责,统一行使监管城乡各类污染排放和行政执法职责"①,从体制上协调多头监管和"碎片化"监管问题,构建起由自然资源资产产权制度、国土空间开发保护制度、空间规划体系、资源总量管理和全面节约制度、资源有偿使用和生态补偿制度、环境治理体系、环境治理和生态保护市场体系、生态文明绩效评价考核和责任追究等制度构成的产权清晰、多元参与、激励约束并重、系统完整的生态文明制度体系②。自然资源资产产权关系的清晰界定,为提高环境资源配置优化创造了前提,便于合理利用市场机制在资源配置中发挥决定性作用,从而建立充分反映市场供求、资源稀缺程度及生态损害成本的资源环境价格体系,有助于生态补偿机制的进一步完善。

随着法律法规制度和各类政策体系的不断完善,我国将逐步解决绿色发展中资源环境污染破坏违法成本低、执法行政处罚标准掌握难等方面的问题。资源环境领域的监管能力薄弱、执法监督乏力、监管职能合力的问题也将随着国家新一轮机构改革方案的落实与深化,监管体制漏洞、执法乏力难题将得到进一步破解。

三、创新引领绿色发展的科技支撑作用持续增强

创新引领绿色发展,其核心是全方位、多层次、可持续地以制度创新激励创新投入,优化研发人员、研发资金等创新要素的配置,推动经济内生性的绿色发展。综合当前学术界对绿色创新绩效评价方面的研究进展,学术界提出了绿色发展创新投入产出成效的三项评价指标。创新投入与创新产出,是体现创新引领绿色发展最核心的内容,其中,投入要素中最具代表性的是创新要素的研发投入与人才投入,而最能体现创新产出的则是发明专利、新产品销售状况,它们构成衡量创新引领绿色发展能力的最重要指标。当然,资源能源等方面的投入要素,以及废弃污染物等非期望出现的产出衡量,也是绿色发展的投入与产出的评价内

---

① 习近平. 决胜全面建成小康社会 夺取新时代中国特色社会主义伟大胜利——在中国共产党第十九次全国代表大会上的报告 [M]. 北京:人民出版社,2017:52.

② 生态文明体制改革总体方案. 中国政府网,http://www.gov.cn/guowuyuan/2015-09/21/content_2936327.htm.

容。为此，可以从能源投入消耗情况以及废水排放、二氧化碳排放、固体废物等作为主要衡量指标来进行考察创新投入的绿色产出情况。科技创新的研发投入强度是目前公认的衡量创新型国家最主要的核心指标，提高研发经费的投入规模、强度和研发人力投入是一个国家实现创新引领绿色发展的重要手段。2023 年，我国 R&D 经费总量达到 33278 亿元，我国 R&D 经费投入强度（R&D/GDP）从 2010 年的 1.71% 达到 2023 年的 2.64%，目前，我国研发投入强度已达到中等发达国家 R&D 经费投入强度水平，但与部分发达国家 2.5%～4% 的水平相比还处于追赶地位①。2023 年授予发明专利权 92.1 万件，比上年增长 15.3%。PCT 专利申请受理量 7.4 万件。截至 2023 年末，有效发明专利 499.1 万件，比 2022 年末增长 18.5%。

伴随经济规模不断扩大，实现绿色发展转型，能源绿色低碳发展是关键。2022 年，全国高技术制造业、装备制造业增加值占规模以上工业增加值比重分别达到 15.5%、31.8%，较 2012 年分别提高了 6.1 个和 3.6 个百分点。十年来，中国能耗强度累计下降 26.4%，以年均 3% 的能源消费增速支撑了 6.2% 的经济增长，相当于少用 14 亿吨标准煤，少排放二氧化碳近 30 亿吨。2022 年，中国单位国内生产总值（GDP）二氧化碳排放比 2005 年下降超过 51%。截至 2022 年底，非化石能源消费比重达到 17.5%，可再生能源总装机容量 12.13 亿千瓦，占世界可再生能源总发电装机容量的 34.4%②。

在环境质量提高方面，2021 年，全国 339 个地级及以上城市平均优良天数比例为 87.5%，比 2015 年提高 6.3 个百分点；218 个城市环境空气质量达标，占 64.3%，提高 35.0 个百分点。6 项基本污染物年均浓度均同比下降，其中，PM2.5 年均浓度 30 微克/立方米，比 2015 年下降 34.8%。水环境质量持续向好，2021 年，全国地表水水质优良（Ⅰ～Ⅲ类）断面比例为 84.9%，比 2012 年提高 23.3 个百分点；劣 Ⅴ 类断面比例为 1.2%，下降 9.7 个百分点，近岸海域水质持续改善，优良（一、二类）水质海域面积比例为 81.3%，比 2016 年提高 8.4 个百

---

① 数据根据中国统计年鉴各期计算得出。
② 中华人民共和国生态环境部. 中国应对气候变化的政策与行动 2023 年度报告，https://www.mee.gov.cn/zcwj/zcjd/2023/10/t20231029_1044242.shtml.

分点①。

《关于加快推进生态文明建设的意见》《生态文明体制改革总体方案》等纲领性文件相继出台。制修订 30 多部生态环境领域法律和行政法规，覆盖各类环境要素的法律法规体系基本建立。主体功能区战略深入实施，省以下生态环境机构监测监察执法垂直管理制度、中央生态环境保护督察深入推进，有力推动解决突出生态环境问题，成为落实生态环境保护责任的硬招实招。从这些创新引领发展的实践来看，《关于加快推进生态文明建设的意见》《生态文明体制改革总体方案》等纲领性文件相继出台，内涵式经济增长带来总体能源利用效率的提高和污染排放强度的大幅下降，一系列阶段性成果的取得也说明，自然资源资产产权制度、河（湖、林）长制、排污许可制度、生态保护红线制度、生态补偿制度、生态环境保护"党政同责"和"一岗双责"等制度逐步建立健全，构建生态文明"四梁八柱"的制度体系基本形成，制度创新应对生态环保挑战，创新驱动带来生产方式的绿色发展转型，新技术与真作为带来真改变，环境治理力度前所未有，环境质量改善取得积极进展。

四、绿色生产绿色消费的全新理念日渐深入

随着我国经济发展水平的提高，人民对美好生活的需要和经济发展不平衡不充分之间的矛盾成为新时代的社会主要矛盾，社会主要矛盾的解决，关键要通过创新引领绿色发展，实现高质量、高效率的绿色生产和绿色消费。绿色消费适量而不过度，成为超越狭隘"人类中心主义"的新型消费价值观，加速绿色消费的转型升级亦是确保绿色发展的基础和方向。

近年来，在推进绿色生产层面，我国加速推进产业结构调整，大力发展新兴产业，加快推进制造业转型升级。国家通过严格执行环保、质量、安全等法规标准，积极推进产业结构转型升级，高技术制造业、装备制造业增加值年均分别增长 10.6%、7.9%，数字经济不断壮大，新产业、新业态、新模式增加值占国内生产总值的比重达到 17% 以上，单位国内生产总值能耗下降 8.1%、二氧化碳排放下降 14.1%。地级及以上城

① 国家统计局．生态文明建设深入推进 美丽中国引领绿色转型——党的十八大以来经济社会发展成就系列报告之十五，https://www.gov.cn/xinwen/2022 – 10/09/content_5716870.htm.

市细颗粒物（PM2.5）平均浓度下降 27.5%，重污染天数下降超过五成，全国地表水优良水体比例由 67.9% 上升到 87.9%[①]。创新引领绿色发展正在实现由小到大到强的转变和跨越。新兴产业、新兴业态发展的优势凸显，现代服务业增长加快，使得新的消费增长点不断孕育，多样化、个性化的消费需求逐渐成为主流，也为创新产品供给带来了更多机会。因此，加速绿色消费的转型升级亦是确保绿色发展的重要基础。

近年来，我国政府对绿色消费的促进已经不再限于对生产过程的质量控制和安全监管的层面，而是扩大到促进资源节约、环境保护、企业社会责任等方面，通过政策法规、经济引导、教育促进三个主要层面来引导和推动绿色发展的全过程。一是在政策法规层面，如设立能源效率标识制度、环境标志制度、绿色建筑标准、绿色饭店标准、最严格的水资源管理制度、土地红线制度以及"限塑令"等，通过加强生产者消费者的行为规范，通过引导合理消费、绿色消费，减少废弃物排放、提高资源利用效率的目的。二是在经济引导层面，实行绿色产品认证、自主创新产品认证，通过政府采购、税收制度等措施，引导和激励对创新产品、绿色产品的消费，例如，燃油税、环境保护税、资源产品施行的阶梯价格（阶梯电价、阶梯水价、阶梯气价）、新能源汽车的政府采购及示范推广等等，这些措施的实行，有助于新兴产业的发展，有力地通过绿色消费促进了绿色供给，并有效地保护了生态环境。三是在教育促进层面，近年来，我国对绿色消费的宣传、教育在打造绿色消费绿色生产的软环境方面，通过广告、影视、网络、会展、名人明星示范等活动推广绿色生产绿色消费的理念。政府部门，作为消费者和社会消费秩序的维护者、监管者，利用财政、金融、贸易、标准、认证认可等政策手段激励约束从绿色生产到绿色消费全过程。

第三节　实施路径：创新引领绿色发展转型的时代选择

绿色发展新理念契合了人与自然是生命共同体的内在逻辑，社会主义

---

① 2023 年政府工作报告，https：//www.gov.cn/zhuanti/2023lhzfgzbg/index.htm.

生态文明建设需要由理念到制度再到实践全方位地推进创新，可以说，创新引领绿色发展将为现代化经济体系建设指明发展方向和提供坚实支撑。

一、全面贯彻绿色发展新理念，大力倡导绿色生产和绿色消费

绿色发展新理念，重在把握以人民为中心的绿色发展取向，把握"绿水青山就是金山银山"中发展保护相统一的辩证关系，着力用创新方法解决环境保护与生态治理的新老问题，用绿色的治理逻辑去谋划民生福祉。

为此，创新引领绿色生产和绿色消费，重在深化绿色发展的目标激励机制。一要建立和完善绿色发展标准，根据对生命健康和生态环境的影响分类制定绿色产品与服务的国家标准、强制性产品标准、行业标准、企业标准等，加强信息披露，完善"能效标识""环境标识""节能节水认证"等，扩大创新产品绿色产品的认证，利用政府采购扩大对创新产品、绿色产品的市场空间，完善对创新产品、绿色产品的税收优惠，以降低绿色产品的价格和促进市场的普及。二要根据技术进步情况和环境规制发展，动态调整重点行业和企业的减排标准，促进高耗能企业、产能过剩行业进行技术改造和淘汰落后产能，加强工业、农业、建筑、交通、公共机构等领域的节能管理，加强相应目标考核机制和奖惩制度，从而抑制高耗能，引导绿色消费。三要完善我国现行促进创新产品绿色消费的政策，需要对税收优惠、财政补贴、资源价格、绿色信贷、绿色产品、创新产品目录等方面进一步加强调控，从而引导绿色生产绿色消费长效机制的实现。四要加强宣传和教育促进，提高公民保护生态环境的责任意识和权利意识，公民既是绿色消费的主体，也是监督绿色生产的重要力量，提高全社会的创新意识和绿色发展意识，坚持底线思维，守住生态红线，我们"要像保护眼睛一样保护生态环境，像对待生命一样对待生态环境"。

二、不断加快创新人才集聚和成果转化，充分发挥科技创新的支撑引领作用

创新引领绿色发展需要人才为先。因此，必须进一步突出人才的核

心带动作用，以制度创新激发各类技术创新主体的活力，促进产学研用紧密结合，加快创新人才集聚和创新成果转化，以创新为引领发展的第一动力，培育中国经济竞争优势新动能。

建设创新型国家，需要加快推进知识产权强国，强化知识产权保护。提高知识产权尤其是发明专利的产生、运用、保护和管理能力，以知识产权利益分享机制为纽带，促进我国先进技术转化为国际标准，推动创新成果知识产权化、知识产权成果标准化、标准国际化进程。与此同时，强化防止滥用知识产权的反垄断审查制度，建立知识产权侵权国际调查和海外维权机制。

加快构建高效的技术交易平台，加速促进科技成果转化为现实生产力、转化为现实的生态福利，形成投入与产出、供给与需求的良性互动。大力推动重大环境问题系统性技术解决方案和共性技术研究，为确定生态环境治理重点和技术路线提供科学依据，逐步形成与我国经济社会发展水平相适应的资源高效利用技术体系，为绿色发展提供发展引领和强有力的科技支撑。

三、持续深化绿色发展的制度创新，全面推进环境治理体系与治理能力现代化

"保护生态环境必须依靠制度、依靠法制。只有实行最严格的制度、最严密的法治，才能为生态文明建设提供可靠保障。"①

保护生态环境，实现绿色发展，一是要完善地方政府部门的绩效考核机制，将绿色发展指标纳入地方政府政绩考核体系，以主体功能区定位来谋划特色发展。二是要进一步健全我国的自然资源管理、环境保护、生态补偿等制度，实行污染物排放总量和排放标准双重控制制度，严格产业准入和退出标准，积极化解过剩产能，优化能源结构，积极推动煤炭的清洁高效利用和清洁能源的推广应用，实现污染物产生和排放的最小化。三是完善资源环境产权制度，一方面使国家所有者权益得到充分体现，另一方面有助于优化排污权交易和生态环境补偿机制，使优

---

① 中共中央文献研究室. 习近平关于社会主义生态文明建设论述摘编［M］. 北京：中央文献出版社，2017：8.

质环境的受益企业支付相应的成本和补偿费用。

保护生态环境，实现绿色发展，需要进一步加强针对生态环境保护的顶层制度设计，破除管理体制中的条块分割与责任监督问题，强制信息披露，消除违法者的逆向选择，形成政府、公众、社会全方位共同参与的绿色监管体系，以制度创新推进生态环境监管体系和监管能力的现代化，为世界生态文明建设与全球环境治理做出更多中国贡献。

四、积极发挥市场资源配置的作用，加快构建绿色发展的现代经济体系

市场在价值规律的作用下，有助于形成有效的激励约束机制，从而改变经济主体在生产生活中的行为选择，引导和激励各类主体最大限度地提高资源利用效率，促进绿色发展更多地由主要依靠生产要素低成本比较优势向培育以自主创新和劳动力素质提高为基础的新竞争优势转变。

完善土地、资源等生产要素的价格形成机制，有助于引导和激励市场主体节约资源。土地要素直接关系到粮食安全、农业现代化和农民切身利益问题，同时亦是化解房地产绑架中国经济金融风险的根本性问题，成为我国经济开启新一轮改革发展的枢纽性环节。要在成品油价格和税费改革的基础上，继续推进天然气、电力、供水和污水处理价格改革，实现外部成本和效益内部化，使市场机制能够发挥正向激励作用；要较大幅度地提高资源税率，加快建立投资项目能效评价制度，推广合同能源管理等方式，完善以应对气候变化为目标的碳排放交易制度和碳排放交易市场，推进市场化的资源节约机制，把资源环境压力释放过程转化为创新驱动绿色发展的推进过程。

加快发展以新质生产力为基础的战略性新兴产业，这既是我国新的经济增长点和经济持续快速发展的着力点，也是经济结构优化升级、抢占全球经济发展制高点的战略支撑点。为此，必须完善创新政策，推动绿色金融体系建设，推进绿色科技创新的产业化，通过标准制定、环保规制、能源结构调整等方式淘汰落后产品和过剩产能，推进自主创新产品的绿色低碳循环和产业化，以创新与绿色发展的深度融合来加速现代化经济体系的实现。

第四节 本章小结

　　本章通过对创新引领绿色发展的时代逻辑进行理论阐释，阐明创新是引领新时代绿色发展的第一动力，并立足于我国经济绿色发展取得的突出成就和经验，对创新引领绿色发展的现实基础进行初步分析，认为我国创新引领绿色发展在战略层面、制度层面、科技层面、观念层面等方面具有与时俱进的良好基础，进而提出我国进一步通过创新引领绿色发展的切实可行路径，不断加快创新人才集聚和成果转化，持续深化绿色发展的制度创新，充分发挥科技创新的支撑引领作用，加快构建绿色发展的现代经济体系。接下来，第三章将在构建更加科学完善的绿色发展评价指标体系基础上，对我国绿色发展水平与趋势进行分析与评价，以此展开相应分析。

第三章 中国绿色发展水平评价与趋势分析

基于上述理论，我们已经清楚产业结构演化和绿色发展之间存在动态的、复杂的互动关系。在进一步研究我国产业结构演化和绿色发展之间互动关系之前，我们先要对我国总体以及各省份的绿色发展水平进行测度和分析。概括而言，绿色发展是以产业绿色化、消费绿色化、资源节约化、生态经济化为重点的可持续发展方式，涉及经济增长、资源利用、生态环境、绿色生活等各个领域。目前关于绿色发展的评价研究主要使用绿色国民经济核算、多指标评价体系和综合指数这三种方法，其中最主要的是通过构建多指标评价体系对一段时期内某国家或者地区的绿色发展水平进行评估。尽管绿色发展内涵丰富，国内外的相关研究也各有侧重，但基本上都体现了对资源环境和经济发展之间协调关系的重视，要求人类社会在追求经济增长和物质充裕的同时减少对自然的破坏，以及资源环境对经济发展的限制和约束。本章以 2016 年我国国家发展改革委、国家统计局、环境保护部、中央组织部制定的《绿色发展指标体系》作为依据，对我国 2011～2020 年省域绿色发展水平进行测度分析。

第一节 绿色发展评价方法与测度

一、绿色发展多指标评价体系

绿色发展多指标评价体系主要是通过选取相关指标，多角度地反映和衡量某个国家或地区的绿色发展情况，直观地体现出绿色发展的进步和落后因素。由于不需要对各个指标进行赋权加总，故无法对绿色发展水平进行总体评估。目前国际通用的绿色发展多指标评价体系主要有：

（一）联合国环境规划署（UNEP）绿色经济指标体系

根据联合国环境规划署的定义，绿色经济是指"既能改善人类福祉和促进社会公平，又能显著降低环境风险和减少生态稀缺性的经济发展模式"。在报告中，联合国环境规划署从资源环境、政策支持、人类福祉和社会公平三个方面构建了一个包含12个二级指标40个三级指标的综合指标体系，用来衡量各国绿色经济转型情况。其中，资源环境是绿色经济的现实约束，政策支持是绿色经济的实现途径，人类福祉和社会公平是绿色经济的主要目标。该体系可以根据各国实际情况灵活调整，在世界范围内具有一定的标准性和可比性。

（二）经济合作与发展组织（OECD）绿色增长监测指标体系

2011年，经济合作与发展组织发布了一套涵盖效率、生产力、创新活动、政策工具等绿色经济主要方面的指标体系，包括环境和资源生产率、自然资产基础、生活质量的环境因素、经济机遇和政策应对4个一级指标、14个二级指标和23个三级指标，构建了一个生产、消费、政策和环境相互联系的综合衡量框架。这套指标体系囊括了OECD各成员国经济发展、生态环境、社会结构和体制特征等方面的大部分信息，目前在韩国、荷兰、捷克、墨西哥等国家得到广泛应用。

二、绿色发展综合指数

与绿色发展多指标评价体系类似，绿色发展综合指数也需要建立一套完整的指标体系。不同的是，绿色发展综合指数需要对各个指标进行赋权加总，其目的是对各个国家或地区进行横向比较，以反映该国或地区在某个时间的绿色发展水平在全球或国内的位置，同时也能通过纵向比较反映出该国或地区在一段时期内的动态变化和趋势。目前国内外流行的绿色发展综合指数有：

（一）环境绩效指数（EPI）

2006 年，耶鲁大学环境法律与政策中心和哥伦比亚大学国际地球科学信息网络中心在"环境可持续指数（ESI）"的基础上联合编制了环境绩效指数（EPI），目的在于帮助政策制定者发现环境问题，追踪观察污染控制和自然资源管理的趋势，确定哪些政策能产生良好效果以及哪些政策效果不佳，提供用于跨国、跨部门绩效比较的基准。环境绩效指数（EPI）主要围绕两个基本的环境保护目标展开：（1）减少环境对人类健康造成的压力；（2）提升生态系统活力和推动对自然资源的良好管理。经过多年的发展，环境绩效指数（EPI）已经由 2006 年的六大政策类别、16 项具体指标拓展为十大政策类别、22 项具体指标，满足相关性、绩效性、透明性和数据质量等严格要求，涵盖了环境健康和生态系统活力的各个方面，基本上能够反映当前人类社会面临的环境挑战和焦点问题。但是，环境绩效指数（EPI）没有统一的赋权方法，各个政策类别和具体指标权重的确定具有一定的主观性，所以在最终的得分和排名上具有争议。

（二）资源环境综合绩效指数（REPI）

2006 年，中国科学院可持续发展战略研究组在《2006 中国可持续发展战略报告》中首次提出资源环境综合绩效指数（REPI），用来监测和评价一国或地区资源消耗和污染排放的总体情况。在国家层面上，该指数选取了一次能源、淡水、水泥、钢材和常用有色金属五种资源的原材料消耗强度进行计算，对世界上 59 个国家进行排名；在省级层面上，该指数选取能源、化学需氧量等七种资源和污染物的消耗排放强度进行计算，对我国 31 个省份进行排名。资源环境绩效指数（REPI）值越低，该国或地区的资源环境绩效水平越高，节约程度越强。该指数的优势在于将一国或地区的资源消耗和污染排放与该国或地区的 GDP 联系起来，反映的是该国或地区单位经济产出所消耗资源和排放污染最小化的能力。但是，随着绿色发展的内涵逐渐丰富，资源环境综合绩效指数（REPI）所涵盖的资源和污染物已经不能满足人类社会对于环境的要求，例如，近年来逐渐引起重视的空气污染物 PM2.5 就并未涵盖在内。

（三）中国绿色发展指数

2010 年，北京师范大学等研究机构在《中国绿色发展指数年度报告——省级比较》报告中构建了中国绿色发展指标体系框架，用来评价中国各省份的绿色发展进展情况。该指数从经济增长绿色度、资源环境承载潜力和政府政策支持度 3 个一级指标出发，共确定了 9 个二级指标和 55 个三级指标，特别注重绿色与发展的结合，突出了政府对绿色经济转型的引导和支撑作用，强化了绿色生产的重要性。在指标权重上，北京师范大学等研究机构征求了经济、资源、环境、统计等领域的专家意见，经过反复斟酌，最终确定了每个指标的权重。通过收集专家意见赋予不同的指标权重，该指数在一定程度上能反映中国绿色发展水平的变动趋势。

第二节 绿色发展指标体系构建

根据中共中央办公厅、国务院办公厅印发的《生态文明建设目标评价考核办法》，国家发展改革委、国家统计局、环境保护部、中央组织部制定了《绿色发展指标体系》，作为各省份绿色发展评价考核的依据。该指标体系包含资源利用、环境治理、环境质量、生态保护、增长质量、绿色生活、公众对生态环境质量满意程度 7 个一级指标和 56 个二级指标。除公众对生态环境质量满意程度这一指标是主观调查获取且不参与总指数的计算外，其余指标均是客观指标，需要赋权加总计算。客观指标分为三类：《国民经济和社会发展第十三个五年规划纲要》确定的资源环境约束性指标，《国民经济和社会发展第十三个五年规划纲要》和《中共中央 国务院关于加快推进生态文明建设的意见》等提出的主要监测评价指标，以及其他绿色发展重要监测评价指标。根据指标的重要程度，基于 100% 的总权数，这三类指标的权重按 3：2：1 计算。

根据"十三五"规划，绿色发展的目标是加快改善生态环境，主要任务是以提高环境质量为核心，以解决生态环境领域突出问题为重点，加大生态环境保护力度，提高资源利用效率，为人民提供更多优质生态产品，协同推进人民富裕、国家富强、中国美丽。概括来说：一是要加快建设主体功能区，合理控制国土空间开发强度，增加生态空间。推动优化开发区域产业结构向高端高效发展，逐年减少建设用地增量，提高土地利用效率。二是推进资源节约集约利用，树立节约集约循环利用的资源观，推动资源利用方式根本转变，大幅提高资源利用综合效益。推进能源消费革命，落实最严格的水资源管理制度，严控新增建设用地，强化矿产资源规划管控，加快废弃物资源化利用，推广城市自行车和公共交通等绿色出行服务。三是加大环境综合治理力度，创新环境治理理念和方式，实行最严格的环境保护制度，强化排污者主体责任。深入实施污染防治行动计划，大力推进污染物达标排放和总量减排，严密防控环境风险，加强环境基础设施建设，改革环境治理基础制度。四是加强生态保护修复，坚持保护优先、自然恢复为主，推进自然生态系统保护与修复，筑牢生态安全屏障。开展大规模国土绿化行动，全面提升生态系统功能；推进荒漠化、石漠化、水土流失综合治理，推进重点区域生态修复；加大风景名胜区、森林公园、湿地公园、沙漠公园等保护力度，扩大生态产品供给；强化自然保护区建设和管理，维护生态多样性。五是积极应对全球气候变化，主动控制碳排放，落实减排承诺，深度参与全球气候治理，为应对全球气候变化做出贡献。有效控制电力、钢铁、建材、化工等重点行业碳排放，推进工业、能源、建筑、交通等重点领域低碳发展。六是健全生态安全保障机制，建立健全生态风险防控体系。划定并严守生态保护红线，确保生态功能不降低、面积不减少、性质不改变，建立森林、草原、湿地总量管理制度。

《绿色发展指标体系》严格贯彻了习近平总书记在十八届五中全会上提出的新发展理念，集中体现了"十三五"规划对绿色发展的要求。与其他已有的绿色发展指标体系相比：第一，在指标设计上，《绿色发展指标体系》对绿色发展的理解和考察更加全面，不仅涵盖了资源利用、环境治理、环境质量、生态保护、经济增长、绿色生活等各个方面，而且兼顾总量控制和强度控制，绝对值和变化率等各个维度。第二，在指标权重上，充分考虑我国自然资源和生态环境的基本国情和"十三五"规划关于绿色发展的现实任务，按照约束性指标、主要监测指标和其他监测指标的重要程度不同，赋予资源利用、环境治理、环境质量和生态保护更高的权重。

第三节　绿色发展水平评价

基于上述指标体系和计算方法，本节分别计算了 2011～2020 年我国 30 个省份的绿色发展综合指数和各个一级指标。由于数据缺失问题，不包含西藏和港澳台地区。

一、绿色发展综合指数

从 2011～2020 年各省份绿色发展综合指数来看，福建、云南、重庆、广西、四川等省份的绿色发展综合指数较高，排名较为靠前；天津、河南、新疆、河北、山西等省份的绿色发展综合指数较低（见表 3-1）。

表 3-1　　　　2011～2020 年各省份绿色发展综合指数及排名

地区	2011 年		2015 年		2020 年		2011～2020 年均值	排名变动
	指数	排名	指数	排名	指数	排名		
北京	79.99	14	80.13	14	82.86	13	80.74	1
天津	77.91	30	76.64	30	80.17	28	78.34	2
河北	78.66	24	78.51	21	80.56	26	78.80	-2
山西	78.27	26	77.86	27	81.42	19	79.08	7
内蒙古	79.93	15	80.53	13	80.62	24	80.92	-9
辽宁	78.66	23	78.02	25	81.08	22	79.34	1
吉林	80.03	13	80.12	15	83.34	8	81.26	5
黑龙江	79.75	16	79.48	18	81.36	20	80.84	-4
上海	78.97	21	80.58	11	82.93	12	81.18	9
江苏	79.37	20	79.96	16	82.07	16	79.96	4
浙江	81.73	4	82.89	2	83.16	9	82.79	-5
安徽	79.75	17	78.71	20	80.59	25	79.96	-8
福建	82.48	1	83.78	1	84.00	2	83.99	-1
江西	81.16	8	81.37	8	83.64	5	81.67	3
山东	78.74	22	79.15	19	80.65	23	79.50	-1
河南	78.10	29	77.02	29	80.06	29	78.64	0
湖北	80.54	11	80.57	12	81.95	17	81.32	-6

地区	2011 年		2015 年		2020 年		2011~2020 年均值	排名变动
	指数	排名	指数	排名	指数	排名		
湖南	80.45	12	81.32	9	83.49	7	81.33	5
广东	81.14	9	81.45	7	82.52	14	81.58	−5
广西	81.92	3	82.24	4	83.06	10	82.12	−7
海南	81.04	10	80.84	10	83.59	6	81.99	4
重庆	81.66	5	81.76	6	83.67	4	82.25	1
四川	81.21	6	79.75	17	83.84	3	82.03	3
贵州	81.19	7	82.04	5	83.05	11	81.94	−4
云南	82.23	2	82.84	3	84.23	1	83.26	1
陕西	79.49	19	78.36	22	80.52	27	79.55	−8
甘肃	78.52	25	78.04	24	82.11	15	80.00	10
青海	79.50	18	78.33	23	81.53	18	80.42	0
宁夏	78.15	28	77.91	26	81.28	21	79.35	7
新疆	78.16	27	77.64	28	80.03	30	78.78	−3

　　从图 3-1 中可以看出，2011~2020 年各省份中，绿色发展综合指数排名前 5 的省份依次是福建、云南、浙江、重庆、广西；排名后 5 的省份依次是天津、河南、新疆、河北和山西。

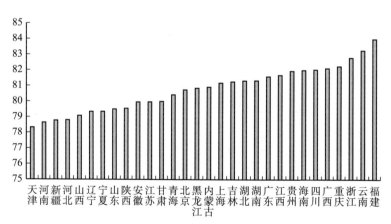

图 3-1　2011~2020 年各省份绿色发展综合指数均值

二、资源利用指数

资源利用指数反映的是一个地区能源资源的节约利用情况，包括能源资源利用的总量约束和强度约束两类指标。在本章的绿色发展指标体系中，资源利用指数主要考虑了能源、水资源、土地资源和工业固体废物的利用情况。总的来看，2011～2020 年各省份的资源利用指数，除了贵州省的排名无变动外，其他省份的排名升降几乎各占一半。从考察期内的均值来看，福建、青海、贵州、云南、广西的资源利用指数较高，天津、辽宁、江西、河北、新疆的资源利用指数较低，山西、海南、北京、青海等省份的资源利用指数排名波动较大。这种较大幅度的波动情况有部分原因是指标体系本身造成的，因为资源利用指数的部分二级指标考察的是资源能源消耗总量的增长率和强度变化，这类指标的年际变化本身较大（见表 3-2）。

表 3-2　　　　2011～2020 年各省份资源利用指数及排名

地区	2011 年		2015 年		2020 年		2011～2020 年均值	排名变动
	指数	排名	指数	排名	指数	排名		
北京	22.64	24	22.75	7	22.74	12	22.40	12
天津	22.51	26	21.15	29	22.23	21	22.14	5
河北	22.67	20	22.25	16	21.79	28	22.21	-8
山西	22.41	29	22.07	21	23.47	2	22.83	27
内蒙古	22.74	19	22.72	8	21.75	29	22.63	-10
辽宁	22.65	22	21.68	23	21.96	25	22.14	-3
吉林	22.39	30	22.13	18	22.38	16	22.57	14
黑龙江	22.74	18	21.35	28	21.69	30	22.31	-12
上海	23.09	12	22.49	13	22.87	9	23.01	3
江苏	22.94	15	22.81	6	22.77	10	22.48	5
浙江	23.47	4	23.17	1	22.07	23	22.93	-19
安徽	23.32	6	21.61	24	21.92	27	22.58	-21
福建	22.93	16	23.13	3	22.75	11	23.34	5
江西	22.47	28	22.12	19	22.25	20	22.18	8
山东	22.64	23	22.45	14	22.34	17	22.41	6
河南	22.66	21	21.84	22	21.95	26	22.51	-5

续表

地区	2011 年		2015 年		2020 年		2011~2020 年均值	排名变动
	指数	排名	指数	排名	指数	排名		
湖北	23.17	10	22.54	12	22.32	19	22.77	-9
湖南	23.12	11	22.69	9	23.14	7	22.77	4
广东	23.38	5	22.39	15	22.33	18	22.59	-13
广西	23.52	2	23.16	2	23.23	6	23.02	-4
海南	22.53	25	21.15	30	22.91	8	22.39	17
重庆	23.21	8	22.62	10	23.29	5	22.95	3
四川	23.25	7	21.43	26	23.39	3	23.00	4
贵州	23.79	1	23.11	4	24.18	1	23.21	0
云南	23.50	3	22.98	5	22.73	13	23.16	-10
陕西	22.89	17	21.37	27	22.23	22	22.24	-5
甘肃	23.20	9	22.08	20	22.56	14	22.74	-5
青海	23.00	14	22.58	11	23.30	4	23.33	10
宁夏	23.03	13	22.21	17	22.53	15	22.63	-2
新疆	22.48	27	21.55	25	22.07	24	22.24	3

　　从图 3-2 中来看，在 30 个省份中，排在前 5 名的依次是福建、青海、贵州、云南和广西；排在后 5 名的依次是天津、辽宁、江西、河北和新疆。各省份的资源利用水平存在较明显的差距。

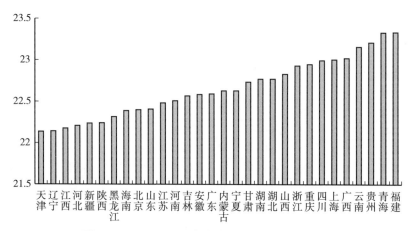

图 3-2　2011~2020 年各省份资源利用指数均值

从地理分布来看，各省份的资源利用水平空间分布格局变化较大。2011年，西部省份的资源利用水平明显高于中部和东部省份。2015年，各省份的资源利用水平普遍有所减低。到2020年，各省份的资源利用水平明显提升，其中西部地区提升幅度较大。

三、环境治理指数

环境治理指数反映的是一个地区加强环境治理的努力程度，其中包括主要污染物（化学需氧量、氨氮、二氧化硫和氮氧化物）的减排，废物、垃圾、污水的处理以及用于环境污染治理的投入。表3-3是2011～2020年各省份的环境治理指数及排名。

表 3-3   2011～2020 年各省份的环境治理指数及排名

地区	2011 年		2015 年		2020 年		2011～2020 年均值	排名变动
	指数	排名	指数	排名	指数	排名		
安徽	13.76	14	14.18	11	14.60	19	14.22	-5
北京	14.01	4	13.97	24	15.00	6	14.41	-2
福建	13.88	9	14.16	13	14.23	23	14.20	-14
甘肃	12.91	29	13.49	29	14.78	13	13.85	16
广东	13.53	22	14.14	14	14.63	18	14.19	4
广西	13.52	23	13.92	26	14.11	27	13.87	-4
贵州	13.94	6	14.23	6	13.03	30	14.06	-24
海南	13.63	19	13.93	25	15.03	5	14.09	14
河北	13.80	12	14.27	3	14.97	7	14.30	5
河南	13.89	7	14.17	12	14.82	12	14.31	-5
黑龙江	12.75	30	13.62	28	14.16	26	13.65	4
湖北	13.49	24	14.09	17	14.44	20	14.10	4
湖南	13.55	21	14.10	16	14.77	14	14.14	7
吉林	13.33	26	13.97	23	14.85	10	13.94	16
江苏	13.75	15	14.07	18	15.11	3	14.17	12
江西	13.84	10	14.00	22	14.97	8	14.13	2
辽宁	13.72	17	14.11	15	14.76	15	14.17	2
内蒙古	13.83	11	14.29	1	13.91	29	14.29	-18

地区	2011 年		2015 年		2020 年		2011～2020 年均值	排名变动
	指数	排名	指数	排名	指数	排名		
宁夏	13.31	27	14.02	21	15.06	4	14.24	23
青海	13.41	25	13.48	30	13.91	28	13.75	-3
山东	14.06	3	14.26	4	14.84	11	14.39	-8
山西	13.76	13	14.24	5	14.92	9	14.26	4
陕西	13.89	8	14.20	8	14.21	24	14.25	-16
上海	13.59	20	14.28	2	15.46	1	14.44	19
四川	13.69	18	14.05	20	14.21	25	14.08	-7
天津	14.12	2	14.20	7	15.13	2	14.43	0
新疆	13.07	28	13.80	27	14.76	16	13.90	12
云南	13.74	16	14.07	19	14.65	17	14.14	-1
浙江	13.95	5	14.20	9	14.43	21	14.33	-16
重庆	14.15	1	14.19	10	14.28	22	14.31	-21

从图 3-3 中来看，2011～2020 年，在 30 个省份中，环境治理指数排在前 5 名的依次是上海、天津、北京、山东、浙江；排在后 5 名的依次是黑龙江、青海、甘肃、广西和新疆。除黑龙江、青海、甘肃、广西、新疆、吉林与其他省份有明显差距外，其余省份差距不大。

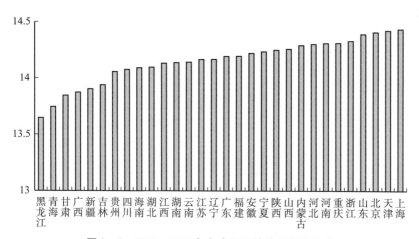

图 3-3 2011～2020 年各省份环境治理指数均值

从地理分布来看，2011 年、2015 年和 2020 年的环境治理指数空间分布有所变化，但基本上呈现出高污染地区的环境治理指数相对更高的特征。西南地区、东北地区以及东南沿海地区的环境污染程度相对较低，对应的污染治理指数也相对较低；京津冀地区、长三角地区相对而言环境污染程度更高，对应的污染治理指数也就更高一些。

四、环境质量指数

环境质量指数反映的是一个地区空气、水、土壤等环境要素的综合情况。表 3-4 是 2011~2020 年各省份环境质量指数及排名。从均值来看，环境质量指数较高的有贵州、广西、江西、青海、湖南等，多分布于西南地区；环境质量指数较低的有天津、北京、河南、山东、宁夏等，多分布于华北地区。

表 3-4　　　　　　2011~2020 年各省份的环境质量指数及排名

地区	2011 年		2015 年		2020 年		2011~2020 年均值	排名变动
	指数	排名	指数	排名	指数	排名		
北京	16.31	29	15.66	29	17.11	30	16.36	-1
天津	15.36	30	15.04	30	17.24	29	15.88	1
河北	17.05	20	16.53	23	17.45	25	17.01	-5
山西	16.97	22	16.52	24	17.51	24	17.00	-2
内蒙古	17.69	14	17.12	19	17.89	20	17.57	-6
辽宁	16.58	26	16.30	26	17.99	17	16.96	9
吉林	17.54	17	17.29	18	18.26	13	17.70	4
黑龙江	17.61	15	17.91	9	18.29	11	17.94	4
上海	16.68	24	16.59	22	18.09	16	17.12	8
江苏	16.81	23	16.92	21	17.92	19	17.22	4
浙江	17.36	19	17.76	10	18.52	5	17.88	14
安徽	17.55	16	17.50	15	17.94	18	17.67	-2
福建	17.94	7	18.13	7	18.13	15	18.07	-8
江西	17.92	8	18.20	5	18.62	3	18.25	5
山东	16.38	28	16.43	25	17.27	27	16.69	1
河南	16.55	27	15.83	28	17.28	26	16.55	1
湖北	17.73	10	17.44	17	18.33	10	17.84	0

续表

地区	2011 年		2015 年		2020 年		2011～2020 年均值	排名变动
	指数	排名	指数	排名	指数	排名		
湖南	18.06	3	18.14	6	18.37	9	18.19	-6
广东	17.50	18	17.61	13	17.85	21	17.66	-3
广西	18.27	1	18.27	4	18.28	12	18.27	-11
海南	17.95	6	18.37	2	18.21	14	18.18	-8
重庆	17.69	13	17.95	8	18.46	6	18.04	7
四川	17.72	12	17.49	16	18.46	7	17.89	5
贵州	17.99	5	18.58	1	18.90	1	18.49	4
云南	17.72	11	18.31	3	18.43	8	18.15	3
陕西	17.01	21	17.00	20	17.80	23	17.27	-2
甘肃	17.79	9	17.75	11	18.57	4	18.04	5
青海	18.21	2	17.58	14	18.85	2	18.21	0
宁夏	16.63	25	16.22	27	17.26	28	16.70	-3
新疆	17.99	4	17.63	12	17.83	22	17.82	-18

从图 3-4 中来看，2011～2020 年，在 30 个省份中，排名在前 5 名的省份依次是贵州、广西、江西、青海和湖南；排名在后 5 名的依次是天津、北京、河南、山东、宁夏。从地理分布来看，环境质量指数的空间分布格局相对稳定，西北、西南和华南地区的环境质量指数较高，环境质量指数较低、环境质量较差的省份主要分布在华北地区，尤其是京津冀地区。

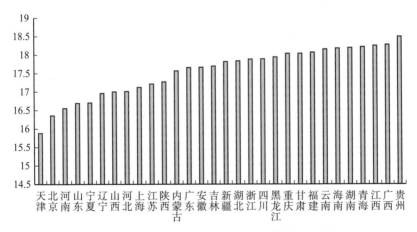

图 3-4　2011～2020 年各省份环境质量指数均值

五、生态保护指数

生态保护指数的计算涵盖了生态系统的主要要素，包括森林、湿地和草原等；以及自然保护区、水土流失治理等对生态系统的保护情况，主要反映的是一个地区的生态禀赋状况和对生态环境的保护情况。表3-5是2011~2020年各省份的生态保护指数及排名。从均值来看，生态保护指数较高的有福建、云南、吉林、海南、四川、广西、江西等，多分布于西南地区和东北地区；生态保护指数较低的有天津、山东、新疆、江苏、山西、河北、河南等，多分布于华北地区和西北地区。

表3-5　　　　　2011~2020年各省份的生态保护指数及排名

地区	2011年		2015年		2020年		2011~2020年均值	排名变动
	指数	排名	指数	排名	指数	排名		
北京	11.74	27	11.74	30	11.70	28	12.05	-1
天津	12.34	11	12.42	11	12.09	18	11.04	-7
河北	12.03	19	12.00	21	11.93	20	11.46	-1
山西	12.30	12	12.25	15	12.26	10	11.43	2
内蒙古	13.12	2	13.13	3	13.11	3	12.39	-1
辽宁	12.15	14	12.23	16	12.12	15	12.34	-1
吉林	13.05	3	13.17	2	13.13	2	13.41	1
黑龙江	12.49	10	12.63	10	12.64	9	13.02	1
上海	12.84	5	13.11	5	12.19	13	11.69	-8
江苏	12.07	17	12.26	14	11.91	22	11.08	-5
浙江	11.61	30	11.82	28	11.69	29	13.00	1
安徽	11.90	24	12.00	23	11.88	24	11.56	0
福建	11.95	20	12.26	13	12.19	12	13.82	8
江西	11.69	28	11.83	27	11.74	27	13.10	1
山东	12.09	15	12.06	20	11.92	21	11.06	-6
河南	12.21	13	12.21	18	12.17	14	11.55	-1
湖北	12.09	16	12.22	17	12.10	16	12.36	0
湖南	11.78	26	11.84	26	11.78	26	12.53	0
广东	11.67	29	11.82	29	11.69	30	12.66	-1

地区	2011 年		2015 年		2020 年		2011～2020 年均值	排名变动
	指数	排名	指数	排名	指数	排名		
广西	11.79	25	11.91	25	11.87	25	13.11	0
海南	11.91	23	12.33	12	12.24	11	13.31	12
重庆	12.03	18	12.16	19	12.10	17	12.44	1
四川	13.04	4	13.12	4	13.09	4	13.19	0
贵州	11.94	21	11.92	24	11.90	23	12.28	-2
云南	12.66	8	12.69	8	12.68	7	13.64	1
陕西	11.93	22	12.00	22	11.96	19	12.31	3
甘肃	12.78	6	12.81	7	12.92	5	11.57	1
青海	13.28	1	13.36	1	13.32	1	11.77	0
宁夏	12.64	9	12.85	6	12.76	6	11.56	3
新疆	12.70	7	12.69	9	12.68	8	11.08	-1

从图 3－5 来看，2011～2020 年，在 30 个省份中，生态保护指数排名前 5 名的省份依次是福建、云南、吉林、海南和四川；排名后 5 名的省份依次是天津、山东、新疆、江苏和山西。各省份的生态保护指数差距较大，福建（生态保护指数为 13.82）远高于天津（生态保护指数为 11.04）。

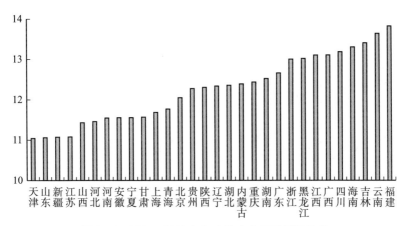

图 3－5　2011～2020 年各省份生态保护指数均值

从地理分布来看，2011 年、2015 年、2020 年省份的生态保护指数空间分布格局相对稳定。西北地区、西南地区和东北地区的生态保护指数整体相对较高，京津冀地区和华南地区的生态保护指数相对较低，呈现出稳定的空间集聚特征。

六、增长质量指数

增长质量指数反映的是一个地区的经济增长质量，包括增长速度、收入水平、经济结构、技术研发投入等。表 3 - 6 是 2011 ~ 2020 年各省份的增长质量指数及排名。从均值来看，上海、北京、天津、江苏、浙江、湖南、广东等省份的增长质量指数较高，集中于东部沿海地区；黑龙江、山西、新疆、陕西、青海、宁夏等省份的增长质量指数较低，多分布于西北和中部地区。这种情况主要源于这些省份在人均 GDP 增长速度、产业结构变化等方面的分化。

表 3 - 6　　　　2011 ~ 2020 年各省份的增长质量指数及排名

地区	2011 年		2015 年		2020 年		2011 ~ 2020 年均值	排名变动
	指数	排名	指数	排名	指数	排名		
北京	6.99	4	7.24	2	7.57	2	7.32	2
天津	7.04	2	7.08	3	7.12	8	7.15	- 6
河北	6.59	18	6.53	14	7.03	11	6.70	7
山西	6.47	28	6.13	28	6.56	26	6.40	2
内蒙古	6.56	21	6.61	12	6.91	16	6.72	5
辽宁	6.69	12	6.44	16	6.82	19	6.67	- 7
吉林	6.58	20	6.23	26	6.67	24	6.50	- 4
黑龙江	6.49	26	6.07	30	6.45	29	6.35	- 3
上海	7.02	3	7.30	1	7.78	1	7.40	2
江苏	7.04	1	7.00	5	7.44	3	7.13	- 2
浙江	6.75	8	7.03	4	7.41	4	7.10	4
安徽	6.81	7	6.61	11	7.02	12	6.83	- 5
福建	6.54	24	6.58	13	7.14	7	6.78	17
江西	6.64	13	6.39	20	6.92	15	6.63	- 2
山东	6.71	10	6.89	6	7.10	9	6.90	1
河南	6.44	29	6.32	23	6.69	23	6.50	6

地区	2011 年		2015 年		2020 年		2011~2020 年均值	排名变动
	指数	排名	指数	排名	指数	排名		
湖北	6.73	9	6.69	10	6.93	14	6.87	-5
湖南	6.70	11	6.88	7	7.32	5	6.97	6
广东	6.83	6	6.82	8	7.09	10	6.91	-4
广西	6.62	15	6.41	19	6.77	20	6.56	-5
海南	6.55	23	6.43	17	6.62	25	6.54	-2
重庆	6.84	5	6.75	9	7.24	6	6.90	-1
四川	6.63	14	6.41	18	6.87	18	6.67	-4
贵州	6.60	16	6.51	15	6.91	17	6.65	-1
云南	6.53	25	6.36	21	6.96	13	6.61	12
陕西	6.56	22	6.16	27	6.47	28	6.43	-6
甘肃	6.60	17	6.32	24	6.73	22	6.58	-5
青海	6.59	19	6.34	22	6.38	30	6.44	-11
宁夏	6.48	27	6.24	25	6.74	21	6.48	6
新疆	6.38	30	6.10	29	6.48	27	6.41	3

从图 3-6 中来看，2011~2020 年，在 30 个省份中，增长质量指数排在前 5 名的省份依次是上海、北京、天津、江苏、浙江；排在后 5 名的省份依次是黑龙江、山西、新疆、陕西和青海。

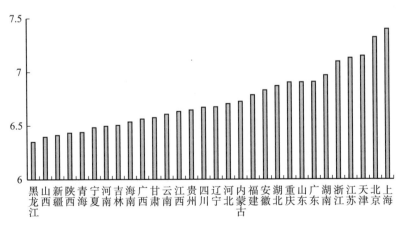

图 3-6　2011~2020 年各省份增长质量指数均值

在地理分布上，增长质量指数整体呈现东部、中部、西部的阶梯型差异，东部沿海地区除了河北省，其余省份的增长质量明显较高，且这种空间格局具有稳定性。

七、绿色生活指数

绿色生活指数反映的是一个地区社会生活方式的绿色程度，例如，绿色消费、绿色出行、绿色生活环境等，体现为资源低消耗、污染低排放的环境友好型生活方式。表 3-7 是 2011~2020 年各省份的绿色生活指数及排名。从均值来看，北京、山东、江苏、天津、福建、重庆、广东等省份的绿色生活指数较高，多为东部沿海地区；青海、湖南、辽宁、甘肃、吉林、陕西、安徽、四川等省份的绿色生活指数较低，多为西部地区和东北地区经济相对落后的省份。

表 3-7　　　　2011~2020 年各省份的绿色生活指数及排名

地区	2011 年		2015 年		2020 年		2011~2020 年均值	排名变动
	指数	排名	指数	排名	指数	排名		
北京	8.28	1	8.33	1	8.29	1	8.40	0
天津	7.88	2	7.98	3	7.59	23	7.83	-21
河北	7.16	17	7.39	17	7.85	8	7.46	9
山西	7.28	13	7.43	15	7.49	25	7.42	-12
内蒙古	6.76	26	7.37	19	7.75	13	7.36	13
辽宁	6.72	27	7.06	26	7.23	30	7.01	-3
吉林	6.88	23	7.02	27	7.73	16	7.15	7
黑龙江	7.27	14	7.46	14	7.68	19	7.50	-5
上海	7.06	20	7.93	5	7.67	20	7.67	0
江苏	7.79	4	7.97	4	7.99	4	7.95	0
浙江	7.34	9	7.64	9	7.78	12	7.65	-3
安徽	6.82	25	7.17	24	7.60	22	7.24	3
福建	7.63	5	7.87	6	7.90	6	7.81	-1
江西	7.31	12	7.47	13	7.79	11	7.55	1
山东	7.85	3	8.01	2	8.12	3	8.03	0
河南	7.10	19	7.25	22	7.75	14	7.33	5

续表

地区	2011 年		2015 年		2020 年		2011～2020 年均值	排名变动
	指数	排名	指数	排名	指数	排名		
湖北	7.17	16	7.38	18	7.61	21	7.38	-5
湖南	6.58	29	6.91	28	7.38	28	6.96	1
广东	7.38	8	7.72	7	7.97	5	7.74	3
广西	7.10	18	7.27	20	7.50	24	7.33	-6
海南	7.43	7	7.47	12	7.42	27	7.46	-20
重庆	7.58	6	7.69	8	7.89	7	7.75	-1
四川	6.89	22	7.12	25	7.69	18	7.26	4
贵州	6.85	24	7.25	21	7.70	17	7.29	7
云南	7.32	10	7.41	16	7.74	15	7.53	-5
陕西	6.91	21	7.23	23	7.45	26	7.21	-5
甘肃	6.52	30	6.87	29	7.83	9	7.15	21
青海	6.58	28	6.56	30	7.32	29	6.81	-1
宁夏	7.31	11	7.57	10	8.15	2	7.70	9
新疆	7.18	15	7.49	11	7.82	10	7.50	5

从图 3-7 中来看，2011～2020 年，在 30 个省份中，绿色生活指数均值排在前 5 名的省份依次是北京、山东、江苏、天津、福建；排在后 5 名的省份依次是青海、湖南、辽宁、甘肃、吉林和陕西。

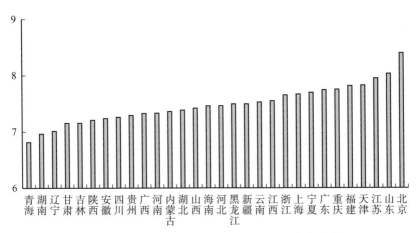

图 3-7　2011～2020 年各省份的绿色生活指数均值

在地理分布上，绿色生活指数呈现出与经济发展水平类似的空间分布格局，东、中、西部表现为阶梯性分布，东部沿海省份的绿色生活指数明显高于中西部地区。值得注意的是，从 2015~2020 年，西部地区的绿色生活指数超过了中部地区，进步较大。

第四节　绿色发展水平分析

本节从区域比较和省际差异的角度对我国绿色发展状况进行深入分析。

一、区域比较

按照所处地理位置，将 30 个省份分为东部、中部和西部地区，分别计算各地区绿色发展指数及一级指标的均值和变动情况。

（一）绿色发展综合指数

图 3-8 是 2011~2020 年 30 个省份总体及分区域绿色发展指数的数值和变化趋势。总体来看，2011 年、2015 年和 2020 年 30 个省份绿色发展指数的均值分别为 79.95、79.93 和 82.11。除了"十二五"期间出现略微下降，全国的绿色发展指数整体呈现明显上升趋势。分区域来看，2011 年、2015 年和 2020 年东部地区绿色发展指数的均值分别为 79.88、80.18 和 82.14，中部地区绿色发展指数的均值分别为 79.77、79.66 和 81.83，西部地区绿色发展指数的均值分别为 80.20、79.89 和 82.33；2011~2020 年，东部地区绿色发展指数始终呈上升趋势，2015 年和 2020 年都超过了全国绿色发展指数的平均水平；西部地区和中部地区的绿色发展水平总体趋势和全国保持一致，除 2015 年外西部地区的绿色发展指数均超过了全国平均水平和东部地区平均水平，而中部地区绿色发展指数则一直落后于全国平均水平和东、中部地区平均水平。

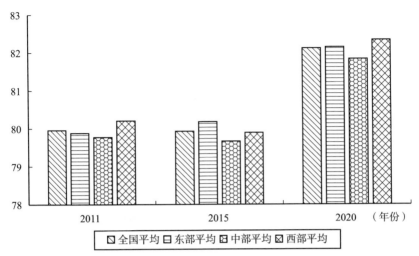

图 3 – 8 2011～2020 年分区域绿色发展综合指数的变化趋势

（二）资源利用指数

图 3 – 9 是 2011～2020 年 30 个省份总体及分区域资源利用指数的数值和变化趋势。总体来讲，2011 年、2015 年和 2020 年 30 个省份资源利用指数的均值分别为 22.95、22.25 和 22.57。2011～2020 年，全国的资源利用指数整体呈下降趋势，尤其是 2011～2015 年"十二五"规划期间，全国的资源利用指数下降幅度较大，2016～2020 年"十三五"规划期间则略有回升。分地区来看，东部、中部和西部地区资源利用水平总体变化趋势和全国保持一致，2011 年、2015 年和 2020 年东部地区资源利用指数的均值分别是 22.86、22.31 和 22.44；中部地区资源利用指数的均值分别为 22.78、22.11 和 22.32；西部地区资源利用指数的均值分别为 23.19、22.31 和 22.95。西部地区的资源利用水平明显高于全国平均水平和中、东部地区平均水平，中、东部地区的资源利用水平基本上低于全国平均水平，尤其是中部地区的资源利用水平和全国平均水平之间的差距有扩大趋势。

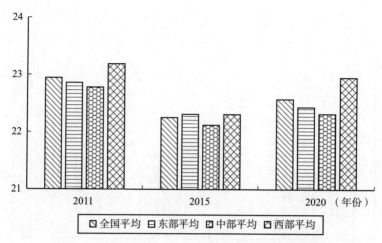

图 3 – 9　2011～2020 年分区域资源利用指数的变化趋势

（三）环境治理指数

图 3 – 10 是 2011～2020 年 30 个省份总体及分区域环境治理指数的数值和变化趋势。总体来讲，2011 年、2015 年和 2020 年 30 个省份环境治理指数的均值分别为 13.66、14.05 和 14.60。2011～2020 年，全国的环境治理指数整体上呈快速上升趋势，环境治理成果显著，体现了各地政府对环境治理的重视和对环境治理力度的加大。分区域来看，东部、中部和西部地区的环境治理指数总体趋势和全国保持一致。2011 年、2015 年和 2020 年东部地区环境治理指数的均值分别为 113.82、14.15 和 14.87；中部地区环境治理指数的均值分别为 13.58、14.07、14.60；西部地区环境治理指数的均值分别为 13.56、13.94 和 14.30。东部地区的环境治理水平明显高于全国平均水平和中、西部地区的平均水平，中部地区环境治理水平和全国平均水平一致，而西部地区的环境治理水平则明显低于全国平均水平。这种明显的阶梯型分布体现了环境治理水平和经济发展水平以及环境污染程度的相关性：经济发展水平越高，环境污染程度越严重的地区，环境治理水平也相应越高。

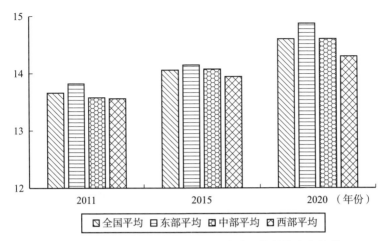

图 3 - 10　2011～2020 年分区域环境治理指数的变化趋势

（四）环境质量指数

图 3 - 11 是 2011～2020 年 30 个省份总体及分区域环境质量指数的数值和变化趋势。总体来讲，2011 年、2015 年和 2020 年 30 个省份环境质量指数的均值分别为 17.35、17.27 和 18.03。2011～2020 年，全国的环境质量指数整体上呈上升趋势；2011～2015 年"十二五"规划期间，全国的环境质量指数略有下降；2016～2020 年"十三五"规划期间则大幅提升。分区域来看，东部、中部和西部地区环境质量水平总体变化趋势和全国保持一致。2011 年、2015 年和 2020 年东部地区环境质量指数的均值分别为 16.90、16.85 和 17.79；中部地区环境质量指数的均值分别为 17.51、17.32 和 18.06；西部地区环境质量指数的均值分别为 17.70、17.67 和 18.28。2011～2020 年，东部地区的环境质量水平明显低于全国平均水平和中、西部地区的平均水平，但是差距逐渐缩小；中部地区的环境质量水平略高于全国平均水平，差距也在不断缩小；西部地区的环境质量水平明显高于全国平均水平和东、中部地区的平均水平，差距也在不断缩小。可以看出，2011～2020 年，全国 30 个省份总体环境质量水平有所提升，地区之间的差异在不断缩小。

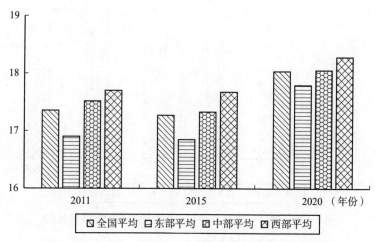

图3－11 2011～2020年分区域环境质量指数的变化趋势

（五）生态保护指数

图3－12是2011～2020年30个省份总体及分区域生态保护指数的数值和变化趋势。总体来讲，2011年、2015年和2020年30个省份生态保护指数的均值分别为12.13、12.34和12.24。2011～2020年，全国的生态保护指数整体上有所提升但幅度不大；2011～2015年"十二五"规划期间，全国的环境质量指数略有上升；2016～2020年"十三五"规划期间又有所回落。分区域来看，东部、中部和西部地区生态保护水平总体变化趋势和全国保持一致。2011年、2015年和2020年东部地区生态保护指数的均值分别为12.00、12.26和12.04；中部地区生态保护指数的均值分别为12.28、12.43和12.38；西部地区生态保护指数的均值分别为12.14、12.35和12.33。2011～2020年，中部地区的生态保护水平明显高于全国平均水平和东、西部地区的平均水平；西部地区的生态保护水平略高于全国平均水平，低于中部地区的平均水平，而且差距在不断缩小；东部地区的生态保护水平显著低于全国平均水平和中、西部地区的平均水平，且差距在不断拉大。虽然很大原因是中、西部地区的生态资源禀赋更好，但逐渐拉开的差距也显示出东部地区各省份在生态保护方面的努力依然不够。

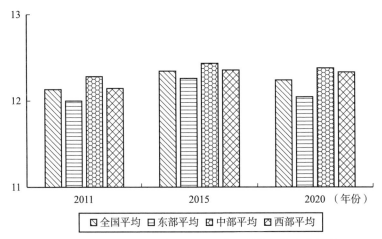

图 3-12　2011~2020 年分区域生态保护指数的变化趋势

（六）增长质量指数

图 3-13 是 2011~2020 年 30 个省份总体及分区域增长质量指数的数值和变化趋势。总体来讲，2011 年、2015 年和 2020 年 30 个省份增长质量指数的均值分别为 6.67、6.56 和 6.94。2011~2020 年，全国的增长质量指数整体上呈上升趋势；2011~2015 年"十二五"规划期间，全国的增长质量指数略有下降；2016~2020 年"十三五"规划期间提升幅度较大。分区域来看，东部、中部和西部地区生态保护水平总体变化趋势和全国基本保持一致。2011 年、2015 年和 2020 年东部地区增长质量指数的均值分别为 6.79、6.85 和 7.19；中部地区增长质量指数的均值分别为 6.60、6.44 和 6.83；西部地区增长质量指数的均值分别为 6.58、6.36 和 6.76。2011~2020 年，东、中、西部地区的增长质量指数呈阶梯型分布，东部地区的经济增长质量明显高于全国平均水平和中、西部地区的平均水平，且一直保持增长的趋势；中、西部地区的经济增长质量始终低于全国平均水平，且与全国平均水平和东部地区的平均水平之间的差距逐渐扩大。也就是说，我国地区之间的经济增长质量地域分化特征明显。

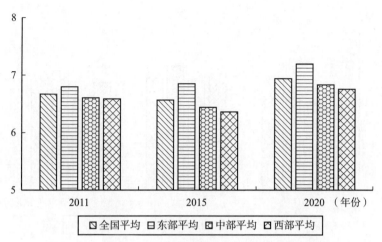

图 3 – 13　2011～2020 年分区域增长质量指数的变化趋势

（七）绿色生活指数

图 3 – 14 是 2011～2020 年 30 个省份总体及分区域绿色生活指数的数值和变化趋势。总体来讲，2011 年、2015 年和 2020 年 30 个省份绿色生活指数的均值分别为 7.20、7.44 和 7.72。2011～2020 年，全国的绿色生活指数整体上呈明显的上升趋势，这体现了各省份政府在城镇及乡村生活绿色化方面的成果。分区域来看，东部、中部和西部地区生态保护水平总体变化趋势和全国基本保持一致。2011 年、2015 年和 2020 年东部地区绿色生活指数的均值分别为 7.50、7.76 和 7.80；中部地区绿色生活指数的均值分别为 7.01、7.27 和 7.64；西部地区绿色生活指数的均值分别为 7.02、7.25 和 7.71。2011～2020 年，东部地区的绿色生活水平明显高于全国平均水平和中、西部地区的平均水平，始终保持增长，但增长趋势放缓；中、西部地区的绿色生活水平几乎一致，始终低于全国平均水平，但与全国平均水平和东部地区平均水平的差距逐渐缩小。也就是说，中西部地区的绿色生活水平提升速度要快于东部地区，我国地区之间的绿色生活水平存在追赶的现象。

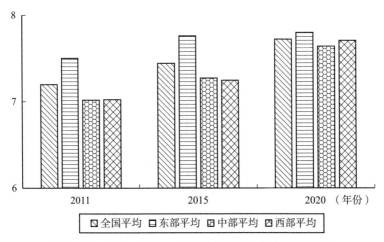

图3-14　2011~2020年分区域绿色生活指数的变化趋势

二、省际比较

累计增长率在一定程度上可以反映各省份在2011~2020年各个指数的变化。但是由于累计增长率反映的是各省份在某一指数上的提升程度，因此会出现一些省份指数值相对较高，但累计增长率较低。为此，将30个省份的绿色发展指数和6个一级指标及其增长率绘制成散点图，纵轴代表的是30个省份绿色发展指数的均值。

（一）绿色发展综合指数

从累计增长率可以看出（见图3-15），2011~2020年，所有省份的绿色发展指数的累计增长率均为正数，绿色发展指数有所提升；上海、甘肃、吉林、山西、宁夏的累计增长率领先；内蒙古、安徽、陕西、广西、广东的累计增长率较低。

从散点图可以看出（见图3-16），福建、云南、广西、浙江、重庆、四川、贵州、江西、广东、海南等省份在基期绿色发展指数较高，绿色发展水平较高，并且在2011~2020年期间年均变化率均为正向，绿色发展水平仍在向好发展；上海、甘肃、宁夏、山西、江苏等省份在基期绿色发展指数较低，但累计增长率排名靠前，说明其基期绿色发展水平虽然较差，但绿色发展水平改善明显。

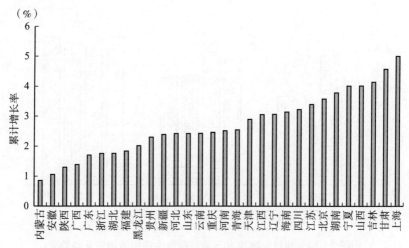

图 3 – 15　2011 ~ 2020 年各省份绿色发展综合指数累计增长率

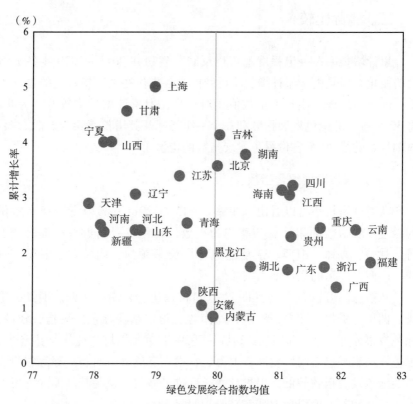

图 3 – 16　各省份绿色发展综合指数及其累计增长率的散点图

（二）资源利用指数

从累计增长率可以看出（见图 3 - 17），2011~2020 年，在 30 个省份中，绝大多数的省份资源利用指数的累计增长率为负值；山西、海南、贵州、青海、四川、北京、重庆等省份资源利用指数提升幅度较大，安徽、浙江、黑龙江、广东、内蒙古、河北等省份资源利用指数明显下降。整体来讲，2011~2020 年我国在资源利用效率提升方面进展不足。

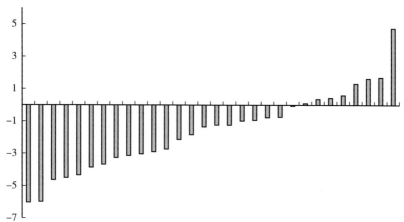

图 3 - 17　2011~2020 年各省份资源利用指数累计增长率

从散点图（见图 3 - 18）可以看出，贵州、四川、重庆、青海、湖南等省份基期资源利用水平较高，累计增长率为正，资源利用水平向好发展；浙江、广西、云南、广东、安徽、甘肃、湖南、上海、宁夏等省份虽然基期资源利用水平较高，但累计增长率为负，资源利用水平提升缓慢；黑龙江、内蒙古、河北、河南、陕西、辽宁、新疆等省份基期资源利用水平较低，累计增长率也为负，资源利用水平没有改善；山西、海南、北京、吉林等省份虽然基期资源利用水平较低，但累计增长率为正，说明资源利用水平向好发展。

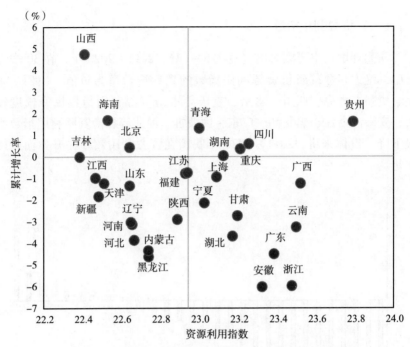

图 3 – 18　各省份资源利用指数及其累计增长率的散点图

（三）环境治理指数

从累计增长率可以看出（见图 3 – 19），2011～2020 年，在 30 个省份中，除贵州省外，其余省份的环境治理指数累计增长率均为正，排在前 5 名的是甘肃、上海、宁夏、新疆和吉林。这表明各个省份均加大了环境治理力度，环境治理成果显著。

从散点图可以看出（见图 3 – 20），重庆、天津、山东、北京、浙江、河南、福建、河北等省份在基期环境治理指数较高，且累计增长率为正，说明其环境治理力度进一步加大；贵州虽然基期的环境治理指数较高，但累计增长率为负，这说明环境治理力度有所减弱；黑龙江、甘肃、新疆、宁夏、吉林、青海、广西、广东、湖北、湖南、上海等省份基期环境治理指数较低，但累计增长率为正，说明环境治理力度逐渐加大，尤其是甘肃、新疆、宁夏等西部地区，环境治理指数提升明显。

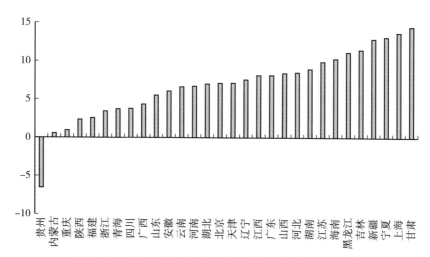

图 3 – 19　2011～2020 年各省份环境治理指数累计增长率

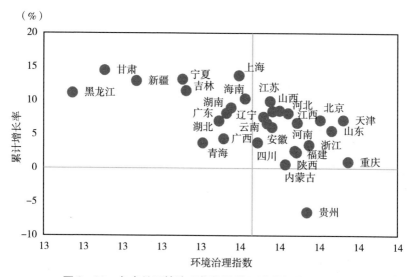

图 3 – 20　各省份环境治理指数及其累计增长率的散点图

（四）环境质量指数

从累计增长率可以看出（见图 3 – 21），2011～2020 年，在 30 个省份中，除新疆外，其余省份环境质量指数累计增长率均为正数，这说明绝大部分省份的生态环境质量都有所改善。累计增长率排在前 5 名的依次是天津、上海、辽宁、浙江、江苏，这些省份的环境质量改善尤为显著，大多分布在东部沿海地区。

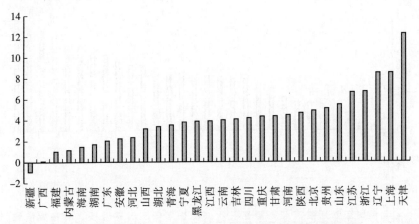

图 3 – 21   2011～2020 年各省份环境质量指数累计增长率

从散点图可以看出（见图 3 – 22），广西、青海、湖南、海南、福建、贵州、江西、甘肃、湖北、内蒙古等省份基期环境质量指数较高，且累计增长率为正，说明生态环境质量进一步提升；新疆基期环境质量指数较高，累计增长率为负，说明其生态环境改善不足；天津、北京、山东、辽宁、上海、河南、宁夏、江苏、山西、陕西、河北等省份虽然基期环境质量指数较低，但累计增长率为负，说明生态环境质量向好发展，尤其是天津市。

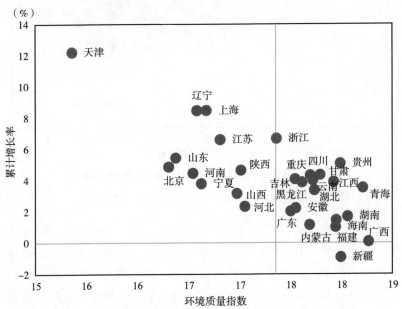

图 3 – 22   各省份环境质量指数及其累计增长率的散点图

（五）生态保护指数

从累计增长率可以看出（见图3-23），2011～2020年，在30个省份中，海南、北京、贵州、重庆、云南等绝大部分省份的生态保护指数累计增长率为正，说明生态保护水平有所提升；累计增长率为负的省份有上海、江苏、天津、山东，反映出这些省份的生态保护力度不够，生态保护水平提升不足。

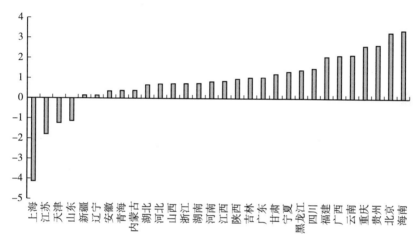

图3-23　2011～2020年各省份生态保护指数累计增长率

从散点图可以看出（见图3-24），福建、云南、吉林、四川、江西、海南、广西、黑龙江、浙江等省份基期生态保护指数较高，且累计增长率为正，说明这些省份的生态保护水平进一步提高；贵州、北京、青海、安徽、甘肃、河南、宁夏、新疆、河北等省份基期生态保护指数较低，但累计增长率为正，说明生态保护水平向好发展；山东、江苏、上海基期生态保护指数较低，而且累计增长率为负，说明这些省份的生态保护水平没有得到有效改善。

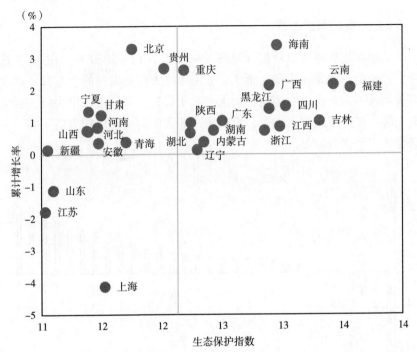

图 3 – 24　各省份生态保护指数及其累计增长率的散点图

（六）增长质量指数

从累计增长率可以看出（见图 3 – 25），2011 ~ 2020 年，在 30 个省份中，上海、浙江、湖南、福建、北京、河北等绝大部分省份的增长质量指数累计增长率为正，说明我国整体经济增长质量有所提升；青海、陕西、黑龙江的增长质量指数累计增长率为负，说明这些省份的经济增长质量未能得到有效提升。

从散点图可以看出（见图 3 – 26），上海、北京、江苏、天津、重庆、广东、安徽、浙江、湖南、山东、湖北、辽宁基期增长质量指数较高，且累计增长率为正，说明这些省份经济增长质量进一步提高；黑龙江、陕西、青海基期增长质量指数较低，累计增长率也为负，说明经济增长质量改善不足；福建、云南、河北、内蒙古、贵州、河南、宁夏、四川、广西、甘肃等省份虽然基期增长质量指数相对较低，但其累计增长率为正，说明经济增长向好发展。总的来说，东部沿海地区不仅经济增长质量较高，而且提升幅度也相对较大。

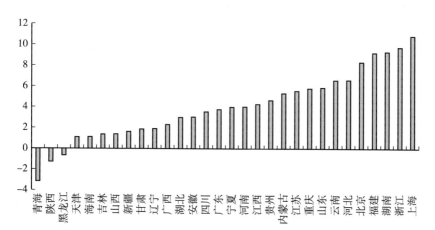

图 3 – 25　2011～2020 年各省份增长质量指数累计增长率

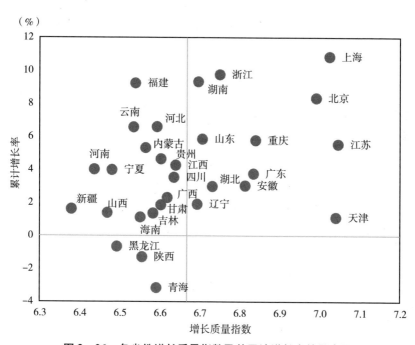

图 3 – 26　各省份增长质量指数及其累计增长率的散点图

（七）绿色生活指数

从累计增长率可以看出（见图 3 – 27），2011～2020 年，在 30 个省份中，甘肃、内蒙古、贵州、吉林、湖南、四川、宁夏等绝大多数省份绿色生活指数累计增长率为正，说明我国整体绿色生活水平有所提升；天津、海南绿色生活指数累计增长率为负，北京几乎为零，这些省份的绿色生活水平提升不明显。

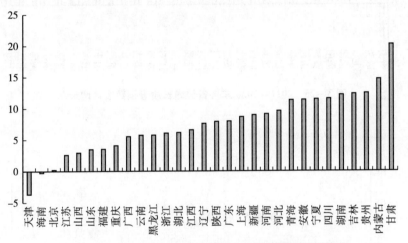

图 3 – 27　2011～2020 年各省份绿色生活指数累计增长率

从散点图可以看出（见图 3 – 28），山东、江苏、福建、重庆、广东、江西、陕西、黑龙江等省份基期绿色生活指数较高，且累计增长率为正，说明绿色生活水平继续向好发展；天津、海南基期绿色生活指数较高，但累计增长率为负，说明绿色生活水平没有改善；甘肃、内蒙古、湖南、青海、辽宁、贵州、四川、安徽、陕西等省份虽然基期绿色生活指数较低，但累计增长率为正，说明这些省份绿色生活水平明显提升，尤其是甘肃的累计增长率最大，绿色生活水平提升最为显著。

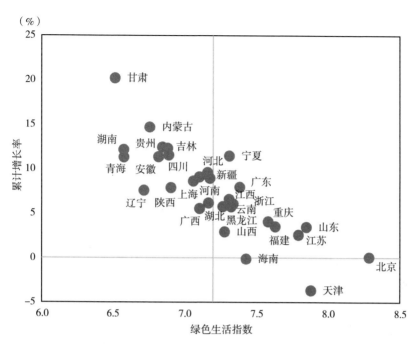

图 3-28　各省份绿色生活指数及其累计增长率的散点图

第五节　本章小结

基于 2011～2020 年 30 个省份绿色发展指数的测算和分析，可以得出如下几个方面的基本结论。

第一，2011～2020 年，我国绿色发展指数整体呈上升趋势。尤其是 2016 年《绿色发展指标体系》出台后，我国绿色发展指数明显跃升一个台阶，体现出良好的规范和激励效果。从全国平均水平来看，我国绿色发展指数从 2011 年的 79.96 上升到 2020 年的 82.11。其中，东部地区的绿色发展指数由 79.88 上升到 82.14，中部地区由 79.78 上升到 81.83，西部地区由 80.20 上升到 82.33。分阶段来看，2011～2015 年，我国整体以及东、中、西部地区的绿色发展指数有所降低；但是 2016～2020 年，各地区绿色发展指数均跃升一个台阶，生态文明建设和绿色发展成效显著。分指数来看，2011～2020 年，环境治理指数和绿色生活指数一直呈现上升趋势，资源利用指数、环境质量指数、增长质量指数先降后升（2011～2015 年下降、2016～2020 年上升），而生态保护指数呈现先升后降的趋势。

第二，绿色发展的地域分布特征较为明显，且不同指数各有不同。增长质量指数、绿色生活指数呈现明显的阶梯型分布，东部地区优于中西部地区；由于良好的自然环境和优越的资源条件，在资源利用指数、环境质量指数和生态保护指数方面，西部地区要优于东部地区，中部地区表现较差；环境治理指数与环境污染程度相关，污染程度较高的地区，环境治理指数也相应较高，体现了各省份对环境治理的努力程度。由于太阳能、风电、水电等绿色能源禀赋和森林、湿地、自然保护区等丰富的生态资源，西部地区的绿色发展水平高于东部地区和中部地区，这种差距体现在资源利用和环境质量等指数上。2020 年，西部地区的资源利用指数为 22.95，分别比东部地区和中部地区高出 2.3% 和 2.8%。2020 年西部地区的环境质量指数为 18.28，分别比东部地区和中部地区高出 2.7% 和 1.3%。但是东部地区和中部地区在增长质量指数上更有优势。

第三，部分省份既保证了"绿水青山"，又实现了"金山银山"。例如，在东部沿海和西南地区，浙江、江苏、上海、四川、重庆等省份在保证经济增长质量的同时，生态环境指数也有所改善；云南、福建等省份在生态环境质量保持稳定的同时，经济增长质量排名也有所提升。2011～2020 年所有省份的绿色发展指数都有所增长，但提升幅度不同：内蒙古自治区提升幅度最低，为 0.86%，上海市的提升幅度最大，为 5.01%。分指标来看，我国绿色发展在各个维度的进展不均衡。其中，环境治理指数、环境质量指数、增长质量指数和绿色生活指数的提升较为明显，但资源利用指数和生态保护指数方面进展较为缓慢。甚至部分省份的资源利用水平和生态保护水平出现下滑。这种不同维度的变化趋势，反映了我国"十二五"至"十三五"时期生态文明建设和绿色发展进程在某个或者某几个维度仍存在短板。

第四章 绿色发展与产业结构的耦合协调分析

改革开放以来，在加快推进工业化城镇化进程中，我国产业结构发生重大变化，2012 年服务业比重首次超过第二产业，成为国民经济第一大产业，2020 年第二产业比重比 1978 年下降近 10 个百分点。近年来，我国加快淘汰落后产能，积极化解过剩产能，培育战略性新兴产业，发展现代服务业，为产业绿色低碳转型创造有利条件。但我们也要看到，我国产业转型升级的任务仍十分艰巨。单位 GDP 能耗仍然较高，为世界平均水平的 1.5 倍、发达国家的 2 ~ 3 倍，这与产业结构不合理是分不开的。从三次产业结构看，我国是全球第一制造大国，第二产业占国内生产总值比重长期稳定在 40% 以上，近年来虽有所下降，2020 年仍高达 37.8%。2015 年后第三产业占比首次超过 50%，2020 年提升到 54.5%，但仍远低于美欧等发达经济体，也低于巴西、俄罗斯、印度、南非等新兴市场经济体。基于以上背景，本章从绿色发展与产业结构的关联出发，以 2011 ~ 2020 年我国 30 个省份面板数据为样本，在前文构建的省际绿色发展指标体系的基础上，用耦合协调模型、空间自相关模型、核密度估计和泰尔指数分解等方法，研究我国绿色发展和产业结构耦合协调度的时空格局、动态演进和空间分异特征，以期为协调地区绿色发展水平和产业结构升级提供依据和参考。[①]

---

① 本部分数据根据《中国统计年鉴》相应各期计算得出。

第一节　绿色发展与产业结构耦合
协调发展的机理分析

一、绿色发展对产业结构的影响

从理念来看，绿色发展体现了产业结构优化升级的目标导向。习近平总书记强调，要把绿色发展理念贯穿生态保护、环境建设、生产制造、城市发展、人民生活等各个方面，加快建设美丽中国。一方面，绿色发展对产业结构优化升级提出了紧迫要求。对于三次产业结构整体，重点是要提高第三产业比重，逐步降低第二产业比重；对于第二产业内部，重点是要严格控制高耗能高排放行业增速的同时，提升低耗能低排放行业的比重，提升产品附加值，从而降低单位增加值能耗和碳排放强度；另一方面，绿色发展也对产业结构优化升级提供了战略机遇。我国传统行业规模庞大，能源结构中化石能源比重很高，能源开发和利用效率偏低，在绿色转型方面的潜力巨大。而且，我国工业化城镇化起步较晚，新增的工业产能和城市基础设施建设都可以通过绿色产能和绿色基建来实现，从而形成绿色发展的后发优势。

从政策来看，环境规制也会对产业结构优化升级产生影响。新古典理论和"波特假说"认为，正式环境规制在产业结构升级过程中的直接作用主要表现为"成本效应"和"创新补偿效应"。一方面，正式环境规制强度的提升会导致企业的非生产性成本上升，降低产品竞争力，不利于企业调整自身产业结构和整个社会的产业结构升级；另一方面，正式环境规制在增加企业成本的同时会对企业的技术创新产生激励作用，提高生产效率，这可以补偿正式环境规制带来的成本问题。非正式环境规制在产业结构优化升级的过程中主要表现为"需求倒逼效应"。非正式的环境规制会改变消费者的环保意识，从而促使消费者根据自身的环保意识进行偏好选择，改变对产品的需求，倒逼企业改变生产方式，实现整个社会的产业结构优化升级。

二、产业结构对绿色发展的影响

从产业结构高级化来看，产业结构高级化有助于能源节约与污染减少。具有资本与能源密集特征属性的工业（尤其是重化工业）是主要的能耗与排放大户，而知识与技术密集特征显著的高技术行业所需能源与产生排放相对较少。产业结构由劳动与资本密集型向知识与技术密集型的演进不仅是要素组合方式更替的过程，也是能耗减少与污染物排放削减的过程。需要注意，产业结构高级化的推进模式、推进速度与演进阶段对于能源节约与污染减少的作用程度也不一致。过度依赖政府推动的产业政策容易干扰基于市场需求以及技术积累而内生的产业结构高级化进程。因地制宜的产业政策是推动产业结构高级化的必要基础，也是建立绿色发展模式的内在要求。

从产业结构合理化来看，产业内部和产业间的协调发展，以及产业前向和后向关联水平的不断提升，会促使产业发展由不平衡向平衡演进，促使劳动力、资本等生产要素在产业间合理流动，优化资源配置效率。一个地区产业结构的特征在很大程度上决定了该地区资源消耗与污染排放的整体格局，决定着其是否能够达到可持续发展的客观要求。同时，由于产业发展存在多社会阶层参与的特性，三大产业间内在联动机制的不断强化和合理化水平的不断提升，会最大范围地将所有阶层人群纳入产业体系的发展进程，促使其分享全社会经济发展成果的同时，也会同时承担经济发展的环境后果。若一地区工业比重过高，那么该地区能耗节约以及污染物排放削减的实施难度较大。如果工业与其他产业之间或者工业内部不同行业之间分布不合理，产业之间的前向与后向关联不够通畅，技术关联形式单一，那么无法利用产业之间的技术关联推动能源节约与减排任务的分解与落实。

第二节　绿色发展与产业结构耦合
协调发展的模型构建

一、指标体系构建

对于绿色发展指标体系，为了保持前后一致，本章采用第三章的绿色发展指标体系，见表4-1。

表4-1　　　　　　　　调整后的绿色发展指标体系

一级指标	序号	二级指标	单位	权重（%）	指标类型
一、资源利用（权数=29.3%）	1	能源消费总量增长率	%	2.17	逆向
	2	单位 GDP 能源消耗降低	%	3.26	正向
	3	单位 GDP 二氧化碳排放降低	%	3.26	正向
	4	非化石能源占一次能源消费比重	%	3.26	正向
	5	用水总量增长率	%	2.17	逆向
	6	万元 GDP 用水量下降	%	3.26	正向
	7	单位工业增加值用水量降低率	%	2.17	正向
	8	耕地面积增长率	%	3.26	正向
	9	人均新增城市建设用地面积	hm²/万人	3.26	逆向
	10	单位 GDP 建设用地面积降低率	%	2.17	正向
	11	一般工业固体废物综合利用率	%	1.09	正向
二、环境治理（权数=16.5%）	12	化学需氧量排放总量减少	%	2.75	正向
	13	氨氮排放总量减少	%	2.75	正向
	14	二氧化硫排放总量减少	%	2.75	正向
	15	氮氧化物排放总量减少	%	2.75	正向
	16	危险废物处置利用率	%	0.92	正向
	17	生活垃圾无害化处理率	%	1.83	正向
	18	污水集中处理率	%	1.83	正向
	19	环境污染治理投资占 GDP 比重	%	0.92	正向

一级指标	序号	二级指标	单位	权重（%）	指标类型
三、环境质量（权数=19.3%）	20	地级及以上城市空气质量优良天数比率	%	3.61	正向
	21	地级及以上城市细颗粒物（PM2.5）浓度下降	%	3.61	正向
	22	地表水达到或好于Ⅲ类水体比例	%	3.61	正向
	23	地表水劣Ⅴ类水体比例	%	3.61	逆向
	24	地级及以上城市集中式饮用水水源水质达到或优于Ⅲ类比例	%	2.41	正向
	25	单位耕地面积化肥使用量	千克/hm²	1.21	逆向
	26	单位耕地面积农药使用量	千克/hm²	1.21	逆向
四、生态保护（权数=16.5%）	27	森林覆盖率	%	4.13	正向
	28	单位面积森林蓄积量	亿 m³/km²	4.13	正向
	29	草原面积占行政区域面积的比重	%	2.75	正向
	30	湿地面积占行政区域面积的比重	%	2.75	正向
	31	陆域自然保护区面积比重	%	1.38	正向
	32	新增水土流失治理面积	万 hm²	1.38	正向
五、增长质量（权数=9.2%）	33	人均 GDP 增长率	%	1.83	正向
	34	居民人均可支配收入	元/人	1.83	正向
	35	第三产业增加值占 GDP 比重	%	1.83	正向
	36	第二产业劳动生产率	%	1.83	正向
	37	研究与试验发展经费支出占 GDP 比重	%	1.83	正向
六、绿色生活（权数=9.2%）	38	人均日生活用水量	m³/人	1.31	逆向
	39	人均绿地面积	hm²/万人	1.31	正向
	40	绿色出行（城镇每万人口公共交通客运量）	万人次/万人	1.31	正向
	41	城市建成区绿地率	%	1.31	正向
	42	农村自来水普及率	%	2.62	正向
	43	农村卫生厕所普及率	%	1.31	正向

对于产业结构升级的度量，本章主要从产业结构合理化和高级化两个方面进行测度。

产业结构合理化是指合理配置区域生产要素，提高各产业协调能力和产业间关联水平的动态过程，反映产业间的协调程度和要素资源的有效利用程度，以及区域产业和劳动力、资源、环境的良性循环程度。计算公式如下：

$$RIS = \sum_{i=1}^{n} \frac{Y_i}{Y} \ln\left(\frac{Y_i}{L_i} \Big/ \frac{Y}{L}\right) = \sum_{i=1}^{n} \frac{Y_i}{Y} \ln\left(\frac{Y_i}{Y} \Big/ \frac{L_i}{L}\right)$$

已有研究多采用非农产值占地区总产值的比例来评价产业结构高级化水平。但是，发达国家或地区的发展经验显示，产业结构优化升级的显著特征是"经济结构服务化"，传统的度量方法难以对产业结构调整的这种倾向加以界定。鉴于此，本章采用第一、二、三产业产值比重的加权反映产业结构演变进程。计算公式如下：

$$upgrade = \sum_{i=1}^{3} \frac{Y_i}{Y} \times i = \frac{Y_1}{Y} \times 1 + \frac{Y_2}{Y} \times 2 + \frac{Y_3}{Y} \times 3$$

式中：Y_1、Y_2 和 Y_3 分别代表各省份第一、二、三产业的产值，Y 代表各省份的 GDP。该指数越大，代表该地区的产业结构水平越高。

二、数据来源与处理

本章以 2011～2020 年为研究的时间区间，对我国 30 个省份的面板数据进行分析（由于数据缺失，不包含西藏和港澳台地区）。各指标的原始数据主要来源于《中国统计年鉴》、《中国能源统计年鉴》、《中国工业统计年鉴》、《中国城市统计年鉴》、《中国环境年鉴》、《中国卫生年鉴》、各省《统计年鉴》、各省《环境状况公报》、各省《水土保持公报》、各省《国民经济与社会发展公报》等。

三、研究方法

（一）综合评价模型

采用综合评价模型测度绿色发展水平和产业结构水平，如下：

$$S_1 = \sum_{i=1}^{n} W_i X_i$$

$$S_2 = \sum_{j=1}^{m} W_j X_j$$

式中：S_1 和 S_2 分别代表绿色发展水平和产业结构升级两系统的综合指数；W_i 代表《绿色发展指标体系》赋予的绿色发展指标 i 的权重，W_j 代表基于熵权法计算的产业结构升级指标 j 的权重；X_i 和 X_j 分别代表绿色发展水平和产业结构升级指标的标准化值；n 和 m 分别代表各子系统指标的个数。

（二）耦合协调模型

本章借鉴物理学中的耦合协调模型来探讨省际绿色发展水平和产业结构两个系统之间的耦合协调情况，计算公式如下：

$$C = 2\sqrt{\frac{S_1 \times S_2}{(S_1 + S_2)^2}}$$

$$T = \alpha S_1 + \beta S_2$$

$$D = \sqrt{C \times T}$$

式中：C 为各省份绿色发展和产业结构两系统的耦合度；S_1 和 S_2 为两系统的测度结果；T 为两系统的综合水平；D 为两系统的耦合协调度；α 和 β 为待定系数，考虑到绿色发展水平和产业结构同等重要，本章 α 和 β 均为 0.5。根据以往研究，结合实际研究情况将耦合协调度划分为 10 个层次，如表 4 - 2 所示。

表 4 - 2　　　　　　　　　耦合协调度等级划分

耦合协调度	等级	耦合协调度	等级
(0 - 0.1]	极度失调	(0.5 - 0.6]	勉强协调
(0.1 - 0.2]	严重失调	(0.6 - 0.7]	初级协调
(0.2 - 0.3]	中度失调	(0.7 - 0.8]	中级协调
(0.3 - 0.4]	轻度失调	(0.8 - 0.9]	良好协调
(0.4 - 0.5]	濒临失调	(0.9 - 1.0]	优质协调

（三）空间自相关模型

利用 Arcgis 和 Geoda 实现数据空间可视化，运用 ESDA 探讨中国省际绿色发展和产业结构升级耦合协调度的空间分布特征。ESDA 是基于 GIS 平台的空间数据分析方法和技术的集合，通常用来衡量区域空间异质性与关联性。在整体上采用全局空间自相关来分析耦合协调度的全局空间集聚，在局部采用局部空间自相关来进一步分析局部地区的空间集聚。

（四）核密度估计

由于 Kernel 估计对模型的选择和考察期时长依赖较小且具备良好的统计性质，因此在分析空间分布问题中得到广泛应用。通过绘制核密度估计图来分析耦合协调度的时空演进趋势，公式如下：

$$f(x) = \frac{1}{nh} \sum_{i=1}^{n} k\left(\frac{x - x_i}{h}\right)$$

式中：k（.）为核函数，h 为带宽，由 stata 软件自动得出。

（五）泰尔指数及分解

泰尔指数早期被用来分析收入差距，后被延伸引用到区域差异的研究中。现有研究中关于区域差异的测算主要包括两大类：以标准差为代表的绝对差异测算以及以泰尔指数为代表的相对差异测算，泰尔指数相较于其他测算方法具有可分解的优点。

考虑到我国地理格局，我国省级行政单元大致可分为东、中、西部。由此，运用泰尔指数及其分解测度我国绿色发展和产业结构耦合协调度的空间差异及其来源。为保证泰尔指数的稳健性，选择 GDP 作为权重，具体计算公式如下：

$$T_E = \sum_{i=1}^{E} \frac{Y_i}{Y_E} \ln\left(\frac{Y_i/Y_E}{G_i/G_E}\right)$$

$$T_M = \sum_{i=1}^{M} \frac{Y_i}{Y_M} \ln\left(\frac{Y_i/Y_M}{G_i/G_M}\right)$$

$$T_W = \sum_{i=1}^{W} \frac{Y_i}{Y_W} \ln\left(\frac{Y_i/Y_W}{G_i/G_W}\right)$$

$$T_H = \frac{Y_E}{Y}T_E + \frac{Y_M}{Y}T_M + \frac{Y_W}{Y}T_W$$

$$T_B = \frac{Y_E}{Y}\ln\left(\frac{Y_E/Y}{G_E/G}\right) + \frac{Y_M}{Y}\ln\left(\frac{Y_M/Y}{G_M/G}\right) + \frac{Y_W}{Y}\ln\left(\frac{Y_W/Y}{G_W/G}\right)$$

$$T = T_H + T_B$$

式中：T_E、T_M、T_W 分别代表东部、中部、西部泰尔指数，T_H 和 T_B 分别代表区域内差异和区域间差异，T 为总泰尔指数；Y_i 代表某省份的耦合协调度，Y_E、Y_M 和 Y_W 分别代表东部、中部、西部各省份的耦合协调度之和，Y 代表全国所有省份的耦合协调度之和；G_i 代表某省份的 GDP，G_E、G_M 和 G_W 分别代表东部、中部、西部各省份的 GDP 之和，G 代表全国所有省份的 GDP 之和。

第三节　绿色发展与产业结构耦合协调水平分析

一、绿色发展和产业结构的综合水平分析

（一）绿色发展综合水平测度分析

2011～2020 年，我国 30 个省份绿色发展水平波动上升，生态文明建设成果显著。分阶段来看，2011～2015 年，除东部地区外，我国中部地区和西部地区的绿色发展水平在波动中下降，下降幅度可观，这说明我国整体的环境问题更加严重。对此，2016 年 12 月 22 日，国家发改委等四部委联合制定了《绿色发展指标体系》，作为衡量各省份绿色发展水平和生态文明建设的依据。2016～2020 年，我国整体以及东、中、西部地区的绿色发展水平明显上升一个台阶，但各地区各时期的波动情况依然有所差异。除西部地区保持上升趋势外，我国整体以及东部、中部地区的绿色发展水平经历了先下降后上升的变化。总的来说，2020 年我国绿色发展水平比 2015 年和 2011 年都明显好转（见图 4-1）。

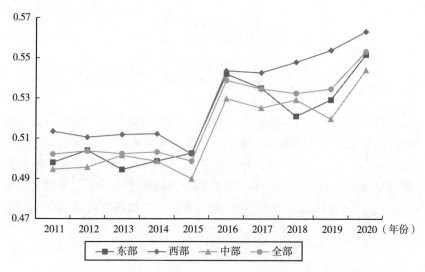

图4-1 2011~2020年我国整体及分区域绿色发展水平时序演变

从空间分布来看，2011~2020年我国西部地区的绿色发展水平要好于中、东部地区，这主要源于西部地区得天独厚的气候环境和生态资源。2011年，我国整体绿色发展水平相对较好，内蒙古、浙江、福建、四川、贵州、云南、重庆等省份位于第一梯队，低值区主要分布于辽宁和京津冀等环渤海地区和山西、陕西、河南等中部地区。2015年，东、中、西部地区绿色发展情况有所分化，提升较大的是西南地区，辽宁和京津冀等环渤海地区和山西、陕西、河南等中部地区的绿色发展水平继续恶化，浙江、湖南、江西、广东等省份的绿色发展水平也有所下降。2020年，我国绿色发展水平的整体空间格局变化不大，西部地区仍然好于东、中部地区，辽宁、京津冀等环渤海地区和陕西、河南、安徽等中部地区的绿色发展压力最大。

（二）产业结构综合水平测度分析

2011~2020年，我国30个省份产业结构升级指数呈现波动中上升的态势，总体上较为平稳。分阶段来看，2011~2015年除了西部地区产业结构升级指数下降外，我国东部地区和中部地区的产业结构升级指数都在波动中上升，部分原因是"十二五"时期我国西部地区产业结构转型过程中，劳动力、资本等生产要素的流动和产值结构出现暂时性的不匹配，导致产业结构升级指数下降。2016～2020年，东部地区和中部地区提升幅度不大，西部地区产业结构升级明显。这可能是由于"十三五"时期我国东部地区产业结构已经进入相对成熟的阶段，正朝着科技创新和人才优化配置的高质量转型前进，在宏观层面上的产业结构指数上体现不明显；中部地区的产业结构升级指数在2018年后略有下降，可能是由于中部地区在改造传统产业、发展先进制造业的过程中出现暂时性的效率下降（见图4-2）。

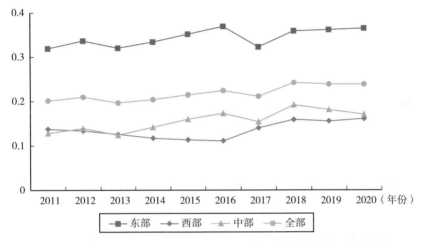

图4-2　2011～2020年我国整体及分区域产业结构升级水平时序演变

从空间分布来看，2011～2020年我国东部地区的产业结构升级指数始终高于中部和西部地区，整体呈阶梯型分布。2011年，产业结构升级指数高值区主要分布于东部沿海地区，尤其是京津冀地区、长三角地区和珠三角地区；低值区主要分布于西部地区，比如陕西、宁夏、广西、贵州等省份。2015年，整体格局变化不大，但中、西部地区内各省份有所分化。其中，中部地区山西、河南、河北等省的产业结构升级水平有所下降，而湖南则有所提升；西部地区中新疆、青海、四川、重庆等省份的产业结构升级水平下降明显，云南、贵州、广西则有所改善。2020年，东部地区中北京、上海、海南依然位于高值区，且北京的空间溢出现象比较明显；中部地区产业结构升级水平变化不大，西部地区则明显恶化。

二、绿色发展和产业结构耦合协调测度分析

（一）耦合协调度的时空格局分析

1. 时序演化

由图 4-3 可知，我国 30 个省份绿色发展水平和产业结构升级耦合协调度整体上不高，研究期间耦合协调度数值在 0.5～0.6 之间，主要处于勉强协调阶段，未来还有较大的优化空间。

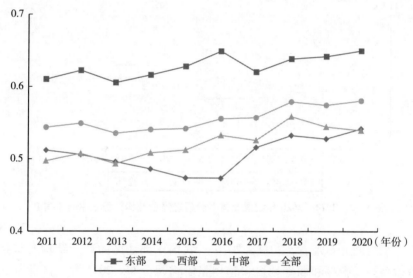

图 4-3　2011～2020 年我国整体及分区域耦合协调度时序演变

从整体上来看，我国 30 个省份绿色发展水平和产业结构升级耦合协调度呈现出波动上升的良好趋势，总体协调水平不断提高，由 2011 年的 0.54 提高到 2020 年的 0.58。尤其是 2015 年到 2020 年间，耦合协调度提高速度较快，表明我国 30 个省份绿色发展水平和产业结构升级耦合协同效应良好。这与 2016 年中共中央办公厅和国务院办公厅印发《生态文明建设目标评价考核办法》后，国家发展和改革委员会、国家统计局等四部委联合制定《绿色发展指标体系》和《生态文明建设考核目标体系》作为各省份的生态文明建设评价考核依据有关。相比较而

言，2011～2015 年"十二五"规划期间，我国 30 个省份绿色发展水平和产业结构升级耦合协调度平稳波动，究其原因，一方面是因为这一阶段我国历史上积累的环境问题比较严重，而环境保护的基础和能力都比较薄弱，生态文明建设和绿色发展的压力增大；另一方面，是因为"十二五"时期是我国由工业化中期向工业化后期转变的过渡时期，资源环境约束、要素成本上升和国际竞争加剧成为产业结构调整中的三大难题，经济发展过程中产生的结构性矛盾严重。

从各区域来看，我国东、中、西部地区绿色发展水平和产业结构升级耦合协调水平均呈波动上升的态势，不同区域不同时期的波动情况有所差异。其中，中部地区的耦合协调水平居中，整体波动不大，增长趋势相对平缓，由 2011 年的 0.5120 增长到 2020 年的 0.5417，年均增长率为 0.33%；东部地区的耦合协调水平最高，波动幅度也相对较大；西部地区的耦合协调水平最低，2011～2015 年耦合协调水平逐年降低，2016 后又迅速抬升。这部分源于"十二五"时期西部地区整体产业结构相对落后，在产业结构调整的过程中，生产方式的和绿色发展出现暂时的不相匹配，因此耦合协调水平由 2011 年的勉强协调阶段跌入 2015 年的濒临失调阶段。

2. 空间分布

从耦合协调度的空间分布来看，2005 年我国 30 个省份绿色发展水平和产业结构升级耦合协调度空间分布区域差异较大，且呈现一定的程度上的空间集聚现象。其中，耦合协调度高值区主要位于东部沿海地区，尤其是北京和长三角地区；耦合协调度中值区主要位于中部地区和西部地区的部分省份，而低值区基本上位于西部地区，呈现出东、中、西部递减的规律，与经济发展水平的空间格局类似。到了 2015 年，由于生态环境的恶化，整体绿色发展水平和产业结构升级的耦合协调度有所降低，但北京、上海依然处于高值区，其他省份都处于濒临失调和勉强协调阶段，轻度失调区域全部退出。整体而言，我国南方耦合协调度要高于北方地区，原因是我国南方地区的绿色发展水平和产业结构升级都要好于我国北方地区。2020 年，我国各省份绿色发展水平和产业结构升级耦合协调水平明显好转，东部地区和中部地区的各省份的耦合协调水平几乎都有所提升，但中部地区变化不甚明显。整体空间格局变化不大，高值区依然是北京、长三角地区和珠三角地区，西部地区的耦合协调水平和中部地区的差距明显缩小。

（二）耦合协调度的空间自相关分析

运用 ArcGIS 软件计算我国 30 个省份绿色发展水平和产业结构转型耦合协调度的全局莫兰指数，以探索两者耦合协调度的全局空间自相关性，空间权重矩阵选择邻接权重矩阵。由表 4 - 3 可知，2011～2020 年各年的莫兰指数都为正且在 0.18～0.33 之间波动，P 值明显低于 0.05，说明莫兰指数通过了显著性检验，我国 30 个省份绿色发展水平和产业结构转型耦合协调度在整体上呈现正的空间自相关性，存在一定的相对集聚。从趋势上来看，莫兰指数呈现"N"型波动，说明我国绿色发展水平和产业结构转型耦合协调度经历了上下波动的动态变化过程，尤其是"十三五"规划期间，莫兰指数从 2016 年的 0.232 增长到 2020 年的 0.329，说明我国绿色发展水平和产业结构转型耦合协调度的空间集聚特征有所增强。

表 4 - 3　　　　　　　　**2011～2020 年绿色发展水平和产业**
结构升级耦合协调度全局莫兰指数

	2011 年	2012 年	2013 年	2014 年	2015 年	2016 年	2017 年	2018 年	2019 年	2020 年
Moran's	0.251	0.316	0.189	0.210	0.247	0.232	0.297	0.294	0.315	0.329
Z 值	2.708	3.248	2.061	2.230	2.511	2.353	3.076	3.053	3.222	3.287
p 值	0.007	0.001	0.039	0.026	0.012	0.019	0.002	0.002	0.001	0.001

（三）耦合协调度的空间差异分析

1. 空间差异状态

由上述分析可知，我国绿色发展水平和产业结构升级耦合协调向好发展，目前已经进入勉强协调阶段，并且具备进入初级协调的趋势。但从空间分布来看，我国省际耦合协调水平有明显差异，因此引入核密度估计，研究 2011～2020 年我国绿色发展水平和产业结构升级耦合协调度的空间差异状态。

　　图 4-4 展示了 2011～2020 年我国 30 个省份绿色发展水平和产业结构升级耦合协调水平的核密度估计图。从形态演变来看，2011～2020年，耦合协调度所处区间和波峰持续右移，说明我国整体绿色发展水平和产业结构升级耦合协调水平不断升高；曲线右侧拖尾现象始终存在，且存在"长尾起峰"现象，表明我国省际绿色发展水平和产业结构升级耦合协调始终存在个别"一家独大"的省份。但 2011～2015 年，波高由高变低，波峰变缓，这说明我国绿色发展水平和产业结构升级耦合协调水平的地区差异逐渐缩小，耦合协调水平较低的省份对耦合协调水平较高的省份有"追赶"现象，耦合协调度分布趋于均衡；2016～2020年，波高由低变高，这说明"十三五"规划期间我国绿色发展水平和产业结构升级耦合协调水平的地区差异又逐渐扩大。

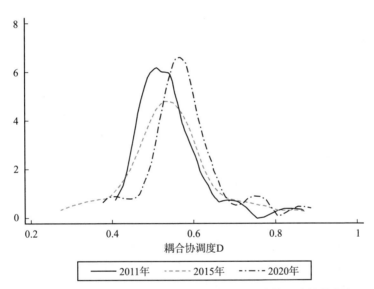

图 4-4　全国绿色发展水平和产业结构升级耦合协调度的核密度

2. 空间差异分解

　　以 GDP 作为权重，将 2011～2020 年我国各省份耦合协调度作为原始数据，通过上述公式计算泰尔指数。

我国 30 个省份耦合协调度的泰尔指数在 0.28 ~ 0.33 间波动，区域间空间差距波动但阶段性明显。2011 ~ 2015 年泰尔指数从 0.2966 减少到 0.2883，2016 ~ 2020 年泰尔指数从 0.2928 增加到 0.3144，这也佐证了核密度图中波高由高到低再变高的过程（见表 4 - 4）。

表 4 - 4　　　**2011 ~ 2020 年绿色发展水平和产业结构升级耦合协调度空间差异及分解**

年份	T	区域内			区域内	区域间
		东部	中部	西部		
2011	0.2966	0.3117	0.0745	0.2444	0.2255	0.0711
2012	0.2872	0.3023	0.0784	0.2611	0.2276	0.0596
2013	0.2914	0.3169	0.0813	0.2596	0.2341	0.0573
2014	0.2854	0.3127	0.0942	0.2618	0.2358	0.0496
2015	0.2883	0.3131	0.1182	0.2596	0.2422	0.0460
2016	0.2928	0.3277	0.1362	0.2518	0.2511	0.0417
2017	0.3292	0.3401	0.1495	0.2982	0.2732	0.0560
2018	0.3229	0.3267	0.1538	0.3037	0.2696	0.0533
2019	0.3260	0.3279	0.1598	0.3166	0.2767	0.0493
2020	0.3144	0.3369	0.1230	0.2958	0.2645	0.0499

泰尔指数分解法将我国 30 个省份的耦合协调度区域差异分解为东、中、西部区域内差异和区域间差异。从绝对差异来看，2011 ~ 2020 年，我国东、中、西部地区区域间的差异始终较小，其泰尔指数的平均值为 0.0534，仅占我国东、中、西部地区区域内差异的 21.35%，说明我国省际耦合协调度总体差异主要源于东、中、西部地区的区域内差异。同时，我国东、中、西部地区区域内差异分化明显，东、中、西部地区泰尔指数的平均值为 0.3216、0.1169 和 0.2753。从变动趋势上来看，我国东、中、西部地区区域间差异表现为先下降后上升再平稳下降的波动趋势，但波动幅度较为轻微；与耦合协调度的区域间差异演变相比，除了东部地区区域内差异变化不大外，中部地区和西部地区的区域内差异呈现逐年上升的趋势，且 2020 年都有不同程度的下降。从贡献率上来

看，我国耦合协调度的省际整体差异主要源于东、中、西部地区的区域内差异，2011～2020年间的平均贡献率高达82.40%，其中东部地区的区域内差异最大，但变化最小；中部地区的区域内差异最小，但是上升最快。我国东、中、西部地区区域间差异并不突出，十年平均贡献率约为17.60%，且一直处于波动下降的趋势。值得注意的是，2020年我国东、中、西部地区区域内差异明显缩小，主要源于中部地区和西部地区区域内差异的大幅缩小，东部地区反而有小幅上涨。

第四节　本章小结

本章沿用第三章构建的绿色发展指标体系，并用产业结构合理化和产业结构高度化衡量地区的产业结构升级水平，对我国各省份的绿色发展水平和产业结构升级水平进行了测度，对两者的耦合协调水平进行了分析，并采用核密度图和泰尔指数分解的方法研究了耦合协调度的空间关联效应和空间分异状态。结果表明：

第一，2011～2020年我国绿色发展水平和产业结构升级水平总体上不高，但均呈现逐渐提高的发展趋势。2011～2015年，我国整体以及东、中、西部地区的绿色发展水平有所降低，产业结构升级水平有所提高，说明"十二五"期间我国经济飞速增长的同时，生态文明建设和绿色发展滞后于产业结构转型升级；2016～2020年，我国整体上以及东、中、西部地区的绿色发展水平跃升一个台阶，与此同时产业结构升级指数曲折上升，这说明"十三五"期间我国绿色发展和产业结构转型升级同步发展，开始趋于协调。

第二，我国绿色发展和产业结构升级的耦合协调度在空间分布上有所不同。耦合协调水平较高的省份大多分布于东部沿海地区，尤其是京津冀地区、长三角地区和珠三角地区。这些地区经济发展水平高，产业结构转型领先全国，综合实力和竞争力强，是国家重点规划和发展地区。除了这些地区外，耦合协调度较低的地区主要分布于西部地区和中部地区。其中，西部地区生态资源丰富，耦合协调水平较低主要是产业结构转型升级滞后导致的，近年来随着产业结构转型升级，耦合协调水平已经逐渐超过了中部地区。中部地区既存在产业结构转型升级缓慢的历史问题，也存在经济建设过程中忽视生态文明建设的现实问题，这两方面的原因共同导致我国中部地区绿色发展水平和产业结构升级耦合协调度较低。

第三，我国绿色发展水平和产业结构升级的耦合协调度具有空间关联效应。从全局来看，我国绿色发展水平和产业结构升级的耦合协调度具有空间自相关性，这说明存在空间集聚现象。但是，我国绿色发展水平和产业结构升级的耦合协调度空间分异明显。核密度图显示，2011~2020年我国整体上耦合协调水平有所提高，但空间分布变化明显。2011~2015年，空间分布趋于均衡，但依然存在"一省独大"的现象；2016~2020年，空间差异又逐渐扩大。泰尔指数分解结果显示，我国绿色发展水平和产业结构升级耦合协调度空间差异主要是由东、中、西部地区区域内差异逐渐扩大造成的，而区域间差异的贡献率在逐渐降低。

第五章 技术创新、产业结构 优化与绿色发展

　　长期内驱动产业结构绿色化转型，促进绿色发展的物质基础在于技术创新，尤其是绿色技术创新的长足进步与发展。而产业结构的优化则是实现绿色发展的必由之路。这其中的关键环节在于通过系统的深化改革，理顺科技经济系统的利益激励关系，产生驱动绿色发展和产业结构优化的系统性合力。本章立足我国国情，在充分洞察绿色发展基础作用机制的基础上，依托测算得到的比较翔实、充分的省级层面绿色发展综合指数数据，以及不同维度的产业结构优化省级面板数据，相对系统、全面地实证检验我国产业结构优化、绿色技术创新对绿色发展绩效的影响。考虑到我国经济发展在区域层面的空间结构异质性特征以及绿色发展不同阶段的地域性特征和发展过程中的空间外溢性，我们首先基于省级层面的空间面板数据进行空间计量检验，实证研究绿色发展绩效及其主要影响因素。通过系统的实证检验，能够更加清晰地诊断、确认技术创新，产业结构优化促进绿色发展的相对效率及其存在的主要问题，有助于更为清晰地认识推动绿色发展和生态文明建设的改革方向。

第一节 实证检验方法与模型设定

一、基础计量模型的选择

根据余泳泽（2015）[①]、刘华军等（2015）[②] 以及邵帅等（2022）[③] 对我国碳排放绩效（TFCEP）的实证研究，我国省级区域的 TFP 增长、能源消费及碳排放等宏观经济变量之间存在明显的空间溢出效应。显然，这种关联性与我国经济产业分工格局和空间集聚效应密切相关。据此，我们不难推断，省级层面的绿色发展绩效同样应该存在空间层面的关联效应。不仅是核心产业区段的绿色技术进步会要求与之匹配、共生的供应链产业的系统性技术进步，任何环境规制和科技管理层面的创新也极容易在相邻省份之间被迅速模仿。有鉴于此，为有效控制可能存在的空间关联性，并同时考虑我们已经掌握的空间面板数据的方法适用性，我们采用邵帅等（2022）的研究思路，应用空间杜宾模型（SDM）分析、检验绿色技术创新和产业结构优化对绿色发展绩效的实际影响。

我们构建的空间杜宾模型的解析式如下：

$$GDI_{kt} = \alpha_0 + \beta \sum_j \omega_{kj} GDI_{jt} + \alpha_1 IS_{kt} + \alpha_2 TP_{kt} + \alpha_3 X_{kt}$$
$$+ \alpha_4 \sum_j \omega_{kj} IS_{kt} + \alpha_5 \sum_j \omega_{kj} TP_{kt} + \alpha_6 \sum_j \omega_{kj} X_{kt} + \mu_{kt}$$

$$(5-1)$$

上式中，GDI 代表绿色发展指数；IS 代表产业结构向量；TP 代表绿色技术进步向量；X 代表控制变量向量；t 代表年份，k，j 代表省级截面单位（k，j = 1，2，…，30），μ 代表随机误差项；α_i（i = 0，

[①] 余泳泽. 中国省际全要素生产率动态空间收敛性研究 [J]. 世界经济，2015（10）：30 – 55.

[②] 刘华军等. 中国能源消费的空间关联网络结构特征及其效应研究 [J]. 中国工业经济，2015（5）：83 – 95.

[③] 邵帅. 经济结构调整、绿色技术进与中国低碳转型发展 [J]. 管理世界，2022（2）：46 – 69.

1，…，6）及 β 为待估参数；ω_{kj} 则为按照某一规则预先设定的空间权重矩阵。

根据空间杜宾模型的理论设定的基本含义，客观上由于空间滞后项的存在，（5-1）式中除了被解释变量的空间项以外，其他各变量的回归系数并不能直接反映解释变量对被解释变量的实际影响，且即使回归系数通过显著性检验，也不能代表解释变量对被解释变量的影响一定真实存在（LeSage and Pace，2009）[1]。莱萨格等（LeSage et al.，2009）进一步从杜宾模型参数估计的统计含义出发，提出了采用平均直接效应和平均间接效应的处理方法，来描述杜宾空间计量模型中解释变量对被解释变量的影响。所谓平均直接效应是指 K 地区某一解释变量的变动对本地区被解释变量的综合影响由两个部分构成。即上述 K 地区解释变量的变动在对本地区被解释变量产生直接影响的同时，通过关联效应对其他关联地区的相应变量也会产生影响，由于关联效应的交互、连通性，关联地区相关变量的变动也会影响到 K 地区被解释变量的变化，两者的加权平均定义为 K 地区某解释变量的变动产生的平均直接效应；对应的，所谓平均间接效应也称溢出效应，则是指 K 地区某一解释变量的变动对关联地区被解释变量的综合影响，同样包括直接影响和关联影响两个部分（邵帅等，2022）。本章对绿色发展绩效影响因素的检验，将分别进行平均直接效应和平均间接效应的测算。

二、空间权重矩阵的设定

按照空间杜宾模型空间权重矩阵设置的一般距离原则，考虑绿色发展绩效本身所蕴含的经济、地理属性，本章采用张征宇和朱平芳（2010）[2] 以及邵帅等（2019）[3] 的空间权重矩阵的近似设置方法，选定不同省份之间的地理距离和经济距离指标构造空间权重矩阵。具体的做法是，以不同省份省会城市之间最短高速公路里程的倒数为地理距离。经济距离则由不同省份人均 GDP 差值绝对值的倒数来反映。在对两者

---

① LeSage J P and Pace R K. Introduction to Spatial Econometrics [M]. Boca Raton：CRC Press，2009.

② 张征宇，朱平芳. 地方环境支出的实证研究 [J]. 经济研究，2010 (5)：82-94.

③ 邵帅等. 中国的城市化推进与雾霾治理 [J]. 经济研究，2019 (2)：148-165.

进行标准化处理的基础上，进行加权平均。考虑到现实中经济和地理因素在绿色发展中的相对重要性，同时也出于简便需要，我们遵循相关研究中的主流处理方法，设置经济距离和地理距离的权重都为 0.5，构造经济地理嵌套式空间权重矩阵 W。

第二节　变量的选取和数据说明

根据前述之研究目的和我们已经掌握的相关数据资料，本章重点实证检验和解析绿色科技进步和产业结构的优化对绿色发展的绩效影响。在变量的选取上，我们选取以下几个基本的变量指标进行实证检验。

一、产业结构优化变量

产业结构的优化过程涉及多种不同角度和层次的经济结构的变化，与绿色发展密切相关的结构变动主要涉及要素投入结构、要素的相对效率结构以及污染排放的相对排放结构等几个主要方面。根据研究目的需要和数据的可得性，我们选取产业结构高级化（ISA）、产业结构协同化（ISC）和产业结构生态化（ISE）三个与绿色发展紧密相关的产业结构优化变量。以三次产业的相对产值尤其是二、三次产业的相对产值比例表征的产业结构高级化，从数量和质量两个维度综合反映了宏观经济产业层面的相对资本深化程度和广度，主要代表了我国经济中资本要素投入结构的相对变动，也是衡量我国技术进步倾向的重要载体。根据国内有关产业结构问题的主流研究思路，产业结构高级化本质上是对产业结构升级的一种衡量，一般文献根据克拉克定律采用非农业产值比重作为产业结构升级的度量。本章的主要研究重心是检验具有绿色发展倾向的产业升级，因此我们采用第三产业产值与第二产业产值之比作为产业结构高级化的度量。

产业结构的协同化指标更多地表征了三次产业就业结构相对产出结构的劳动要素效率的动态协调性，反映了产业结构层面的综合技术水平的系统一致性。本章关于产业结构协同化变量的设定，同样采用学术界公认的指标量化方法，计算公式如下：

$$indx_{it} = \sum_{n=1}^{3} X_{i,n,t} Y_{i,n,t} \Big/ \sqrt{\sum_{n=1}^{3} X_{i,n,t}^2 \sum_{n=1}^{3} Y_{i,n,t}^2}$$

其中，$X_{i,n,t}$为第 i 产业从业人数占总从业人数的比重。$Y_{i,n,t}$为第 i 产业产值占总产值的比重。显然，根据上述计算公式，产业结构协同化指标集中反映了三次产业结构的比例关系与三次产业就业结构的比例关系。取值一般介于 0 和 1 之间，即相似度越高，产业结构与就业结构的协同化指数就越高。

产业结构生态化指标则综合反映了三次产业在节能减排，尤其是"工业三废"的相对排放强度。本章以单位 GDP 污染物排放总量衡量产业结构的生态化。同时考虑到工业三废在污染排放中的相对重要性，本章按工业三废（废水、废气、废渣）将其分解。具体计算公式如下：

$$ISE = \sum_{i=1}^{n} P_i / n$$

其中，P_i为第 i 类污染物单位 GDP 排放量，n 为指标数。以《中国统计年鉴》（2012 - 2020）、《中国能源年鉴》（2012 - 2020）基础数据为基础，本章计算、整理了上述 3 个指标 2011 ~ 2019 年的省级面板数据。代表年份的指标值见表 5 - 1。

表 5 - 1　　　　　代表性年份产业结构优化变量指标值

省份	2015 年			2018 年			2019 年		
	ISA	ISC	ISE	ISA	ISC	ISE	ISA	ISC	ISE
北京	4.0355	0.9985	7.1251	4.3476	0.9981	9.9779	5.1692	0.9989	12.6232
天津	1.1195	0.9817	2.4162	1.4491	0.9885	2.8783	1.8011	0.9956	2.1290
河北	0.8327	0.9087	0.6901	1.0369	0.8994	1.5405	1.3230	0.9042	1.6331
山西	1.3070	0.8441	0.5229	1.2679	0.8461	0.7188	1.1739	0.8237	0.7097
内蒙古	0.8014	0.7481	0.8555	1.2822	0.7904	0.9293	1.2510	0.8014	0.7932
辽宁	1.0154	0.9042	0.7436	1.3224	0.8962	1.2190	1.3850	0.9037	1.3486
吉林	0.7795	0.8322	0.9548	1.1704	0.8675	1.7081	1.5248	0.9148	1.3839
黑龙江	1.5948	0.9147	1.0300	2.3145	0.9348	1.6174	1.8851	0.9797	1.4607
上海	2.1302	0.9977	1.5439	2.3471	0.9988	3.1690	2.6946	0.9989	3.1861
江苏	1.0637	0.9718	0.9684	1.1444	0.9766	1.7733	1.1535	0.9793	2.0500
浙江	1.0827	0.9778	0.8470	1.3071	0.9805	1.3416	1.2680	0.9844	1.4927
安徽	0.7858	0.8849	0.7809	0.9772	0.8994	1.5503	1.2297	0.9053	1.8818

省份	2015 年			2018 年			2019 年		
	ISA	ISC	ISE	ISA	ISC	ISE	ISA	ISC	ISE
福建	0.8264	0.9570	0.8142	0.9396	0.9581	0.6918	0.9337	0.9498	0.7660
江西	0.7774	0.9125	0.5751	0.9617	0.9306	1.2755	1.0750	0.9393	0.2216
山东	0.9678	0.9147	0.9159	1.1259	0.9200	1.3056	1.3295	0.9204	1.3714
河南	0.8302	0.8468	0.7676	0.9862	0.8664	1.9015	1.1022	0.8711	2.3384
湖北	0.9432	0.8331	1.0004	1.0960	0.8687	2.0579	1.2001	0.8811	2.7505
湖南	0.9960	0.8229	1.0314	1.3069	0.8240	2.8134	1.4155	0.8407	2.8636
广东	1.1300	0.9606	1.3070	1.2963	0.9695	2.2171	1.3726	0.9707	2.4356
广西	0.8449	0.7309	0.7174	1.1471	0.7621	1.3866	1.5220	0.7936	1.4275
海南	2.2519	0.9358	1.5208	2.4970	0.9426	1.8355	2.8475	0.9443	1.8835
重庆	1.0606	0.8920	1.2281	1.2794	0.9218	2.6037	1.3223	0.9263	2.8032
四川	0.9909	0.8571	1.0730	1.3659	0.8798	2.0757	1.4076	0.8833	2.1697
贵州	1.1365	0.6473	0.8682	1.1973	0.7074	1.4702	1.3915	0.7148	1.6149
云南	1.1350	0.7088	0.6799	1.2109	0.7585	1.3589	1.5354	0.7871	1.5973
陕西	0.8084	0.7091	1.1474	0.8596	0.7297	2.0737	0.9867	0.7738	1.9945
甘肃	1.3394	0.6619	0.8271	1.6209	0.6710	1.4942	1.6788	0.6964	1.6049
青海	0.8290	0.8162	0.3095	1.0826	0.8634	0.3664	1.2971	0.8966	0.3531
宁夏	0.9383	0.7275	0.4389	1.0756	0.7804	0.5806	1.1887	0.7995	0.5888
新疆	1.1593	0.8274	0.7830	1.1343	0.8181	1.4242	1.4638	0.8763	1.4889

注：表中数据的源数据来自《中国统计年鉴》（2012－2020）、《中国能源年鉴》（2012－2020）。

二、绿色技术创新变量

根据绿色发展的实质性内涵，绿色科技创新系统对绿色发展的驱动机制，一方面直接表现为绿色科技创新系统的总体效率，主要表现为绿色技术成果的产出和转化效率。但是，在我国既有的科技投入产出数据的统计和发布体系中，目前还没有比较充分的有关绿色技术研发的结构性投入产出统计数据明细。庆幸的是，在中国国家知识产权局专利数据库中，发布了分年度和地区的绿色专利的授权数量。我们就以绿色专利授权数量这一指标来代表绿色技术创新的水平（GTI），并进行对数化处理。另一方面，在既有的产业结构格局短期难有根本改观的背景下，衡量或观察绿色技术创新水平及其强度的一个重要的宏观经济的观测变量就是经济的能耗强度，我们选取单位 GDP 能耗（吨标准煤/万元）指标来代表能源效率指标（EE）。上述两个指标代表性年份指标值见表 5－2。

表 5－2　代表性年份 GTI（项）和 EE（吨标准煤/万元）指标值

省份	2015 年		2018 年		2019 年	
	GTI	EE	GTI	EE	GTI	EE
北京	21239	0.2745	34097	0.2196	36576	0.2076
天津	6898	0.7646	9535	0.5967	10674	0.5863
河北	3662	1.1757	8054	0.9905	10545	0.9304
山西	1454	1.6077	2951	1.2658	3906	1.2298
内蒙古	829	1.4506	2090	1.4292	3026	1.4725
辽宁	3986	1.0570	7289	0.9494	8184	0.9555
吉林	1240	0.7007	2655	0.6220	3361	0.6082
黑龙江	2794	0.9499	3019	0.8902	3628	0.8575
上海	9601	0.4066	17162	0.3181	22537	0.3079
江苏	28250	0.4263	54626	0.3394	66008	0.3297
浙江	17524	0.4507	33362	0.3737	34680	0.3585
安徽	9201	0.5162	19946	0.3909	16466	0.3764
福建	5575	0.4423	12423	0.3394	13034	0.3241
江西	2183	0.5019	5520	0.4088	6596	0.3918
山东	13628	0.7114	20780	0.6089	26987	0.5868
河南	5097	0.6025	12958	0.4538	13374	0.4151
湖北	5579	0.5101	12468	0.3970	16088	0.3812
湖南	4703	0.5086	9101	0.4279	11343	0.4011
广东	21847	0.4030	60320	0.3335	66113	0.3162
广西	3614	0.6627	4554	0.5514	4001	0.5307
海南	361	0.5131	779	0.4419	1230	0.4247
重庆	5190	0.4830	5575	0.3964	6812	0.3766
四川	8474	0.6033	14695	0.4642	13999	0.4484

省份	2015 年		2018 年		2019 年	
	GTI	EE	GTI	EE	GTI	EE
贵州	1386	0.8864	3630	0.6537	3571	0.6216
云南	1937	0.6969	4320	0.5551	4541	0.5235
陕西	3779	0.6562	7683	0.5388	10247	0.5225
甘肃	1002	1.1422	2116	0.9653	2540	0.8967
青海	236	2.0512	597	1.5881	694	1.4399
宁夏	381	2.1082	1221	2.0227	1314	2.0403
新疆	897	1.6833	1510	1.3813	2084	1.3598

注：表中数据由《中国统计年鉴》（2020）、《中国能源年鉴》（2012 - 2020）及中国国家知识产权局专利数据库有关原始数据计算、整理。

第三节　实证检验

一、多重共线性检验

根据空间杜宾模型的建模要求，为进一步确认、排除变量之间可能存在的多重共线性，我们首先对上述主要变量 2011 ~ 2019 年的面板数据的相关性进行检验（选用常规的 Pearson 相关系数，也即积距相关系数），检验结果见表 5 - 3。

表 5 - 3 　　　　　　　　　 Pearson 相关系数矩阵

	ISA	ISC	ISE	GTI	EE
ISA					
Pearson Correlation	1	0.695 *	0.679 *	0.267 *	0.786 *
Sig. (2 - tailed)	0.000	0.000	0.110	0.000	0.000
Sum of Squares	0.305	12.303	15.795	36.342	42.275
Cross-products Covariance	0.467	18.259	26.883	0.219	12.598
N	270	270	270	270	270

续表

	ISA	ISC	ISE	GTI	EE
ISC					
Pearson Correlation	0.695*	1	0.724*	0.617*	0.759*
Sig. (2 – tailed)	0.000	0.000	0.042	0.000	0.000
Sum of Squares	12.303	0.379	78.213	25.464	17.217
Cross-products Covariance	18.259	0.724	0.317	0.795	6.165
N	270	270	270	270	270
ISE					
Pearson Correlation	0.679*	0.724*	1	0.781*	0.822*
Sig. (2 – tailed)	0.110	0.042	0.000	0.015	0.045
Sum of Squares	15.795	78.213	0.727	13.653	1.374
Cross-products Covariance	26.883	0.317	0.960	0.407	2.157
N	270	270	270	270	270
GTI					
Pearson Correlation	0.267*	0.617*	0.781*	1	0.495*
Sig. (2 – tailed)	0.000	0.000	0.025	0.000	0.007
Sum of Squares	36.342	25.464	13.653	63.742	75.433
Cross-products Covariance	0.219	0.795	0.407	0.874	57.605
N	270	270	270	270	270
EE					
Pearson Correlation	0.786*	0.759*	0.822*	0.495*	1
Sig. (2 – tailed)	0.000	0.000	0.045	0.007	0.000
Sum of Squares	42.275	17.217	1.374	75.433	3.247
Cross-products Covariance	12.598	6.165	2.157	57.605	1.653
N	270	270	270	270	270

注：＊表示相关显著性水平为 0.05。

　　由表 5 – 3 的报告结果可以看出，5 个主要变量之间的相关系数多数位于 0.6 ~ 0.79，最低为 0.267，最高为 0.822。进一步检验各变量方差膨胀系数（VIF），各变量相对其他变量的 VIF 值分别为：7.92、

6. 67、8. 61、5. 28、8. 05。显然，上述各变量的方差膨胀系数的值均小于经验值 10，据此可以判断上述主要变量之间的多重共线性不足以构成实质性影响，基本可以忽略不计。

二、参数估计结果与分析

根据空间杜宾模型的建模步骤，我们首先需要进行空间溢出效应的显著性检验。在前述空间权重矩阵的设定下，经检验，吉尔利指数（Geary' C）的值为 0. 902，小于 1，莫兰指数（Moran' I）的值为 1. 607，大于 0，且两者均在 5% 的水平下，拒绝了原假设，即在统计意义上可以确定模型涉及的 6 个主要变量以 95% 的概率存在空间相关性，可以展开进一步的计量检验。

考虑到变量之间相对紧密的空间相关性，在对式（5 - 1）进行参数估计时，需要解决被解释变量由于空间依赖特征引致的内生性问题。若采用最小二乘（OLS）进行参数估计，则存在参数估计和标准误差估计的非一致性（LeSage and Pace，2009，邵帅等，2022）。极大似然估计（ML）虽然可以在很大程度上解决空间滞后项引起的内生性问题，但对于含有固定效应的空间计量模型，其参数估计值及其概率分布通常大概率存在偏倚性。有鉴于此，我们采用近期经典文献中经常用到的准极大似然估计方法（QML），解决参数估计的偏倚性问题（邵帅等，2022）。

此外，在空间计量检验中，因变量之间的双向因果关系的存在也是导致模型内生性问题的最大可能性因素，根据 Wooldrige（2010）[①] 的研究结论，如果空间计量模型的随机误差项仅由当期变量值决定，则以解释变量的滞后一期值替代当期值，可以缓解可能的内生性问题。考虑到本章选取的主要变量之间的较强相关性和可能的相互因果性，我们会在（5 - 1）式基本回归模型的基础上，进一步以解释变量滞后一期值替代当期值进行参数估计，以消除可能的内生性问题。

（一）基础模型参数估计结果

在上述估计方法和空间权重设置下，式（5 - 1）基础计量模型的

---

① Wooldridge J M. Econometric Analysis of Cross Section and Panel Data [M]. MIT Press, 2010.

参数估计结果见表 5 - 4。由表 5 - 4 的参数估计结果，Wald 参数联合检验以 0.1% 的显著性支持绿色发展相关主要变量之间成立空间杜宾模型关系。在给定空间权重矩阵的设置下，无论是否选择解释变量当期值还是滞后一期值，绿色发展绩效本身均存在显著的空间溢出效应。换句话说，某一省份的绿色发展水平或绩效的提高，因为经济、地理层面的关联，可以显著的对其他省份的绿色发展产生正向的影响。根据本章前述章节对绿色发展和生态文明建设基础微观作用机制的分析，结合我国当前行政主导的"双减"战略的实施背景，绿色发展空间外溢效应的根本原因主要是两个方面的作用机制。一方面，在我国经济的产业分工格局和衍生于规模经济驱动的产业集群空间分布特征既定的条件下，在一定区域范围内，相邻省份之间的经济关联效应突出，经济发展模式具有高度的内在一致性，如"珠三角""长三角""京津冀"等我国东部沿海经济带以及中西部相对落后地区的相邻省份之间，概莫能外。因此，基于产业链高度关联的经济发展基础，使得具有绿色发展倾向的产业结构优化和绿色技术进步也具有高度的区域关联和产业链协同效应，绿色发展的空间溢出效应显著也就不言而喻。另一方面，在我国市场机制尤其是要素市场机制还不完善的制度环境条件下，以政府管制和环境规制为核心的行政主导模式既是推动绿色发展的基础动力，也是激发绿色要素市场需求，发挥市场机制作用的前提条件。在"双减"战略纳入我国国民经济发展规划并在政绩考核体系中的权重日益凸显的背景下，各级地方政府基于节能减排和环境保护的考核压力，使得各地促进绿色技术进步的制度变革和激励创新很容易在不同地区和部门之间产生模仿和扩散效应。这也是绿色发展空间外溢效应的关键决定因素。

表 5 - 4　　　　　　空间杜宾模型的参数估计结果

模型	基本回归	解释变量滞后一期
ωGDI	0.3156 * (0.1728)	0.2273 * (0.1465)
ISA	- 0.0468 * (0.1057)	- 0.0722 ** (0.0874)
ISC	0.0204 * (0.0529)	0.0271 ** (0.0316)

模型	基本回归	解释变量滞后一期
ISE	0.2738 * (0.0710)	0.3004 * (0.0952)
GTI	0.0081 * (0.2047)	0.0116 ** (0.1948)
EE	0.3708 * (0.1572)	0.4013 * (0.2012)
ωISA	-0.1719 * (0.0877)	-0.2036 * (0.1539)
ωISC	-0.0104 * (0.1765)	-0.0109 * (0.1624)
ωISE	0.0658 * (0.0451)	0.1021 * (0.0638)
ωGTI	0.0104 * (0.1275)	-0.0037 * (0.1164)
ωEE	0.2761 * (0.1530)	0.3214 * (0.1622)
常数项	0.0541 * (0.0264)	0.0486 * (0.0275)
时间固定效应	控制	控制
个体固定效应	控制	控制
Wald 检验（SAR） P 值	47.95 (0.000)	52.37 (0.000)
Wald 检验（SEM） P 值	21.08 (0.174)	31.45 (0.206)
Wald 检验（参数联合检验） P 值	561.18 (0.000)	614.08 (0.000)
样本容量	270	270

注：系数下方括号内的值为参数估计的标准误，＊代表5%的显著性水平，＊＊代表1%的显著性水平。

（二）直接效应和间接效应

其他解释变量对绿色发展绩效的影响分别表现为直接效应和间接效应，参数估计和测算结果见表5－5。

表5-5　　　　　　　产业结构优化、绿色技术进步对
绿色发展绩效的直接效应和间接效应

模型		基准回归	解释变量滞后一期
直接效应	ISA	0.0843 * (0.0246)	0.1116 * (0.0224)
	ISC	0.0116 * (0.1049)	0.0157 * (0.0976)
	ISE	0.2114 ** (0.1351)	0.1492 * (0.1273)
	GTI	0.0088 ** (0.0488)	0.0071 ** (0.0517)
	EE	0.3424 ** (0.1065)	0.3773 ** (0.0877)
间接效应	ISA	-0.1344 * (0.3104)	-0.1642 * (0.4125)
	ISC	-0.0012 * (0.0617)	-0.0005 * (0.0683)
	ISE	0.1282 * (0.0425)	0.0524 * (0.0519)
	GTI	0.0097 * (0.0235)	0.0009 * (0.0337)
	EE	0.0345 ** (0.0449)	0.0454 * (0.0427)

注：系数下方括号内的值为参数估计的标准误，＊代表5%的显著性水平，＊＊代表1%的显著性水平。

根据表5-5的参数估计结果，5个主要变量对绿色发展绩效的直接和间接效应参数均在5%的水平下通过了参数显著性检验，若干变量甚至在1%的水平下具有显著性，模型整体显著性稳健。接下来我们逐项分析其经济含义与背后的基础作用机制。

第一，来看产业结构优化变量对绿色发展绩效的影响。以二、三产业产值相对比例表征的产业结构高级化变量对本地区绿色发展绩效的直接效应具有正向的促进作用；同时，产业结构高级化变量对关联地区绿色发展绩效的间接效应却是负向的。换句话说，在样本空间范围内，整体上在社会、经济发展中居于主导地位的省份产业结构的高级化发展，

整体上显著提高了本地区的绿色发展绩效，相反，对经济、地理关联省份的绿色发展却产生了抑制或阻碍效应。考虑到我国工业化发展在空间布局上的阶梯型特征，对此最为合理的解释是伴随迈入后工业化时代的门槛，相对发达地区进一步资本深化的方向逐渐向第三产业拓展的同时，一些传统的高能耗、重污染产业也相继转移到相对落后的经济关联地区，从而产生对关联地区绿色发展绩效的负面影响。产业结构协同化变量对绿色发展绩效的影响与此近似。因为在外生给定生产的综合技术条件的前提下，生产中的要素投入结构是相对稳定的。在这个意义上，以综合反映就业结构的产业结构协同化变量正是产业结构高级化变量变动在就业层面的集中反映。两者在本质上是同一经济现象在不同维度的表现形式。这也就解释了为什么两者具有相同性质的绿色发展绩效空间溢出效应。从影响的程度来看，无论是对绿色发展绩效的直接效应还是间接效应，产业结构高级化变量的影响程度都远大于产业结构协同化变量。这一方面说明了我国生产中物质资本的相对贡献依然高于人力资本的事实；另一方面也说明了我国经济增长主要依赖物质资本投入的粗放型模式并没有根本改观。

根据表 5-5 的回归结果，重点表征"工业三废"相对排放强度的产业结构生态化变量（ISE），是对我国样本期间省级层面节能减排水平动态变化的结构性描述。其对绿色发展绩效的直接效应和间接效应都具有显著的正向促进作用。结合另一个直接衡量节能减排效果的绿色技术进步变量——单位 GDP 能耗（EE）对绿色发展绩效的直接效应和间接效应的显著性水平，显然，在我们选择、界定的影响绿色发展绩效的所有变量中，这两个变量对绿色发展绩效的影响是最稳健的。两者互为表里，相互印证，构成样本区间驱动我国绿色发展的核心主导因素。在性质上说明，样本期间我国整体上绿色发展水平还处于以节能减排为中心，以最大限度抑制、消除经济运行中的环境负外部性，驱动产业生态化发展为主题的发展阶段，且上述两个指标的平均水平距离发达国家还有相对较大的差距。

第二，表征绿色技术进步的另一个主要变量——绿色专利授权量（GTI），从参数回归结果来看，其对绿色发展绩效的正向影响显著而稳健。但是无论直接效应还是间接效应的正向影响强度都相对很小。再结合前述另一个表征绿色技术进步的变量单位 GDP 能耗（EE）对绿色发展绩效的正向影响及其显著性水平，我们不难得出以下判断：样本期间，我国总体上的绿色技术进步主要体现为传统节能减排领域已有技术及其装备应用强度的提高，以及应用领域与范围的扩张，在样本期间内促进了节能减排效率的提高。这应该是 2011～2019 年样本区间内，我国绿色技术进步驱动绿色发展的主要实现形式。结合我国实际，造成这样一种状态的最大可能原因只能是，在绿色发展战略引致的政府行政管制和环境规制举措的强化，导致企业生产中的环境保护成本大幅提高，在成本压力下，市场对绿色科技要素的市场化需求逐渐被激活。在市场需求的拉动下，已有成熟节能减排技术的应用场景得到深化，同时也诱致新型绿色技术供给的逐步提高。样本期间，北京、上海、江苏、广东等相对发达省份绿色专利授权量的平均增长率均在 10% 以上。但相对于绿色技术进步的市场需求规模，绿色技术要素的供给依然不足，尤其是相对于更为广泛的生态产业化绿色技术进步需求更是严重紧缺，再考虑到核心技术应用对配套技术要求的相对复杂性，以及由此衍生的相对滞后性，才能合理解释 GTI 变量对绿色发展绩效影响的相对有限性。

（三）模型稳健性的进一步检验

尽管基于空间杜宾模型（SDM）实证检验的稳健性和显著性均满足模型设定的基本要求，参数估计结果的可靠性在统计意义上可以得到有效保证。且绿色发展绩效主要影响因素的现实含义也可以得到合理的解释。但根据表 5-4 报告的估计结果，Wald 检验关于是否可以退化为空间误差模型（SEM）的检验结果，在 5% 的显著性水平下并没有拒绝零假设。基础回归模型和解释变量滞后一期的回归模型 Wald 检验伴随概率的数值分别为 0.174 和 0.206。这意味着两个回归模型分别以超过17% 和 20% 的概率会退化为空间误差模型（SEM）。为进一步检验和分析绿色发展绩效及其影响因素的稳健性，我们继续对上述变量展开空间误差模型（SEM）检验。

根据多变量空间 SEM 模型建模对变量平稳性的基本要求，进行变量协整检验。目前，对面板数据进行协整检验的方法最早是由高（Kao，1999）、高和蒋（Kao and Chiang，2000）利用推广的 DF 和 ADF检验统计量，提出了检验面板数据协整的方法。这种方法是以假定变量间不存在协整关系为零假设，并且利用静态面板回归的残差来构建统计

量（陈强，2014）；佩德罗尼（Pedroni，1999）在变量间不存在协整关
系的零假设条件下，在动态多元面板回归中给出了七种基于残差的面板
协整检验方法。和高（Kao）的方法不同的是，Pedroni 的检验方法允许
异质面板的存在（陈强，2014）[①]。拉尔森等（Larsson et al.，2001）发
展了基于约翰森（Johansen，1995）向量自回归的似然检验的面板协整
检验方法，这种检验方法的特点是检验变量是否存在共同的协整的秩
（陈强，2014）。根据研究目的和数据特征，我们同时选择对空间变量
进行 Kao 协整检验和 Pedroni 协整检验。检验结果见表 5 - 6。

表 5 - 6　　　　　　　　变量协整关系检验结果

统计量	Kao 检验	Pedroni 检验
修正迪基 - 福勒 （Modified Dickey Fuller）	- 1. 8692 （0. 0318）	
迪基 - 福勒 （Dickey Fuller）	- 3. 7125 （0. 0003）	
增广迪基 - 福勒 （Augmented Dickey Fuller）	- 2. 6521 （0. 0040）	- 11. 6751 （0. 0007）
修正菲利普 - 泊松 （Modified Phillip - Peron）		9. 6763 （0. 0001）
菲利普 - 泊松 （Phillip - Peron）		- 14. 7777 （0. 0005）

注：统计量下方括号里的值为统计推断的伴随概率 P 值。

根据表 5 - 6 的检验结果，绿色发展绩效与产业结构优化变量、绿
色技术进步变量之间 Kao 检验和 Pedroni 检验的主要统计量均在 5% 的
显著性水平下拒绝了零假设，即在统计意义上可以推断上述空间面板数
据变量之间存在相对稳定的协整关系。据此，进一步进行变量间的长期
误差修正关系检验。

根据空间误差修正模型（SEM）参数回归的基本要求，我们依然采
用 EG 两步法进行建模。为克服模型内生性和异方差问题，我们采用广
义空间两阶段最小二乘法（GS2SLS）进行第一步的动态回归，根据常

---

① 陈强. 高级计量经济学及 Stata 应用（第二版）[M]. 北京：高等教育出版社，2014.

规情形，变量滞后期选择 1 期，参数估计的结果见表 5 - 7。

表 5 - 7   基于 GS2SLS 的动态回归结果

变量	参数估计值及其显著性
GDI（-1）	-0.0821 (0.1235)
ISA	0.0209 (0.0557)
ISA（-1）	0.0332 (0.0529)
ISC	0.0241 (0.1810)
ISC（-1）	-0.0081 (0.3559)
ISE	0.3104 (0.1572)
ISE（-1）	-0.1072 (0.0477)
GTI	-0.0128 (0.1765)
GTI（-1）	0.0397 (0.1431)
EE	0.2903 (0.0217)
EE（-1）	0.2045 (0.0302)
时间固定效应	控制
个体固定效应	控制
F 统计量	216.8
A - R^2	0.74
D - W 统计量	2.2145
样本容量	270

注：统计量下方括号里的值为参数显著性检验的伴随概率。默认显著性水平为 5%。

由表 5 - 7 的参数估计结果可知，F 统计量的值为 216.8，方程整体显著性成立，且模型不存在显著自相关。尽管多数参数估计结果并没有通过显著性检验，但并不影响对均衡长期趋势的判断。对表 5 - 6 的回归方程两边取期望，计算长期关系，得：

$$GDI_t = 0.05ISA_t + 0.01ISC_t + 0.19ISE_t + 0.05GTI_t + 0.46EE_t$$

$$(5 - 2)$$

据此，则可得非均衡误差：

$$e_t = GDI_t - 0.05ISA_t - 0.01ISC_t - 0.19ISE_t - 0.05GTI_t - 0.46EE_t$$

$$(5 - 3)$$

对 e_t 面板进行 EG 检验如下，

$$\Delta e_t = -1.08e_{t-1}$$

$$(-4.38)$$

$$(5 - 4)$$

$$R^2 = 0.99, \ D.W = 2.06 \quad N = 270$$

式（5 - 4）的回归结果表明，回归方程的残差序列面板数据是平稳的。

由式（5 - 4）的非均衡误差和其他变量的一阶差分面板，同样采用广义空间两阶段最小二乘法（GS2SLS）进行回归，建立误差修正模型。回归结果见表 5 - 8。

表 5 - 8　　　　　　　　　　SEM 模型的回归结果

模型	初次回归	二次回归
ΔISA_t	0.0559 (0.0501)	0.0406 (0.0317)
ΔISC_t	0.0072 (0.1158)	
ΔISE_t	0.1154 (0.0452)	0.1028 (0.0408)
ΔGTI_{tt}	0.0573 (0.2201)	0.0458 (0.0101)
ΔEE_t	0.2678 (0.0301)	0.3152 (0.0244)
$e(-1)$	-1.36 (0.0012)	-2.09 (0.0024)
时间固定效应	控制	控制

模型	初次回归	二次回归
个体固定效应	控制	控制
F 统计量	168.2	180.8
A – R^2	0.62	0.79
D – W 统计量	2.113	2.283
样本容量	240	240

注：统计量下方括号里的值为参数显著性检验的伴随概率。默认显著性水平为5%。

由表5-8的初次回归结果可知，模型不存在显著自相关。但产业结构协同化差分变量的参数估计结果没有通过显著性检验。剔除不显著变量 ΔISC_t，再次回归，得到二次回归结果。显然，二次回归模型不存在显著自相关和条件异方差，且回归参数均通过了显著性检验。表5-8所示二次回归结果，即为我们最后得到的 SEM 误差模型。

显然，SEM 模型估计得到的误差修正系数为负，符合误差修正项对被解释变量偏离均衡反向修正的一般性情况，其数值的大小反映了误差修正项对被解释变量短期波动偏离均衡的调整强度。（-2.09）的修正系数表明误差修正项对不同地区绿色发展绩效的短期波动的调整强度还是很大的。

根据 SEM 模型的估计结果，无论从短期还是长期关系来看，SEM 模型所揭示的产业结构优化、绿色科技进步对绿色发展绩效的相对影响与前述 SDM 模型的基本结论都具有内在一致性，说明本章对绿色发展绩效空间影响因素分析的 SDM 模型的设定在统计意义上是完全可靠的，计量检验的基本结论也是完全可信的。

第四节　本章小结

长期内，驱动绿色发展的物质基础将在于绿色科技创新。产业结构的优化则是实现绿色发展的必然路径选择。本章以我们测算得到的我国省级层面绿色发展综合指标体系为基础，通过构建空间杜宾计量模型检验、分析了绿色发展绩效的空间溢出效应，以及产业结构优化、绿色科技进步因素对绿色发展绩效的直接效应、间接效应。实证研究结果表明，基于省级层面相邻省份之间的经济关联和由政绩考核体系的行政激励驱动的创新竞争和模仿效应，样本区间我国省级层面的绿色发展对关联地区绿色发展绩效具有显著的空间溢出效应。与此同时，产业结构优化的 3 个变量以及 2 个绿色技术进步变量对绿色发展绩效均具有显著的直接效应和间接效应。其中，在 3 个产业结构优化变量中，产业结构生态化变量对绿色发展绩效的影响最为突出，无论是直接效应还是间接效应都具有正向的促进作用。产业结构高级化变量对绿色发展绩效的影响大于产业结构协同化变量，且两者对绿色发展绩效的影响具有性质一致性，即都具有正向的直接效应和负向的间接效应。这一结论一方面集中反映了我国经济增长中物质资本贡献远大于人力资本贡献的事实；另一方面，也揭示了我国以高能耗、重污染为特征的粗放型发展模式转换，尽管近十几年来取得了极大进步，但整体上依然处于量变积累阶段，还没有发生质的改变。两个绿色技术进步变量对绿色发展绩效的影响进一步佐证了这一点。单位 GDP 能耗变量对绿色发展绩效的影响在全部 5 个变量中是最显著的，无论直接效应还是间接效应都是作用强度最大的。绿色专利授权量变量对绿色发展绩效的影响都存在正向的促进作用，但相对影响的强度较弱。这一方面充分说明了我国绿色发展目前依然处于以节能减排为核心的早期发展阶段的事实；另一方面也清晰表明了长期内绿色科技创新始终是制约我国绿色发展的主要短板。因此，围绕绿色科技要素市场培育的改革深化，构成进一步促进系统性绿色发展的关键命题。

第六章　绿色金融、产业结构
转型与绿色发展

本章基于 2011～2020 年省际面板数据，采用交互固定效应模型、动态面板门槛、面板 VAR 模型等计量方法，从多个维度实证分析了绿色金融与区域绿色发展两者之间的关系。一般绿色金融可以通过支持绿色技术研发，促进生态产品价值实现，引导资金流向绿色产业等具体功能的实现，来推动产业结构转型升级，促使产业结构沿着生态化方向演进，进而推动绿色发展。在中国以绿色发展为导向的背景下，从产业结构转型的视角去探讨绿色金融对绿色发展的作用机理，发挥绿色金融支持绿色发展的关键性作用，成为新时代生态文明建设亟须解决的重要问题。尽管已有相关研究大多都强调了绿色金融对绿色发展具有重要作用，然而由于数据获取和方法等限制，两者之间的数量关系还需要进一步挖掘，相关作用机制还需要进一步深入分析。基于此，在现有研究的基础上，本章构造了绿色发展与绿色金融指数，从产业结构转型视角出发，利用静态与动态、线性与非线性等多个模型从不同维度分析了绿色金融对绿色发展的作用机理。

第一节　理论分析与研究假说

一、绿色金融对绿色发展的直接效应

从金融功能理论视角来看，绿色金融在支持绿色发展方面具有资源

配置、风险管理和市场定价这三大功能。① 不同于传统金融体系，绿色金融是一种新的金融发展范式，绿色金融在资源配置方面除了强调效率，还关注资源配置的绿色性。在绿色金融监管政策的规制下，依托于绿色信贷、绿色债券、环境信息披露等产品与服务创新，绿色金融资源配置的绿色性主要体现在两个方面：一方面，绿色金融可以引导和撬动社会经济资源流向节能环保、清洁生产、清洁能源、生态环境等绿色产业，来降低社会整体的污染排放，提高资源利用效率。具体来说，银行可以通过绿色信贷的方式向绿色企业提供优惠利率贷款，支持绿色企业进行研发投资。政府也可以通过设立绿色发展基金的方式来支持相应企业的发展和生态环境保护。另一方面，绿色金融也可以通过对绿色资产和棕色资产的区分和风险权重等方式来抑制资金流向高污染、高耗能的企业，"倒逼"这些企业进行绿色技术研发，实现绿色转型②。

引导资源进行绿色配置是绿色金融推动绿色发展的核心功能。此外，绿色金融还从风险管理和市场定价这两个方面对绿色发展产生了直接推动作用。早在 2003 年，一些国际上领先的银行，如巴克莱银行、花旗银行，尝试将环境与社会风险纳入判断、评估和管理项目融资，宣布并采纳赤道原则。绿色金融的兴起也让国内金融机构和投资人意识到管理环境灾难和极端气候带来的环境风险的重要性，绿色保险等绿色金融工具创新使得环境责任主体有了更多手段去应对环境气候变化带来的挑战。绿色金融风险管理功能的实现，可以提高金融中介和相关企业的社会责任意识，促使他们履行相关的环境责任，将外部的环境风险内部化为社会生产成本，也为绿色发展注入新的动力。

价格发现是绿色金融助推绿色发展的另一重要功能。在市场经济条件下，社会资源配置离不开价格信号。解决环境问题的一个难点是，由于外部性的存在，污染带来的损失以及生态环境产品带来的收益得不到市场正确的定价而获得足够补偿。通过建立绿色金融市场与创新绿色金融产品，可以在推动外部污染排放成本内部化为环境责任主体的生产经营成本，也可以帮助生态环境产品进行价值实现，真正践行绿水青山就是金山

---

① 马梅若. 绿色金融"三大功能""五大支柱"助力实现"30·60 目标"——访全国政协委员、经济委员会副主任、人民银行副行长陈雨露 [J]. 中国金融家，2021（3）：31-33.

② 陈国进，丁赛杰，赵向琴，蒋晓宇. 中国绿色金融政策、融资成本与企业绿色转型——基于央行担保品政策视角 [J]. 金融研究，2021（12）：75-95.

银山的绿色发展理念。其中的典型的代表之一就是碳金融交易市场，现有研究表明，碳交易能够显著激励企业绿色创新，实现企业绿色效率和企业效益双赢，降低地区碳排放，促进绿色经济增长①，据此提出假设。

H1：绿色金融能够促进区域绿色发展。

二、绿色金融与产业结构的影响效应

绿色发展的实现离不开经济发展方式的转变和产业结构转型升级，从产业结构来看，中国资本密集型且污染密集型产业仍占据主导地位②，推动产业结构的生态化转型尤为关键。产业结构转型升级包含三个方面内容，一是，产业结构的高级化，产业结构是影响能源消费与能源强度的重要因素，产业结构调整对实现中国碳强度目标的贡献最高可达60%③。产业结构的重心从量上向第三产业转移，从质上向着知识与技术密集型方向演进，能够有效降低原有资本密集且污染密集型产业结构产生的能耗和排放，促进能源节约与清洁生产的经济生产体系的生产。二是，产业结构的合理化衡量了产业之间的关联和协调程度。产业结构合理化水平提升有利于优化要素配置，产业之间技术关联的通畅也有利于能源节约与减排任务的分解与落实④。三是，产业结构生态化，从广义来看，也包含了产业结构升级与协调带来的效率提升和资源节约。为了和产业结构升级和合理化等概念区分，在本章中的产业结构生态化从狭义上指的是产业结构环境效率，通过单位 GDP 污染化排放总量来衡量。产业结构生态化水平直接体现了经济体系清洁生产程度，生态化水平越高意味着现有产业生产体系对环境负面影响就越少。

产业发展具有一定的路径依赖，要转变原有产业发展模式，发展新兴高新技术产业与低碳绿色环保产业离不开金融资本的扶持作用。绿色

①　廖文龙，董新凯，翁鸣，陈晓毅．市场型环境规制的经济效应：碳排放交易、绿色创新与绿色经济增长［J］．中国软科学，2020（6）：159－173.

②　王勇，陈诗一，朱欢．新结构经济学视角下产业结构的绿色转型：事实、逻辑与展望［J］．经济评论，2022（4）：59－75.

③　王文举，向其凤．中国产业结构调整及其节能减排潜力评估［J］．中国工业经济，2014（1）：44－56.

④　赵领娣，张磊，徐乐，胡明照．人力资本、产业结构调整与绿色发展效率的作用机制［J］．中国人口·资源与环境，2016，26（11）：106－114.

金融对产业结构转型既存在惩罚性的"倒逼"机制，又存在补贴性质的"激励"机制①。一方面，绿色金融通过将社会环境风险纳入投融资决策中，提高污染型企业的融资成本，降低其融资规模，抑制资金流向高污染行业内企业的方式来倒逼产业结构转型；另一方面，绿色金融产品和工具的使用为绿色企业提供了更加优惠的资金和便捷的服务，这能够有效的缓解绿色产业内企业的融资约束，激励这些企业进行绿色技术研发投入，有些绿色金融产品对绿色消费也产生了直接的促进作用。此外，绿色产业发展也为绿色金融发展指明了方向，为传统金融发展模式改变带来新的机遇。绿水青山就是金山银山，绿色产业将构成未来经济的重要组成部分，金融的参与不仅会助推绿色产业的发展，未来也可以分享绿色产业发展的红利。

绿色金融的主体是各种提供绿色金融服务和产品的金融中介，这些主体不参与实体经济生产，对生态环境直接影响很小，但由于金融杠杆的存在，绿色金融对生态环境具有很大的间接影响。要发挥绿色金融对绿色发展的促进作用，离不开绿色金融对产业结构转型推动作用的实现。单纯的绿色金融规模增长很可能只是在绿色标签下的虚拟资产膨胀，关键在于绿色金融对高新技术和绿色产业发展的切实推动。产业结构是否沿着高效、绿色方向演进很大程度上决定了绿色金融对绿色发展的促进效果，据此提出假设。

H2：绿色金融能通过推动产业结构转型升级来促进发展。

第二节 数据说明与模型设定

一、样本和数据

根据数据可得性，本章选取 2011～2020 年除港澳台地区和西藏地区以外中国 30 个省份作为研究样本。其中计算绿色发展指数的数据主要来源于《中国统计年鉴》、各省份统计年鉴和统计公报、《中国保险

---

① 李毓，胡海亚，李浩．绿色信贷对中国产业结构升级影响的实证分析——基于中国省级面板数据［J］．经济问题，2020（1）：37–43．

年鉴》、地方政府官方网站、EPS 数据库。绿色信贷、绿色投资、绿色
保险和碳金融的数据源于 EPS 数据库，绿色证券数据来源于 Wind 数据
库。计算产业结构的相关数据来源于 CNRDS 数据库。经济发展水平、
外商直接投资、金融发展程度、环境基础设施投资、技术进步、政府干
预等指标数据来源于 CNRDS 数据库、《中国环境统计年鉴》、Wind 数据
库。部分缺失的数据用线性差值法进行补齐。

二、样本和数据

（一）被解释变量

本章核心的被解释变量为绿色发展，通过构造绿色发展指数的方式
来衡量绿色发展。参照国家发展改革委、国家统计局、环境保护部、中
央组织部编制的《绿色发展指标体系》、李晓西以及《中国绿色指数年
度报告——区域比较》等研究成果，遵照系统性原则、科学性原则、可
操作性原则，统计绿色发展相关指标，再根据相关理论和咨询专家建
议，最终形成资源利用、环境治理、环境质量、生态保护、增长质量、
绿色生活 6 个一级指标、43 个二级指标，具体见表 6-1。

表 6-1　　　　中国绿色发展评价指标体系及权重

一级指标	序号	二级指标
一、资源利用（29.3%）	1	能源消费总量增长率*（2.17）
	2	单位 GDP 能源消耗降低（3.26）
	3	单位 GDP 二氧化碳排放降低（3.26）
	4	非化石能源占一次能源消费比重（3.26）
	5	用水总量增长率*（2.17）
	6	万元 GDP 用水量下降（3.26）
	7	单位工业增加值用水量降低率（2.17）
	8	耕地面积增长率（3.26）
	9	人均新增城市建设用地面积*（3.26）
	10	单位 GDP 建设用地面积降低率（2.17）
	11	一般工业固体废物综合利用率（1.09）

续表

一级指标	序号	二级指标
二、环境治理（16.5%）	12	化学需氧量排放总量减少（2.75）
	13	氨氮排放总量减少（2.75）
	14	二氧化硫排放总量减少（2.75）
	15	氮氧化物排放总量减少（2.75）
	16	危险废物处置利用率（0.92）
	17	生活垃圾无害化处理率（1.83）
	18	污水集中处理率（1.83）
	19	环境污染治理投资占 GDP 比重（0.92）
三、环境质量（19.3%）	20	地级及以上城市空气质量优良天数比率（3.61）
	21	地级及以上城市细颗粒物（PM2.5）浓度下降（3.61）
	22	地表水达到或好于Ⅲ类水体比例（3.61）
	23	地表水劣Ⅴ类水体比例*（3.61）
	24	地级及以上城市集中式饮用水水源水质达到或优于Ⅲ类比例（2.41）
	25	单位耕地面积化肥使用量*（1.21）
	26	单位耕地面积农药使用量*（1.21）
四、生态保护（16.5%）	27	森林覆盖率（4.13）
	28	单位面积森林蓄积量（4.13）
	29	草原面积占行政地区面积的比重（2.75）
	30	湿地面积占行政地区面积的比重（2.75）
	31	陆域自然保护区面积比重（1.38）
	32	新增水土流失治理面积（1.38）
五、增长质量（9.2%）	33	人均 GDP 增长率（1.83）
	34	居民人均可支配收入（1.83）
	35	第三产业增加值占 GDP 比重（1.83）
	36	第二产业劳动生产率（1.83）
	37	研究与试验发展经费支出占 GDP 比重（1.83）

续表

一级指标	序号	二级指标
六、绿色生活（9.2%）	38	人均日生活用水量＊（1.31）
	39	人均绿地面积（1.31）
	40	绿色出行（城镇每万人口公共交通客运量）（1.31）
	41	城市建成区绿地率（1.31）
	42	农村自来水普及率（2.62）
	43	农村卫生厕所普及率（1.31）

注：" ＊ "表示指标属性为逆向。指标后括号内为指标权重值（％）。其中指标9和指标39的单位为"hm²/万人"，指标25和指标26的单位为"千克/hm²"，指标28的单位为"亿m³/km²"，指标32的单位为"万hm²"，指标34的单位为"元/人"，指标38的单位为"m³/人"，指标40的单位为"万人次/万人"，其他指标单位均为"％"。

（二）核心解释变量

本章核心的解释变量为绿色金融，参考李晓西等[①]、周琛影等[②]、高锦杰等[③]等研究，考虑到指标设置的完整性及数据的可获得性，基于绿色金融的内涵和服务类型，将解释变量绿色金融分为绿色信贷、绿色证券、绿色投资、绿色保险、碳金融五个维度的指标，并将这五个维度用主成分分析法合成一个绿色金融发展综合水平指标，具体见表6－2。

表6－2　　　　　　　　　绿色金融指数构建

一级指标	二级指标	三级指标	指标定义	指标属性
绿色金融发展水平	绿色信贷	高耗能工业利息占比	高耗能工业产业利息/工业产业利息	－
	绿色证券	高耗能行业市值占比	六大高耗能A股市值/A股总市值	－
	绿色投资	环境污染投资占比	治理污染投资/GDP	＋
	绿色保险	农业保险规模比	农业保险收入/农业总产值	＋
	碳金融	碳强度	二氧化碳排放量/GDP	－

①　李晓西，夏光．中国绿色金融报告－2014［M］．北京：中国金融出版社，2014．

②　周琛影，田发，周腾．绿色金融对经济高质量发展的影响效应研究［J］．重庆大学学报（社会科学版），2022，28（6）：1－13．

③　高锦杰，张伟伟．绿色金融对我国产业结构生态化的影响研究——基于系统GMM模型的实证检验［J］．经济纵横，2021（2）：105－115．

（三）机制变量

本章从产业结构转型升级的视角来考察绿色金融促进绿色发展的机制，因而产业结构转型升级是本章核心关注的机制变量。本章从产业结构高级化、产业结构合理化和产业结构生态化这三个维度出发，去分析绿色金融如何通过推动产业结构转型升级来促进区域绿色发展。

产业高级化（TS）。产业结构高级化衡量了产业结构升级的相对程度。本章参考袁航等[①]的做法，从量和质这两个维度来衡量产业结构高级化的演进过程。

产业结构高级化的量（TS1），从份额比例上的相对变化刻画三大产业在数量层面的演进过程，计算公式如下：

$$TS1_{it} = \sum_{m=1}^{3} y_{imt} \times m, \quad m = 1, 2, 3$$

y_{imt} 表示 i 地区第 m 产业在 t 时期占地区生产总值的比重，该指数刻画了三大产业比例关系的演进，反映了产业结构高度化的量的内涵。

产业结构高级化的质（TS2），其内涵界定为产业之间的比例关系与各产业劳动生产率的乘积加权值，计算公式如下：

$$TS2_{it} = \sum_{m=1}^{3} y_{imt} \times lp_{imt}, \quad m = 1, 2, 3$$

其中，y_{imt} 同上式，lp_{imt} 反映了表示 i 地区第 m 产业在 t 时期的劳动生产率，计算公式为：

$$lp_{imt} = Y_{imt} / L_{imt}$$

其中，Y_{imt} 表示 i 地区第 m 产业 t 时期的增加值，L_{imt} 表示 i 地区第 m 产业 t 时期的就业人员。

其中产业结构合理化（TL）。产业结构合理化是产业间协调程度和资源有效利用程度的反映。借鉴干春晖（2011）[②] 等的方法，构建产业结构合理化系数，计算公式如下：

$$TL = \sum_{i=1}^{n} (Y_i / Y) \ln \left(\frac{Y_i}{L_i} / \frac{Y}{L} \right)$$

---

① 袁航，朱承亮. 国家高新区推动了中国产业结构转型升级吗［J］. 中国工业经济，2018（8）：60–77.

② 干春晖，郑若谷，余典范. 中国产业结构变迁对经济增长和波动的影响［J］. 经济研究，2011，46（5）：4–16，31.

其中，Y 表示地区生产总值；Y_i 表示第 i 产业产值；L 表示就业总人数；L_i 表示第 i 产业就业人数。TL 测度结果越小，产业结构与均衡状态间的偏离度越小，合理化水平越高；当 TL 为 0 时，产业结构达到均衡。

产业结构生态化（TE）。参考吕明元和陈磊（2016）[①] 的做法用环境效率指标来衡量产业结构生态化水平，计算公式如下：

$$TE = \frac{1}{PI}, \text{ 其中 } PI = \frac{\sum\limits_{i=1}^{n} pi_i}{n}, \text{ 所以 } TE = \frac{n}{\sum\limits_{i=1}^{n} pi_i}$$

其中，pi_i 表示 i 类污染物的单位 GDP 排放总量，n 表示指标数，PI 表示单位 GDP 污染物排放总量指标。在其他条件不变情况下，TE 的值越大，产业结构生态化程度越高，反之，产业结构生态化程度越低。

（四）控制变量

参考现有研究，控制下列变量，具体包括：经济发展水平，以 2010 为基期的实际人均 GDP 取对数来衡量；外商直接投资（FDI）[②]，衡量方式为实际使用外商直接投资与 GDP 之比。金融发展程度（Finde）：参考张成思和朱越腾（2017）的做法用各省金融机构贷款余额占该省 GDP 的比重（贷款余额/名义 GDP）来作为代理变量[③]；环境基础设施投资（GI），用各省份城镇单位企业环境基础设施建设投资额来衡量；技术进步（patent），用各省专利授权数来衡量；政府干预（govn），用政府支出占地区生产总值的比重作为代理变量。

三、研究设计

（一）基本模型设定

为验证本章的理论假说，本章首先设置以下双向固定效应模型：

---

① 吕明元，陈磊."互联网＋"对产业结构生态化转型影响的实证分析——基于上海市 2000－2013 年数据 [J]. 上海经济研究，2016（9）：110－121.

② 外商直接投资的原始统计单位为美元，按照美元与人民币之间的年度均价进行数据转换。

③ 张成思，朱越腾. 对外开放、金融发展与利益集团困局 [J]. 世界经济，2017，40（4）：55－78.

$$GD_{it} = \beta_0 + \beta_1 GF_{it} + \gamma X_{it} + \lambda_i + \tau_t + trend_{pt} + \varepsilon_{it} \qquad (6-1)$$

其中，i、t 分别表示地区和年份，β_0 为常数项，ε_{it} 为随机误差项。被解释变量 GD_{it} 表示地区 i 在 t 年的绿色发展，解释变量 GF_{it} 表示地区 i 在 t 年的绿色金融，两者均通过构造相应的指数来衡量。GF_{jt} 前的系数 β_1 反映了绿色金融对绿色发展影响的总效应，是本章最为关注的系数。X_{it} 表示控制变量，包括人均地区生产总值（GDP）、外商直接投资（FDI）、政府干预（govn）等。λ_r 表示地区固定效应，用以控制地区层面不随时间变化的因素对估计结果的影响；λ_t 表示年份固定效应，用以控制各年度可能存在的时间冲击对估计结果的影响，如国际金融危机、重大自然灾害。其中 $trend_{pt}$ 为省份与年份交互固定效应，用以控制因省份而异的时间趋势对本章估计结果造成的偏误。

（二）门槛回归模型设定

为了验证绿色金融对绿色金融的促进作用是否存在门槛效应影响，本章采用固定效应面板门槛模型进行估计。门限自回归模型基于已有样本数据特征，利用门限变量的观察值来估计出具体的门槛值，并可以对门槛数量（存在性）及其显著性程度（P 值）进行检验（唐飞鹏，2017）[①]，从而可以有效的避免由于门槛值主观划定所带来的估计偏误。基于 Hansen（1999）[②]，构建如下方程：

$$y_{it} = u_i + \beta_1 x_{it} I(q_{it} \leqslant \gamma) + \beta_2 x_{it} I(q_{it} > \gamma) + e_{it} \qquad (6-2)$$

其中，i 和 t 分别表示地区和年份，γ 为未知门槛，ε_{it} 表示随机误差项，I（·）为指示函数。上式等价于：

$$y_{it} = \begin{cases} u_i + \beta_1 x_{it} + e_{it}, & q_{it} \leqslant \gamma \\ u_i + \beta_2 x_{it} + e_{it}, & q_{it} > \gamma \end{cases} \qquad (6-3)$$

为一分段函数，当 $q_{it} \leqslant \gamma$ 时，x_{it} 前的系数为 β_1，而当 $q_{it} > \gamma$ 时，x_{it} 前的系数为 β_2。

根据 Hansen（1999），使用 2SLS 方法估计，在假定的门限值下，通过不断筛选估计后的残差平方和，来获取最优的门限值。确定了门限值后，就可以利用 $\hat{\gamma}$ 值来估计模型中不同区间（Regime）的系数，并

---

① 唐飞鹏. 地方税收竞争、企业利润与门槛效应 [J]. 中国工业经济，2017（7）.

② Hansen B E. Threshold Effects in Non – dynamic Panels：Estimation，Testing and Inference [J]. Journal of Econometrics，1999，93（2）：345 – 368.

进一步检验门槛值存在的显著性。

(三) 面板 VAR 模型设定

上述模型都是基于静态回归模型的分析,为了进一步探讨绿色金融、产业结构转型与区域绿色发展之间的动态调整关系,考察它们三者之间的长期关系,本章在基本模型设定的基础上,拓展如下面板 VAR 模型进行估计分析。在 VAR 模型中,所有变量都被看作是内生的,而面板 VAR 模型不仅能够控制不可观测的个体异质性,也可以分析遇到冲击时各个变量的动态反应。

构建面板 VAR 模型来研究,对应每个省份 i,标准模型如下:

$$G_{i,t} = \Gamma_0 + \sum_{j=1}^{q} \Gamma_j G_{i,t-j} + f_i + d_t + e_{i,t}$$

模型中向量 $G_{i,t} = (y_{i,t}, x_{1i,t}, x_{2i,t})'$,其中 $y_{i,t}$ 表示绿色发展,$x_{1i,t}$ 表示产业结构转型,分别用产业结构高级化、产业结构合理化来衡量,$x_{2i,t}$ 表示绿色金融发展,Γ 表示变量滞后效应的矩阵。同时引入个体效应 f_i 来体现个体异质性,引入时间效应 d_t 来表示系统变量里的趋势特征,向量 $e_{i,t}$ 表示各种冲击。

模型所做的假设:

假设 1:对于 i = 1, 2, ⋯, T;$e_{i,t} \sim i, i.d(0, \Omega)$,即 $e_{i,t}$ 是具有零期望、协方差矩阵 Ω 是独立同分布的随机变量。

假设 2:对于 s < t,$G_{i,s}$、f_i、d_t 与 $e'_{i,t}$ 正交,即

$$E(G_{i,s}e'_{i,t}) = E(f_i e'_{i,t}) = E(d_t e'_{i,t})$$

假设 3:矩阵 Γ 所体现的关系是相同的,模型的系数是不变的。模型已经引入了体现个体和时间异质性的虚拟变量,再说各省份之间的经济联系就比较强,因而参数的差很小,故做此假设。

第三节 实证结果分析

一、描述性统计

表 6-3 展示了本章主要变量的描述性统计结果。从中可以看到,

本章的核心被解释变量绿色发展（GDI）最小值 77.46，最大值 84.49，而且中位数是 80.74 小于其均值 80.82，说明绿色发展程度在区域之间的分布存在着不平衡、不充分的问题。同样的，本章的核心解释变量绿色金融（GFID）最小值只有 0.11，而最大值为 0.8，中位数 0.27 也小于其均值 0.30，因而也存在较为明显地区分化。其余变量也或多或少地呈现出这样的特征。

表 6 - 3   描述性统计结果

变量名	观测值	平均值	标准差	中位数	最小值	最大值
GDI	300	80.82	1.363	80.74	77.46	84.49
GFID	300	0.30	0.130	0.27	0.11	0.80
lnRGDP	300	10.84	0.436	10.79	9.71	12.01
govn	300	0.26	0.115	0.24	0.12	0.76
FDI	300	0.02	0.019	0.02	0.00	0.12
lnFinde	300	10.12	0.858	10.10	7.71	12.20
lnGI	300	4.89	0.902	5.00	1.96	6.48
patent	300	10.11	1.439	10.19	6.22	13.47

二、基准回归

以式（6-1）的双重固定效应模型为基础，表 6-4 展示了本章的基准回归结果，其中第（1）列、第（2）列以绿色发展综合指数值作为被解释变量，第（3）列与第（4）列被解释变量 EP 表示的是绿色发展分项指数 - 环境治理，第（5）列与第（6）列中的 EZ 则表示的绿色发展分项指数 - 环境质量。

表 6 - 4   基准回归

	(1) GDI	(2) GDI	(3) EP	(4) EP	(5) EZ	(6) EZ
GFID	2.203 *** (0.771)	2.312 *** (0.775)	0.588 ** (0.261)	0.537 ** (0.266)	0.659 ** (0.315)	0.736 ** (0.355)

续表

	(1) GDI	(2) GDI	(3) EP	(4) EP	(5) EZ	(6) EZ
lnRGDP		-0.229 (0.880)		-0.125 (0.523)		0.364 (0.395)
govn		-4.961* (2.500)		-0.484 (1.256)		-0.275 (1.520)
FDI		10.160 (8.230)		0.254 (2.918)		-6.306 (5.143)
lnFinde		-0.955 (1.016)		0.478 (0.357)		-0.091 (0.434)
lnGI		-0.170 (0.152)		0.052 (0.061)		-0.027 (0.057)
lnpat		0.094 (0.291)		0.222 (0.149)		-0.071 (0.111)
常数项	172.209*** (7.448)	257.361* (136.134)	142.284*** (2.659)	214.225*** (62.547)	17.148*** (0.112)	15.175*** (4.121)
观测值	300	300	300	300	300	270
地区/年份	Yes	Yes	Yes	Yes	Yes	Yes
地区×年份	Yes	Yes	Yes	Yes	Yes	Yes
R^2	0.654	0.654	0.741	0.742	0.418	0.499

注：小括号内为稳健标准误，*、**、***分别表示在10%、5%、1%显著性水平，即 $*p<0.10$，$**p<0.05$，$***p<0.01$。

表6-4的第（1）列的回归结果显示，GFID前的回归系数为正，且在1%的水平上保持显著。这说明绿色金融在总体上促进了地区绿色发展水平的提高。绿色金融指数每提高1个单位会使得绿色发展指数提高将近2.3个单位。第（2）列则是在第（1）列的基础上进一步加入控制变量，回归结果显示，GFID前的回归系数依然为正，且保持了1%的显著性水平。本章中的绿色发展指数包含了资源利用、环境治理、环境质量、生态保护、增长质量、绿色生活这六项分项指标，分别将其作为被解释变量进行了回归，发现只有环境治理与环境质量回归结果是显著的，相关回归结果报告在第（3）列～第（6）列，其余回归结果由于篇幅所限并未展示。从第（3）列～第（6）列的回归结果可以发

现，绿色金融显著提升了地区的环境治理水平，使得地区环境质量得到改善。

然而，绿色金融对地区的资源利用效率、生态保护、增长质量、绿色生活却没有显著的促进作用。由此可以发现，绿色金融对区域绿色发展的促进作用，主要体现在地区环境治理水平提高，地区环境质量进一步改善。其中的原因可能是，相比于资源利用效率提高、生态保护提升、经济质量改善、绿色生活改变，绿色金融对环境治理和环境质量的促进作用体现出促进作用时间更短，效果更为显著。同时，相比于其他环境领域，在绿色金融发展初期可能更为关注环境治理、环境质量，而这两项指标更容易被公众和政府所感知，容易取得更好的投资效果，降低绿色投资风险。

三、机制分析

表 6 - 5 的回归与基准回归中双重固定效应模型设置一致，均加入控制变量和年份、地区固定效应以及地区×年份高维固定效应，只不过被解释变量为本章机制变量，其中第（1）列～第（4）列的被解释变量分别为产业结构高级化量（TS1）、产业结构高级化质（TS2）、产业结构合理化（TL）、产业结构生态化（TE）。

表 6 - 5   机制分析

	（1） TS1	（2） TS2	（3） TL	（4） TE
GFID	0. 059 ** (0. 028)	0. 084 ** (0. 041)	0. 014 (0. 066)	1. 307 ** (0. 521)
lnRGDP	- 0. 046 ** (0. 023)	- 0. 017 (0. 033)	0. 019 (0. 066)	2. 862 *** (0. 433)
govn	0. 049 (0. 087)	0. 680 *** (0. 122)	- 0. 063 (0. 308)	4. 654 *** (1. 521)
FDI	0. 044 (0. 180)	- 1. 084 *** (0. 244)	- 0. 075 (0. 459)	- 3. 165 (3. 050)
lnFinde	0. 075 *** (0. 023)	- 0. 008 (0. 025)	0. 067 (0. 076)	- 0. 013 (0. 324)

	(1) TS1	(2) TS2	(3) TL	(4) TE
lnGI	−0.002 (0.005)	−0.003 (0.008)	−0.006 (0.009)	−0.008 (0.106)
lnpat	−0.007 (0.008)	−0.048*** (0.011)	0.045 (0.031)	−0.266* (0.154)
常数项	2.097*** (0.270)	1.533*** (0.195)	−3.782 (12.601)	−28.332*** (2.487)
观测值	300	300	300	300
地区/年份	Yes	Yes	Yes	Yes
地区×年份	Yes	Yes	Yes	Yes
R^2	0.836	0.338	0.785	0.476

注：小括号内为稳健标准误，＊、＊＊、＊＊＊分别表示在10%、5%、1%显著性水平，即＊$p < 0.10$，＊＊$p < 0.05$，＊＊＊$p < 0.01$。

表6−5的第（1）列~第（2）列的回归结果显示，GFID前的回归系数均为正，且均在5%的水平上保持显著。第（1）列的回归结果表明绿色金融能够有效提高产业结构层次系数水平，促使地区第二产业与第三产业比重提升，推动地区产业结构向高级化方向演进。第（2）列的回归结果进一步支撑了这一结论，绿色金融对产业结构高级化的推动作用不仅体现在数量特征上还体现在质量特征上。这主要体现为绿色金融进一步提升了高附加值产业劳动生产率。然而，第（3）列的回归结果不显著则表明绿色金融并没有对产业结构的合理化产生显著的影响。第（4）列的回归结果显示绿色金融促使产业结构生态化水平提升，而产业结构生态化水平提升对于区域绿色发展会极大促进地区绿色发展。从上述结果可以发现，绿色金融的发展能够有效地推动区域产业结构转型升级，使得区域产业结构更趋向于高级化以及生态化，从而进一步推动了区域绿色发展水平的提高。

四、面板门槛效应检验

为了进一步验证绿色金融、产业结构转型与区域绿色发展这三个变量可能存在的非线性关系，探寻可能存在的结构突变，本章使用门槛模型来进行检验。

在进行门槛回归之前，要估计门槛值，本章分别使用绿色金融、产业结构转型变量作为门槛变量来进行检验。本章使用网格搜索法来确定绿色金融影响区域绿色发展的门槛值，其原理为，在利用 γ 进行门槛回归估计时，我们会得到该方程的残差平方和 $S_1(\gamma)$，而 $S_1(\gamma)$ 的大小只决定于 γ，$S_1(\gamma)$ 越小则说明方程设定与真实数据关系越接近。因此，我们可以通过对候选门槛值 γ 的连续设定，并进一步观察 $S_1(\gamma)$ 的变化，直至我们发现 $S_1(\gamma)$ 最小值，其对应位置的 γ 即我们所需要寻找的真实门槛值。虽然我们假设门槛效应存在，最后我们还需要借鉴 Hansen（1996）[①] 利用"自体抽样法"（Bootstrap）来模拟似然比检验的渐进分布，构造似然比统计量对门槛效应是否存在进行假设检验。

本章参考 Wang（2015）[②] 并使用 xthreg 命令进行门槛效应估计，具体估计步骤如下：第一步，确定门槛的个数。具体来说，我们分别假设模型是单一门槛、双重门槛、三重门槛，利用"循环法"来搜寻门槛值，对于多重门槛模型，则在逐步固定已确定门槛值的基础上来搜寻剩下的门槛值；第二步，我们对确定门槛值的基础上，进行假设检验，从而确定本章门槛回归设定形式是单门槛、双门槛还是三门槛；第三步，基于已经确定好的门槛值，设定相应门槛回归模型，进行门槛回归，获取本章所需要的估计参数。

分别将绿色金融（GFID）、产业结构高级化量（TS1）与质（TS2）、产业结构合理化（TL）、产业结构生态化（TE）作为门槛变量，检验结果如表 6-6 所示。从表 6-6 的第（4）列的 P 值中可以看出，除了产业结构生态化具有双重门槛值效应外，其余变量均不存在显著的门槛值。产业结构生态化双重门槛值分别为 0.6825、1.3866。

---

① Hansen B E. "Inference when a nuisance parameter is not identified under the null hypothesis"[J]. Econometrics, 1996, 64: 413 – 430.

② Wang Q. "Fixed-effect Panel Threshold Model Using Stata", Stata Journal [J]. 2015, (15): 121 – 134.

表 6 - 6　　　　　　　　　　　门槛效应检验结果

门槛变量	门槛个数	F 值	P 值	10% 临界值水平	5% 临界值水平	1% 临界值水平
GFID	一门槛	9.04	0.216	11.0831	13.4588	17.654
TS1	一门槛	5.95	0.596	13.1801	15.5592	23.1107
TS2	一门槛	8.38	0.3640	12.3527	14.9478	20.5508
TL	一门槛	3.35	0.8860	11.76	15.0898	20.6090
TE	一门槛	15.81	0.05	12.7536	15.7964	20.2912
	二门槛	15.96	0.046	12.3156	15.1457	18.8156
	三门槛	4.03	0.79	12.6372	15.1028	21.0584

注：置信区间为 95%；使用 bootstrap 自抽样法进行了 500 次抽样。

基于上文门槛效应检验的结果，设置以下双重门槛模型：

$$GDI_{it} = \beta_0 + \beta_1 GFID_{it} I_1 (TE_{it} \leq \gamma_1) + \beta_2 GFID_{it} I_2 (\gamma_1 < TE_{it} \leq \gamma_2)$$
$$+ \beta_3 GFID_{it} I_3 (\gamma_2 > TE_{it}) + \lambda_i + \tau_t + \varepsilon_{it} \qquad (6-4)$$

其中第一个门槛值 $\gamma_1 = 0.6825$，第二个门槛值 $\gamma_2 = 1.3866$，I（·）为指示函数，以这两门槛值为分界点，来设置 "0 - 1" 虚拟变量 I_1、I_2、I_3，当 $q_{it} \leq \gamma_1$ 时，$I_1 = 1$，否者 $I_1 = 0$；当 $\gamma_2 > q_{it}$ 时，$I_3 = 1$，否则 $I_3 = 0$。$GFID_{it} I_1$、$GFID_{it} I_2$、$GFID_{it} I_3$ 前的系数 β_1、β_2、β_3 就分别反映了绿色金融在产业结构生态化的不同发展阶段对于绿色发展影响的大小。

表 6 - 7 展示了门槛模型的参数估计结果，其中第（1）列、第（2）列被解释变量均为绿色发展（GDI），第（2）则在第（1）列的基础上进一步加入控制变量。回归结果显示，$GFID_{it} \times I_1$、$GFID_{it} \times I_2$、$GFID_{it} \times I_3$ 前的系数 β_1、β_2、β_3 分别为 -0.792、-0.484、0.316，且至少在 10% 水平上保持显著，加入控制变量之后，回归系数有所增大，但未改变其影响方向。从中可以看到，β_1、β_2、β_3 的系数经历了由小变大、由负变正的阶段。在产业结构生态化水平值小于第二个门槛值 1.3866 阶段，绿色金融对绿色发展具有负面作用。这一结果意味着，绿色金融只有在充分推动产业结构生态化转型时，才能真正推动区域绿色发展，这也间接印证了本章对绿色金融影响绿色发展的判断。绿色金融通过促进产业结构生态化转型来推动绿色发展，如果产业结构生态化转型不到位，绿色金融对区域绿色发展不仅起不到正向推动的作用，反

而会阻碍绿色发展。其背后的原因是，绿色金融本质上是通过相应的金融政策和绿色金融工具，基于特定的制度设计，抑制社会资源流入高污染、高耗能以及产能过剩等，同时将资金导入绿色产业。绿色金融对资源配置方向的绿色化功能的实现，在绿色产业未发展起来以及产业结构生态化未调整到位之前，必然会对当地经济发展产生一定的负面冲击，这样会使得地方政府为了保证经济目标的实现，而在其他领域放松相应环境规制，从而不利于绿色发展的实现。

表6-7 门槛模型的参数估计结果

	(1) GDI	(2) GDI
$GFID_{it}I_1$（$TE_{it} \leq \gamma_1$）	-0.792^{***} (0.250)	-0.928^{***} (0.262)
$GFID_{it}I_2$（$\gamma_1 < TE_{it} \leq \gamma_2$）	-0.484^{*} (0.260)	-0.521^{*} (0.266)
$GFID_{it}I_3$（$\gamma_2 > TE_{it}$）	0.316^{**} (0.127)	0.382^{***} (0.132)
lnRGDP		0.145 (0.662)
govn		4.022^{*} (2.325)
FDI		0.785 (4.617)
lnFinde		-1.099 (0.708)
lnGI		-0.159 (0.146)
lnpat		0.369 (0.249)
常数项	80.669^{***} (0.246)	85.972^{***} (8.216)
地区/年份	Yes	Yes
地区×年份	Yes	Yes
R^2	0.494	0.498
观测值	270	270

注：小括号内为稳健标准误，$*$、$**$、$***$分别表示在10%、5%、1%显著性水平，即 $*p < 0.10$，$**p < 0.05$，$***p < 0.01$。

β_3 的系数为正而且 β_1、β_2、β_3 的系数随着产业结构生态化水平值增大而增大，这表明绿色金融对绿色发展的影响随着产业结构生态化调整程度影响，产业结构沿着生态化方向调整程度越高，绿色金融对绿色发展的正向促进作用就越显著。

五、动态效应分析

前面用固定效应模型和面板门槛模型分析绿色金融、产业结构与区域绿色发展之间的静态关系，为了进一步验证这三者之间可能存在的动态关系，本章采用面板 VAR 模型对此进行检验。

（一）平稳性检验

在分析之前，要进行平稳性检验。数据变量的平稳性是传统的计量经济分析的基本要求之一。面板数据单位根检验参加的方法有六种：LLC、IPS、Breintung、ADF – Fisher 和 PP – Fisher、Hadri 检验。为了更加全面地对此进行考察，本章将采取相同根单位根检验 LLC（Levin – Lin – Chu）检验和不同根单位根检验 Fisher – ADF 检验。检验的结果如下：

从表 6 – 8 可以看出，GDI 和 GFID 的 P 值都小于 0.01，拒绝了变量非平稳的假设。但 TE 的 p 值在 Levin – Lin – Chur 检验中为 0.2107，显然不能拒绝变量非平稳的原假设。因此需要对变量进行一阶差分处理。其中 dGDI 表示绿色发展水平的增长，dGFID 表示绿色金融发展水平的增长，dTE 表示产业结构生态化调整变化速度。

表6－8　　　　　　　　　　单位根检验结果

检验方法	统计量/P 值	H0：所有的变量都是非平稳的		
		GDI	GFID	TE
Levin – Lin – Chu	t	– 6.8706	– 4.4129	– 0.8041
	P 值	0.0000	0.0000	0.2107
ADF – Fisher	Z	– 8.9013	– 6.2997	– 2.7845
	P 值	0.0000	0.0000	0.0027

从表6－9可以看出，所有P值都小于0.01，这说明两种单位根检验方法在α=0.01的显著性水平下都一致拒绝了变量非平稳的原假设，因此绿色发展、绿色金融与产业结构生态化等变量数据都是平稳的。

表6－9　　　　　　　　一阶差分后单位根检验结果

检验方法	统计量/P值	HO：所有的变量都是非平稳的		
		dGDI	dGFID	dTE
Levin－Lin－Chu	t	－14.3700	－11.3705	－6.5918
	P值	0.0000	0.0000	0.0000
ADF－Fisher	Z	－10.9226	－9.9370	－6.4830
	P值	0.0000	0.0000	0.0027

（二）滞后阶数选择

在估计面板VAR模型之前，需要确定变量的滞后阶数。本章采取赤池信息准则（AIC）、贝叶斯信息准则（BIC）与汉南和奎因信息准则（HQIC）来选取最优滞后阶数。

从表6－10可以看到第二阶以后，随着滞后的阶数的增加，AIC、BIC与HQIC值越来越大，由此可知第二阶为最优阶数，因此在接下来估计中，将选取面板VAR（2）进行估计。

表6－10　　　　　　　　面板VAR滞后阶数检验结果

lag	赤池信息准则（AIC）	贝叶斯信息准则（BIC）	汉南和奎因（HQIC）
1	0.401275	1.32945	0.77526
2	0.187462*	1.27129*	0.625613*
3	0.211882	1.48906	0.729724
4	0.35614	1.88153	0.975857

（三）脉冲响应及方差分解

1. 脉冲响应

在实际运用中，由于VAR模型是一种非理论性的模型，它无须对变量做任何先验性的约束，因此在分析 VAR 模型时，往往不分析一个变量对另一个变量的影响如何，而是分析当一个误差项发生变化，或者说模型受到某种冲击时对系统的动态影响，这种方法称为脉冲响应函数方法（impulse response function，IRF）[①]。

本章是基于面板数据的 VAR 模型，从结构上来看是一种动态模型，模型的主要解释变量是被解释变量和其他内生变量的滞后值，单个变量系数的意义很难确认。因此，本章利用蒙特卡洛模拟（500 次）得出 dGDI（绿色发展）、dTE（产业结构生态化）与 dGFID（绿色金融发展）的脉冲响应图（见图 6 - 1）。脉冲响应函数能够比较直观地刻画出变量之间的动态交互作用及效应。图中的横轴表示追溯期数，本章为 10，纵轴表示其他变量对于响应的大小，实线表示响应函数曲线，虚线区域表示两倍标准差的置信区间。

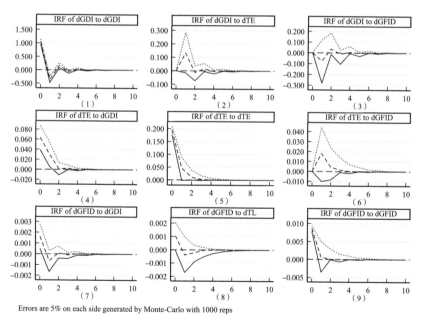

Errors are 5% on each side generated by Monte-Carlo with 1000 reps

图 6 - 1　绿色发展、产业结构生态化和绿色金融脉冲响应

注：横轴表示冲击的滞后期数（年），中间曲线为脉冲响应曲线，两侧为 95% 置信区

---

① 白仲林. 面板数据的计量经济学分析 [M]. 天津：南开出版社，2008：76.

图 6-1 (1) ~ (3) 分别代表了 dGDI (绿色发展) 对自身响应,dTE (产业结构生态化) 与 dGFID (绿色金融发展) 对绿色发展水平提升的冲击响应。从图 6-1 (1) 可以看到绿色发展对于自身的冲击响应显著为正,而且持续时间很长。这说明了绿色发展水平提升可能会引起下一期绿色发展水平进一步提高,意味着绿色发展存在着正向的良性循环。从经济含义讲,发展模式存在某种"惯性"和稳定性,一旦新的发展模式形成就会在此后较长的一段时间内维持下去。因此,推进绿色发展最困难的地方在于初始转变原有发展模式的阶段,一旦这种转变形成就很有可能在此后时期构成正向反馈,推动绿色发展水平不断提升。图 6-1 (2)、(3) 显示,绿色发展水平带来的正向冲击对产业结构生态化水平和绿色金融发展的影响不显著,这说明在本章研究情景下,绿色发展与产业结构生态化、绿色金融不构成双向因果关系,加强了本章基本结论的稳健性。

图 6-1 (4) ~ (6) 分别代表了 dGDI (绿色发展)、dTE (产业结构生态化) 与 dGFID (绿色金融发展) 对 dTE (产业结构生态化) 的冲击响应。图 6-1 (4) 显示,产业结构生态化水平的提高,在初期使得绿色发展水平增长有明显的正的响应,这也表明金融发展水平的提高在初期会促进绿色发展,之后这种促进作用在第二期的降为零。同样地,图 6-1 (5) 显示,产业结构生态化对自身在初始也有一个非常显著的正的响应,之后在第一期就降为零。第图 6-1 (6),产业结构生态化对绿色金融的冲击响应不显著。这和本章理论猜想是一致的,即绿色金融可以通过促进产业结构生态化来推动发展,而不是相反。

图 6-1 (7) ~ (9) 分别代表了 dGDI (绿色发展)、dTE (产业结构生态化) 与 dGFID (绿色金融发展) 对 dGFID (绿色金融发展) 的冲击响应。图 6-1 (7) 显示,在初期绿色发展对于绿色金融的冲击有一个明显的正向响应,随后逐渐降为零。这支持了本章的基本结论,即绿色金融发展水平的提高能够显著的促进区域绿色发展。同样地,图 6-1 (8) 显示,产业结构生态化对绿色金融的正向冲击在初始也有一个非常显著的正的响应,这表明绿色金融发展水平提高确实能够推动产业结构生态化水平提升。图 6-1 (9) 是绿色金融发展对自身的响应,在第一期有一个非常明显的正向响应,此后很快就衰减为零,与绿色发展的自我激励响应较为相似。

2. 方差分解

不同于脉冲响应的分析，方差分解（variance decomposition）通过分析每一个结构冲击对内生变量变化（通常用方差度量）的贡献度，进一步评价不同结构冲击的重要性。因此，为了更清楚地刻画绿色金融和绿色发展之间的动态影响，通过方差分解来进一步分析各变量的冲击响应对各变量波动的方差贡献率。表 6-11 显示绿色发展 10 期方差分解结果。由方差分解结果可知，到第 10 期，绿色发展的影响因素中，除了自身惯性因素之外，绿色金融的影响约为 1.7%，产业结构生态化的影响约为 1.6%。

表 6-11　　　　　　　各内生变量预测误差的方差分解

变量	时期数									
	1	2	3	4	5	6	7	8	9	10
绿色发展	1	0.970	0.968	0.967	0.967	0.967	0.967	0.967	0.967	0.967
产业结构生态化	0	0.016	0.015	0.016	0.016	0.016	0.016	0.016	0.016	0.016
绿色金融	0	0.014	0.012	0.017	0.017	0.017	0.017	0.017	0.017	0.017

六、稳健性检验

为缓解测量偏差对估计结果造成的偏误，本章参考尹子璧[①]等做法，构造了新的绿色金融发展指数（GFID1），回归结果如表 6-12 第（1）~（2）列所示，GFID1 前的回归系数在 5% 水平保持显著。此外，本章使用历年《中国绿色发展指数报告——区域比较》中的绿色发展总指数作为绿色发展新的代理指标，表 6-12 第（3）~（4）列展示了回归结果，结果显示 GFID 前的系数在 5% 水平保持显著，进一步加入控制变量，显著性水平进一步提高，这意味着绿色发展衡量方式的改变并未影响本章假设 1 的成立，即绿色金融能够显著促进区域绿色发展。

---

① 尹子璧，孙习卿，邢茂源. 绿色金融发展对绿色全要素生产率的影响研究 [J]. 统计与决策，2021，37（3）：139-144.

表 6 - 12   稳健性检验结果

	（1） GDI	（2） GDI	（3） GDI1	（4） GDI1
GFID1	1. 399 ** (0. 672)	1. 429 ** (0. 714)		
GFID			0. 058 ** (0. 022)	0. 057 *** (0. 022)
lnRGDP		0. 383 (0. 582)		0. 011 (0. 024)
govn		4. 414 ** (2. 224)		0. 315 *** (0. 096)
FDI		- 0. 125 (4. 620)		- 0. 042 (0. 197)
lnFinde		- 0. 120 (0. 595)		- 0. 022 (0. 031)
lnGI		- 0. 047 (0. 136)		- 0. 001 (0. 004)
lnpat		0. 031 (0. 214)		- 0. 030 *** (0. 011)
常数项	79. 650 *** (0. 231)	75. 596 *** (6. 935)	2. 941 (4. 024)	- 11. 660 ** (5. 786)
观测值	300	300	270	270
控制变量	No	Yes	No	Yes
年份×时间趋势	No	No	No	No
地区固定效应	Yes	Yes	Yes	Yes
年份固定效应	Yes	Yes	Yes	Yes
R^2	0. 600	0. 553	0. 854	0. 864

注：小括号内为稳健标准误，＊、＊＊、＊＊＊分别表示在 10%、5%、1% 显著性水平，即 ＊$p < 0.10$，＊＊$p < 0.05$，＊＊＊$p < 0.01$。

第四节　本章小结

本章从产业结构转型升级的视角出发，基于我国 30 个省份 2011 ~ 2020 年的面板数据，实证检验了绿色金融发展调整对绿色发展的影响，并分别基于交互固定效应模型、门槛模型与面板 VAR 模型讨论这三者存在着的非线性关系及动态关系。主要结论如下：一是从基准线性回归来看，绿色金融能够有效的促进地区绿色发展。进一步将绿色发展细分为六个一级指标进行回归后发现，绿色金融这种促进作用主要体现为对地区环境治理水平和环境质量的提升，而对资源利用、生态保护、增长质量、绿色生活这四项指标没有显著的影响。此外，绿色金融也能够有效推动产业结构转型升级，促使产业结构高级化，提升了产业结构生态化水平，但对产业结构合理化水平影响不显著。二是从门槛回归结果来看，绿色金融对绿色发展的作用受到区域产业结构生态化转型的影响，存在着双重门槛值。在产业结构生态化水平跨过第二重门槛值之前，绿色金融对区域绿色发展呈现出负面影响，而这种负面影响随着产业结构生态化水平提升而逐渐减弱。当产业结构生态化水平跨过第二重门槛值之后，绿色金融对区域绿色发展呈现出非常显著的正面影响。三是从面板 VAR 模型结果来看，绿色金融的正向冲击能够显著提升产业结构生态化水平以及区域绿色发展水平，产业结构生态化水平也能够有效的推动绿色发展。相反，绿色发展的正向冲击并没有带来产业结构生态化与绿色金融发展的提高。产业结构生态化也没有促进绿色金融发展。同时，绿色发展存在着显著的自我激励效应。方差分解结果表明，在当下阶段绿色金融、产业结构生态化对绿色发展的贡献率较低。

第七章 环境规制、地方政府 选择与企业绿色创新
——来自低碳城市试点的经验研究

本章将以我国部分省份进行低碳试点建设为考察背景，利用我国上市公司绿色专利数据，研究了地方政府环境规制选择与企业绿色创新之间的因果关系。研究发现，相较于非试点地区低碳排放行业内企业，地方政府综合使用多种环境规制工具，可以显著地提升试点地区高碳排放行业内企业的绿色创新能力，其中国有企业绿色创新能力的提升表现得更为突出。此外，地方政府自主选择的环境规制政策通过改善企业融资约束，有助于激励企业加大绿色技术研发投入，但这种激励作用的大小受地方政府自身经济资源和政策力度差异的影响。最后，企业绿色创新水平的提升，对试点地区政府环境规制行为具有正向激励作用，促使二者形成一种良性互动关系。这些研究发现，为我国构建以地方政府为主导、以企业为主体的环境综合治理体系，促进"有为政府"与"有效市场"的良性互动，实现以绿色发展理念引领经济高质量发展提供了有益的经验支撑与政策启示。

第一节　制度背景与理论分析

一、制度背景

积极应对全球气候变化，不仅彰显一个发展中大国的责任担当，同

时也是我国以绿色发展践行生态文明建设的内在要求。中国政府在 2009 年正式宣布 2020 年中国控制温室气体排放自主行动目标之后，开始将碳排放问题作为约束性指标纳入国民经济和社会发展中长期规划。国家发展和改革委员会在部分省份政府主动申请低碳城市建设试点的情况下，于 2010 年 7 月组织开展低碳省份和低碳城市试点工作，并确定了广东、辽宁、湖北、陕西、云南五省和天津、重庆、深圳、厦门、杭州、南昌、贵阳、保定八市，作为第一批低碳试点省份（城市）。在各地申报的基础上，国家发展和改革委员会扩大了试点范围，于 2012 年 11 月进一步确定了北京市、上海市和海南省三个省份以及其他 26 个地级市作为第二批低碳试点地区，并于 2017 年 1 月将低碳城市试点政策进一步扩散至 45 个城市，这些城市成为第三批低碳城市试点。

　　建设低碳城市试点的直接目的虽然是逐步落实 2020 年中国控制温室气体排放行动目标，但试点城市在编制低碳发展规划上除了设置各自的碳减排目标之外，更着重于自主探索绿色低碳发展模式、构建现代产业体系与环境治理体系建设。基于试点地区推出的低碳相关文件，对三批低碳试点城市"碳达峰"目标设置情况进行整理后发现，17 个城市以 2020 年为"碳达峰"实现目标，42 个城市将"碳达峰"时间设置在"十四五"时期，22 个城市则将"碳达峰"时间设置在"十四五"时期之后。此外，试点城市还对单位 GDP 与单位能源的碳排放强度等指标提出了各自降低的目标与时间节点。事实上，低碳试点城市公开碳减排目标会强化地方政府环境规制行为（余泳泽等，2020)[1]，从而有助于任务目标的实现。在实现任务目标的具体举措上，我们对低碳试点城市所选择的环境规制工具进行了简要梳理（见表 7-1）。

---

　　[1]　余泳泽，孙鹏博，宣烨. 地方政府环境目标约束是否影响了产业转型升级［J］. 经济研究，2020，55（8）.

表 7－1 低碳试点城市环境规制工具

环境规制工具[①]	具体的政策措施[②]
数量型环境规制	（1）设定"碳达峰"、碳减排目标，如单位 GDP 碳排放累积降低目标和年度降低目标； （2）制定碳减排目标实施方案，如《低碳发展规划》《应对气候变化规划》以及涉及到碳减排的产业、能源、交通的发展规划； （3）辅助保障减排目标达成的环境规制措施，如重点耗能企业碳排放在线监测体系；温室气体排放检测、统计、核算制度及清单编制；城市碳排放核算及管理平台；减排目标责任评估制度
价格型环境规制	碳排放权交易；碳金融与绿色金融；环保补贴；低碳技术与产品推广的优惠政策和激励机制
非正式型环境规制	环境信息披露；宣传低碳生活理念与公众环境关注

　　相比于传统的"自上而下"环境规制类政策，低碳城市试点体现为一种"自下而上"与"自上而下"相结合的一次环境规制制度创新尝试。低碳城市试点政策"自下而上"的特征表现为地方政府申报政策试点的主动性以及落实政策试点的自主性这两个方面。一方面，公众环保诉求和地区自身低碳转型需要成为"自下而上"推动地方政府主动申报低碳城市试点的内在动力；另一方面，低碳试点地区在选择具体环境规制工具方面具有的极大自主空间。中国的低碳城市试点政策属于一个典型的具有完全模糊属性的试点政策（陈宇和孙枭坤，2020）[③]。国家发展和改革委员会在其发布的低碳城市试点工作方案中并没有设置整齐划一的明确政策目标，也没有形成统一的量化考核指标，政策初衷更在于鼓励各城市根据自身发展阶段和发展实际，去探索绿色低碳发展路径，在创新实践的基础上，形成完备的碳排放治理举措与科学的考核评价体系，这就使得低碳试点城市在政策目标、政策工具使用、政策执

---

　　① 数量型环境规制指的是规制者通过地方法规、行政命令等方式达到规定的减排目标。具体包括减排目标的设定，具体实施方案的制定，以及一系列配套辅助的政策措施。价格型环境规制是指利用市场手段，通过经济激励的方式来影响企业经营和创新决策。非正式型式是指利用公众、媒体等第三方的监督以及其他可以达成间接碳减排的政策措施。

　　② 这些政策措施是基于对各试点省市公开发布的《低碳发展规划》或《应对气候变化规划》以及与低碳相关的产业、能源、交通建筑等专项规划的梳理。

　　③ 陈宇，孙枭坤. 政策模糊视阈下试点政策执行机制研究——基于低碳城市试点政策的案例分析［J］. 求实，2020（2）.

行过程中展现出"试点"的自主性。同时，低碳城市试点政策又具有传统的"自上而下"的特征，地方政府虽然可以自主申报低碳城市试点，但最终名单的确定需要经过国家发展和改革委员会的遴选。低碳自主申报试点除了自身内在发展动力外，在现有央—地分权框架下，也很难排除地方政府进行低碳城市试点背后外在的"自上而下"的政治激励因素。在试点过程中，一些经济基础较好的发达城市如深圳、北京等在低碳试点过程中表现出争先模式（庄贵阳，2020)[①]。

二、地方政府环境规制选择与企业绿色创新互动的理论逻辑

对现有低碳城市试点政策背景的梳理，有助于我们分析政府的策略性环境规制选择行为，更有助于我们展开对地方政府环境规制选择与企业应对策略之间的互动分析。基于此，本章提出一个地方政府环境规制选择与企业绿色创新互动的分析框架，以此深入探讨"有为政府"与"有效市场"在绿色创新层面的良性互动机制。图 7 - 1 展示了在控制温室气体排放减排目标与公众环境关注的约束下，中央政府与地方政府、地方政府环境规制选择与企业绿色创新之间多层次的互动关系。首先，地方政府申报参加低碳城市试点并提出自主减排目标，主要受中央政府政治激励、公众环保诉求以及资源环境约束下自身低碳转型需要等多方面因素的影响。地方政府要实现自主碳减排目标，依赖于地方政府在数量型环境规制、价格型环境规制与非正式型环境规制等三类环境规制工具中的选择与应用。其次，地方政府选择这些环境规制工具的目的是把应对气候变化所引发的环境外部成本内部化为企业生产成本，从而形成"倒逼效应"，促使企业主动进行绿色创新，并获得地方政府提供的、超过环境规制成本的绿色创新补贴。最后，企业绿色创新效应的实现，对地方政府环境规制选择构成了正反馈，形成了两者良性的互动关系。从长远来看，企业整体的绿色创新水平提升，形成的地区绿色竞争优势，进一步会形成地区绿色创新的"示范效应"，使得有效的环境规制政策得以进一步优化和扩散，从而对其他地区的绿色低碳发展起到了良好的带动作用。

[①]　庄贵阳. 中国低碳城市试点的政策设计逻辑 [J]. 中国人口·资源与环境, 2020 (3).

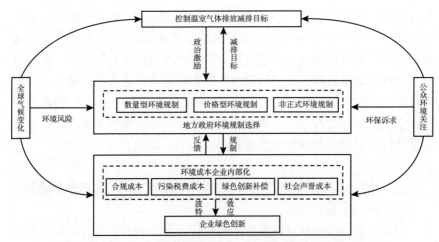

图 7 - 1　地方政府环境规制选择与企业绿色创新互动的分析框架

（一）碳减排目标约束下的地方政府环境规制选择行为

作为低碳城市试点的地方政府，在进行自主环境规制行为时，主要受以下几个方面因素的驱动：外在的政治激励、内在的公众环保诉求及资源环境约束下的低碳转型需要。

一是"政治激励"效应。在现有央—地分权框架下，地方政府有动力通过提出自主减排目标，来向中央传递出"显性的努力和能力信号，积累晋升资本"（黄亮雄等，2015）。在中央政府的政治激励下，部分低碳试点城市基于自身所处的经济发展阶段和资源禀赋，在绿色低碳转型发展进程中处于"争先"模式，在政策探索层面表现出了极大的自主性和发展前瞻性，"各地积极落实中央温室气体排放行动目标，其中一些省市主动向我委申请低碳试点工作"[①]，这在开启第一批低碳城市试点的文件中已经有所体现。

二是公众环保诉求及资源环境约束下的低碳转型的内在需要。随着气候变化以及相关环境知识的普及，低碳发展理念深入人心，增加了公众对于绿色低碳生产方式与生活消费方式的关注与追求。与此同时，公众也会通过信访、投诉等多渠道方式来表达环保诉求，从而对中央、地

---

① 国家发展和改革委员会. 国家发展改革委关于开展低碳省区和低碳城市试点工作的通知，2010.

方政府的环境规制选择及企业的污染行为起到监督与约束的作用（张华，2016）①。除上述动机外，部分城市因自身发展转型的需要，而主动推进低碳城市建设。比如深圳，其城市本身具有较为良好的绿色低碳发展禀赋以及经济发展基础，进行低碳城市建设更是顺应国家绿色低碳高质量发展转型的大形势。对于一些老工业基地以及资源型城市而言，如保定、吉林、呼伦贝尔、晋城等地，则是在资源环境约束下有着绿色低碳发展转型的内生动力。

（二）地方政府自主环境规制选择与企业绿色创新互动关系

低碳试点城市根据自身禀赋状况，对所使用的环境规制工具往往体现出很大的自主性。在具体实践过程中，低碳试点城市综合使用了数量型、价格型与非正式型环境规制工具，以全方位激发企业绿色创新动力，推动企业绿色创新竞争优势的形成。企业绿色创新能力的提高，进一步推进低碳试点城市自主环境规制政策的优化，形成企业绿色创新能力提升与地方政府环境规制选择优化之间的良性循环。

一是绿色创新补偿效应。低碳试点城市的环境规制，就其本质而言，是将环境成本内部化到企业的生产决策、经营中，是政府和企业的博弈均衡（潘峰等，2015）②。低碳试点城市公开提出的自主碳减排目标，反而会强化地方政府的环境规制行为，激励企业强化绿色创新。而碳减排相关法规的出台以及对低碳技术研发的财政补贴与税收减免等优惠政策，则会激励企业加大对清洁能源技术、以及低碳相关绿色技术的研发投入。与此同时，引入碳排放权交易等价格型环境规制工具，有利于企业在碳排放成本与企业所获得绿色创新补偿之间的权衡，从而激励企业绿色创新，充分发挥碳市场对企业自愿碳减排、降低全社会碳减排成本的作用，这也是充分利用市场机制控制碳排放的重大制度创新。

二是正反馈效应。企业绿色创新能力的提高，将使得低碳试点城

---

① 张华. 地区间环境规制的策略互动研究——对环境规制非完全执行普遍性的解释［J］. 中国工业经济，2016（7）.

② 潘峰，西宝，王琳. 中国式分权下的地方政府环境规制均衡模型［J］. 财经论丛，2015（3）.

市在优化环境规制工具时拥有进一步深化的自主空间，有利于低碳试点城市根据自身绿色低碳发展的阶段性变化，进一步探索合理且适度的环境规制措施。从更长期来看，企业所形成的绿色竞争优势，同时也会形成示范效应，激励更多的地方政府参与到环境规制政策优化的实践探索当中，从而形成"有为政府"与"有效市场"之间的正反馈效应。

第二节　研究设计与数据

一、计量模型的设定

低碳城市试点政策对于企业绿色创新效果评估，目前学界主流的做法是使用双重差分方法，如徐佳等（2020）①、钟昌标等（2020）② 等。而双重差分方法成立的前提条件是处理组与对照组在政策实施之前要满足平行趋势，否则就会造成估计结果的偏误。在本研究中，低碳试点城市是根据地方政府自主申报和国家发展和改革委员会的遴选来确定的，这就使得低碳城市试点兼具"自下而上"与"自上而下"相结合的政策特征。该政策所具有的"自下而上"的特征可能使得估计时产生自选择偏误。此外，绿色创新具有"双重外部性"，而且绿色技术研发创新属于高风险、长周期的活动，这使得绿色创新具有比较强的路径依赖，同时也受区域特定的资源禀赋较大的影响。这些情况的存在很可能使得试点地区内企业相比于非试点地区企业具有不同绿色技术创新基础，使得平行趋势比较难得到满足。基于这些考虑，本章在双重差分基础上再引入一对不受试点政策影响的处理组与对照组进行三重差分。三重差分方法也是国内外学者用来解决平行趋势不成立的主流方法（付明

---

① 徐佳，崔静波. 低碳城市与企业绿色技术创新 [J]. 中国工业经济，2020（12）.

② 钟昌标，胡大猛，黄远浙. 低碳试点政策的绿色创新效应评估——基于中国上市公司数据的实证研究 [J]. 科技进步与对策，2020（19）.

卫等，2015[①]；齐绍洲等，2018[②]；Cai et al.，2016[③]）。本章根据行业的耗能情况及测算出的行业碳排放情况，把行业进一步划分为高碳排放与低碳排放行业，以此作为另一重差分的依据。

本章使用多时点的三重差分方法，来识别低碳城市试点对于企业绿色创新的影响。为此，需要通过比较低碳城市试点政策实施前后、试点区与非试点区、高碳排放行业与低碳排放行业内企业绿色创新水平之间的差异，来识别低碳城市试点的政策效果。三重差分模型设定如下：

$$Y_{ijpt} = \beta_0 + \beta_1 City_p \times Post_t \times Carbon_j + \beta_2 City_p \times Post_t$$
$$+ \beta_3 City_p \times Carbon_j + \beta_4 Post_t \times Carbon_j + \gamma X_{it} + \alpha_i + \lambda_t$$
$$+ \theta_p trend_{pt} + \varphi_j trend_{jt} + \varepsilon_{ijpt} \qquad (7-1)$$

其中，i，j，p 和 t 分别表示企业、行业、地区和年份，ε_{ijpt}表示随机误差项，并聚类到省份层面。

被解释变量 Y_{ijpt} 表示的是 p 地区 j 行业内企业 i 绿色专利申请数的对数值；$City_p$ 表示试点地区的虚拟变量，如果该城市进行了低碳试点，那么 $City_p = 1$，否者 $City_p = 0$。$Post_t$ 为政策试点前后的虚拟变量，低碳城市试点以后的年度取 1，之前的年度取 0。$Carbon_j$ 为该行业是否为高碳排放行业的虚拟变量，如果是，那么 $Carbon_j = 1$，否者 $Carbon_j = 0$。X_{it} 表示一组可能影响上市公司绿色创新的其他特征的控制变量；α_i 和 λ_t 分别表示企业的固定效应和年份固定效应；$trend_{pt}$ 为因省份而异的时间趋势；$trend_{jt}$ 表示因行业而异的时间趋势。$City_p \times Post_t \times Carbon_j$ 前的系数 β_1 为三重差分估计量，是本章最为关注的核心系数，其系数大小反映了试点地区自主环境规制政策对企业绿色创新的影响。

① 付明卫，叶静怡，孟俣希，雷震. 国产化率保护对自主创新的影响——来自中国风电制造业的证据 [J]. 经济研究，2015 (2).

② 齐绍洲，林屾，崔静波. 环境权益交易市场能否诱发绿色创新？——基于我国上市公司绿色专利数据的证据 [J]. 经济研究，2018 (12).

③ Cai, X., Lu yi, Wu M., and Yu L., 2016, "Does Environmental Regulation Drive away Inbound Foreign Direct Investment? Evidence from a Quasi-natural Experiment in China", Journal of Development Economics, 123, 73–85.

二、数据说明与变量定义

（一）数据说明

本章的研究样本为我国 A 股上市企业 2007～2016 年的数据。从 2007 年开始是为了统一财务数据口径，因为财政部 2006 颁布了新的《企业会计准则》。截止到 2016 年是为了不受第三批低碳城市试点的影响，第三批低碳城市试点时间为 2017 年，而绿色专利从申请到正式公布，一般都有一到两年的滞后期，绿色专利的统计可能会存在较大的误差。对于上市公司的数据，本章作了如下处理：①剔除金融保险类行业企业；②剔除样本期内 ST，＊ST，PT 以及终止上市的企业；③对所有变量进行上下 1% 的缩尾处理；④删除重要变量缺失的观测值。

本章的数据来源如下：绿色专利数据来自国家专利产权局（SIPO），按世界知识产权组织（WIPO）在 2010 年发布的《绿色专利清单》[①] 所列出的标准，通过专利分类号来进一步识别绿色专利，最后整理出上市公司绿色专利申请与授权的情况。上市公司的财务等数据来源于 CSMAR 数据库、公司的注册地址来自 CNRDS 数据库。环保补贴数据来自对上市公司责任报告的整理。研发人员和研发支出占比数据来自 CNRDS 数据库，融资约束指标计算所用数据来自 CSMAR 数据库。

（二）变量定义

一是关于低碳试点城市名单、政策实施时间以及高碳排放行业的定义及说明。低碳试点名单来自国家发展和改革委员会。在第一批、第二批试点名单中，因为既包括省份又包括城市，所以当一个省被确定为低碳试点省份，那么其行政区所有地级市同样被认为受低碳城市试点政策影响而被列为处理组。其中武汉市、广州市、昆明市和延安市等部分城市，从属于第一批试点省份，但是国家发展和改革委员会在第二批低碳

---

① 该绿色清单依据《联合国气候变化框架公约》将绿色专利分成了七大类：交通运输类（transportation）、废弃物管理类（waste management）、能源节约类（energyconservation）、替代能源生产类（alternative energy production）、行政监管与设计类（administrative regulatory or designaspects）、农林类（agriculture or forestry）和核电类（nuclear powergeneration）。

试点又将其单独列为低碳城市。在这方面，本章借鉴宋弘等（2019）①、张华（2020）② 的做法，将上述四个市仍然视为第一批试点城市，受低碳城市试点政策影响时间确定为 2010 年。由于国家发展和改革委员会是在 2012 年 11 月 26 日才发文确定第二批实施低碳城市试点的名单，这导致部分文献在选取第二批低碳城市试点政策的实施时间时存在处理不一致的情况。如 Cheng et al.（2019）③ 将 2012 年作为政策生效的时间，宋弘等（2019）、张华（2020）则将政策生效时间定为 2013 年。考虑政策实施过程存在一定的时滞性，本章认为将政策生效时间定为 2013 年较为合理，故将其结果报告在基准回归的表格中。同时，也将 2012 年作为政策生效时间进行重新估计，作为对结果稳健性的检验。由于碳排放主要是来自化石能源的使用，而且大多数低碳试点城市环境规制政策着力的核心也在于调整能源结构，降低单位能源的碳减排。因此，本章用国家规定的六大高耗能行业④来代表受低碳城市试点影响的高碳放行业，具体行业划分的名单可看脚注。

二是本章的核心被解释变量是企业绿色创新水平。由于企业的专利申请数量，尤其是企业的发明专利申请数量，往往被认为能更好地体现出企业的创新能力，也能更好地反映出政府政策激励体系对企业创新的影响（周煊等，2012）⑤。绿色专利则又可以进一步分为绿色发明专利与绿色实用新型专利。发明专利是指"对产品、方法或其改进所提出的新的技术方案"，实用新型专利主要针对的是产品形状和构造。这两种专利在创新程度、研发难度、实际价值上依次递减（黎文靖和郑曼妮，

---

① 宋弘，孙雅洁，陈登科. 政府空气污染治理效应评估——来自中国"低碳城市"建设的经验研究［J］. 管理世界，2019（6）.

② 张华. 低碳城市试点政策能够降低碳排放吗？——来自准自然实验的证据［J］. 经济管理，2020（6）.

③ Cheng J，Yi J，Dai S，Xiong Y. Can Low-carbon City Construction Facilitate Green Growth? Evidence from China's Pilot Low-carbon City Initiative［J］. Journal of Cleaner Production，2009，231（9），1158－1170.

④ 石化、化工、建材、钢铁、有色、造纸、电力、航空，行业代码分别为：B06 B07；C22 C25 C26 C28 C30 C31 C33 C34 C35 C36 C37；D44；E.

⑤ 周煊，程立茹，王皓. 技术创新水平越高企业财务绩效越好吗？——基于 16 年中国制药上市公司专利申请数据的实证研究［J］. 金融研究，2012（8）.

2016)①。本章借鉴了李青原和肖泽华（2020）②的做法，使用上市公司绿色专利申请数 +1 的对数值（sumAG）来衡量企业绿色创新水平。与此同时，本章还收集了绿色专利授权数据，作为对本章结果稳健性检验的一部分。

三是控制变量。我们综合借鉴了齐绍洲等（2018）、李青原和肖泽华（2020）的研究，选取以下 7 个变量作为本章的控制变量：①企业规模（lnsize）：企业总资产的自然对数；②企业成熟度（lnage）：企业上市年限的对数值；③企业社会财富创造力（lntobinQ）：用企业市场价值与资本重置成本之比表示；④企业资本结构（Leve）：总负债/总资产；⑤企业融资能力（LiLeve）：企业流动资产/流动负债；⑥企业资产回报率（ROA）：企业流动资产/流动负债；⑦企业员工数量对数值（lnEmplnum）。

四是机制变量。本章机制检验中涉及到的变量：①企业获得的地方政府环保补贴金额加 1 取对数；②企业所面临的融资约束，参考姜付秀等（2019）的做法，本章构造了 KZ 指数来衡量企业融资约束程度；③企业的研发人员数加 1 对数值；④研发支出占营业收入比重。

变量描述如表 7 - 2 所示。

表 7 - 2 变量描述性统计

变量	观测值	平均值	标准差	最小值	最大值
sumAG	21361	0.24	0.639	0.00	3.3
Leve	20312	0.44	0.225	0.05	0.86
LiLeve	20313	0.83	0.182	0.25	1.00
ROA	20315	0.05	0.062	-0.22	0.23
lntobinQ	19329	2.14	1.342	0.94	8.20
lnsize	21084	21.88	1.302	19.03	25.55
lnage	21361	3.13	0.230	2.56	3.61
lnemplnum	20276	7.53	1.334	3.61	10.85

---

① 黎文靖，郑曼妮. 实质性创新还是策略性创新？——宏观产业政策对微观企业创新的影响 [J]. 经济研究，2016（4）.

② 李青原，肖泽华. 异质性环境规制工具与企业绿色创新激励——来自上市企业绿色专利的证据 [J]. 经济研究，2020（9）.

第三节　实证结果分析

一、平行趋势检验

三重差分法（DDD）与双重差分（DID）一样，其成立的一个重要前提假设是样本必须满足平行趋势，即处理组与对照组在未受政策干预时的变化趋势是一致的，否则会对政策效果估计造成偏误。此外，为了进一步观察政策实施之后的每一年的政策效果，而不仅仅是所有年度的加权平均政策效果，本章借鉴雅各布森等（Jacobson et al.，1993）[①]、宋弘（2019）等文献，采用事件研究（event study）的方法，来研究低碳城市试点政策动态效应。在基准回归方程的基础上，加入了年度虚拟变量与政策实施的虚拟变量的交乘项，构造了以下回归方程：

$$Y_{ijpt} = \beta_0 + \sum_{k=-3}^{k=6} \beta_k City_p \times Carbon_j \times Post_{2010+k}$$
$$+ \gamma X_{it} + \alpha_i + \lambda_t + \theta_p trend_{pt} + \varphi_j trend_{jt} + \varepsilon_{ijpt} \qquad (7-2)$$

其中，$Post_{2010+k}$ 表示低碳城市试点年份是否为 $2010+k$ 的虚拟变量，其他参数设置同式（7-1）。此外，本章将政策前的 2009 年作为基准组，β_k 表示的是 2007~2016 年的一系列回归系数，捕捉了低碳城市试点政策影响企业绿色技术创新年度的动态效应。

图 7-2 展示了在 95% 置信区间下 β_k 的估计结果，横坐标表示年份，图中垂直于 X 轴的虚线则代表了政策开始实施的第一年。从图 7-2 中可以看到，在低碳城市政策实施之前，β_k 的值在 5% 水平下不显著异于 0。这说明处理组与对照组在低碳城市试点政策实施之前，不存在显著的差异，这间接检验了二者具有平行趋势的假定。之后，β_k 开始增大，并在 2011 年之后开始显著大于 0，这说明低碳城市试点实施效果初步显现。2013 年为第二批低碳城市试点的时间，此后 β_k 系数进一步增大，这说明低碳城市试点政策能够显著地诱发企业绿色技术创新。

---

① Jacobson, L. S., LaLonde, R. J. and Sullivan, D. G., 1993, "Earnings Losses of Displaced Workers", The American Economic Review, 83（4）, 685-709.

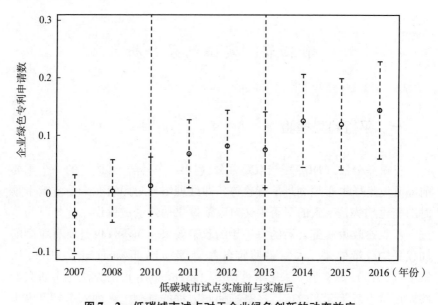

图 7 - 2　低碳城市试点对于企业绿色创新的动态效应

注：图 7 – 2 中小圆圈表示由方程（2）得到的估计系数 β_k，虚线为 β_k 的 95% 上下置信区。

二、基准回归

以式（7 – 1）的三重差分模型为基础，表 7 – 3 展示本章的基准回归结果。表 7 – 3 的回归结果显示，相较于非试点地区低碳排放行业内企业，低碳城市试点政策显著的诱发了试点地区高碳排放行业内企业绿色技术创新。表 7 – 3 的第（1）列 ~ 第（3）列的回归结果显示，$City_p \times Post_t \times Carbon_j$ 前的回归系数为正，且均在 1% 的水平上保持显著。进一步控制行业的时间趋势和公司特征变量并没有改变结果的显著性。表 7 – 3 的第（4）列 ~ 第（6）列，是进一步添加企业固定效应之后的回归结果。$City_p \times Post_t \times Carbon_j$ 前的回归系数依然为正，且均在 1% 的水平上保持显著，这进一步支持了本章的基本结论，表明低碳试点政策能够诱发企业进行绿色创新。此外，表 7 – 3 的第（2）列 ~ 第（7）行报告了有关公司特征的控制变量回归结果，表明企业的规模、成熟度以及融资信用水平对于企业进行绿色技术创新都产生了较为显著的影响。

表 7 - 3　　　　　　　　　　　基准回归结果

	绿色专利申请数对数值					
	(1)	(2)	(3)	(4)	(5)	(6)
$City_p \times Post_t \times Carbon_j$	0.112 *** (0.026)	0.115 *** (0.026)	0.118 *** (0.030)	0.126 *** (0.029)	0.114 *** (0.030)	0.114 *** (0.036)
$City_p \times Post_t$	− 0.032 * (0.017)	− 0.036 ** (0.017)	− 0.034 * (0.019)	− 0.042 ** (0.017)	− 0.037 ** (0.017)	− 0.040 ** (0.017)
$City_p \times Carbon_j$	− 0.015 (0.031)	− 0.088 ** (0.037)	− 0.099 *** (0.029)	− 0.025 (0.058)	− 0.018 (0.066)	− 0.039 (0.070)
Leve			0.062 * (0.036)			0.062 (0.039)
LiLeve			0.065 ** (0.031)			0.028 (0.033)
ROA			− 0.057 (0.077)			− 0.050 (0.082)
TobinQ			0.005 (0.003)			− 0.001 (0.003)
lnsize			0.072 *** (0.010)			0.034 ** (0.013)
lnage			− 0.139 ** (0.060)			0.000 (·)
lnemplnum			0.024 *** (0.008)			0.026 ** (0.011)
控制变量	No	No	Yes	No	No	Yes
企业固定效应	No	No	No	Yes	Yes	Yes
年份固定效应	Yes	Yes	Yes	Yes	Yes	Yes
省份×时间趋势固定效应	Yes	Yes	Yes	Yes	Yes	Yes
行业×时间趋势固定效应	No	Yes	Yes	No	Yes	Yes
R^2	0.039	0.040	0.043	0.041	0.044	0.049
N	20314	20314	19297	20314	20314	19297

注：第 (1) 列～第 (6) 列因变量均为绿色专利申请数加 1 对数值。小括号内为省份层面的聚类调整标准差，＊、＊＊、＊＊＊分别表示在 10%、5%、1% 显著性水平，即 ＊ p < 0.10，＊＊ p < 0.05，＊＊＊ p < 0.01。

三、稳健性检验

（一）安慰剂检验

借鉴 Li et al.（2016）[①]、刘晔和张训常（2017）[②] 的做法，通过随机选择低碳试点城市，以及高碳排放行业来构造虚假的处理组与对照组的样本方式来进行安慰剂检验，用于排除不可观测因素对本章估计结果的影响。根据本章的样本区间，第一批进行低碳城市试点的城市共有 72 个，第二批试点城市增加 24 个，因此共有 96 个城市实施了低碳城市试点建设。因此，本章从 285 个样本城市中随机抽取 96 个城市作为处理组，余下的城市作为对照组，从而构造"人为"的处理变量 DDD_{it}^{false1}。同理，高耗能行业共 15 个，本章构造"人为"的处理变量 DDD_{it}^{false2}。

然后基于方程（1）的设定进行回归，并重复上述步骤 1000 次。图 7 - 3 展示了，这 1000 次回归后 DDD_{it}^{false} 前的系数密度分布图和其对应 P 值。从图 7 - 3（a）、图 7 - 3（b）中可以看出，这 1000 次回归后的系数大多集中在 0 的附近，这表明大多数构造的 DDD_{it}^{false} 对于企业绿色创

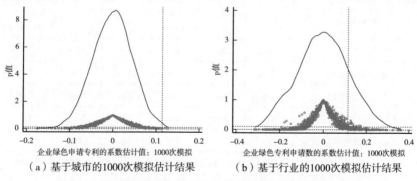

（a）基于城市的1000次模拟估计结果　　（b）基于行业的1000次模拟估计结果

图 7 - 3　低碳城市试点对于企业绿色技术创新的安慰剂检验

---

① Li P., Lu Y., and Wang J. Does Flattening Government Improve Economic Performance? Evidence from China [J]. Journal of Development Economics, 2016, 123: 18 - 37.

② 刘晔，张训常. 碳排放交易制度与企业研发创新——基于三重差分模型的实证研究 [J]. 经济科学, 2017（3）.

新没有影响。图 7-3 中的点线是系数对应的 P 值，从中我们也可以看到，大多数的 P 值都是大于 0.1，这表明大多数 DDD_{it}^{false} 即使在 10% 的水平上对企业绿色创新水平的影响也不显著。图中的垂直于 X 轴的虚线是本章表 7-3 中的基准回归结果，而在图 7-3 中明显属于异常值。因此，这 1000 次安慰剂检验的模拟回归结果，在一定程度上证伪了不可观测因素对本章结果的干扰。

（二）缓解低碳试点城市选择非随机性问题

由于低碳试点城市名单是采取"自主申报 + 遴选"的方式确定的，试点城市与非试点城市并不是随机选择的，为了进一步缓解低碳试点城市选择的非随机性对本章估计结果造成的偏误，本章参考 Lu et al. (2017)[1] 与宋弘等（2019）的方法，在方程（7-1）中加入城市特征与时间线性趋势的交叉项，用来控制这些城市特征所引发的企业绿色创新增长的趋势差异。这些城市特征包括是否为 1998 年"两控区"[2] 试点城市、是否为省会城市、是否为经济特区、是否为北方城市、是否为资源城市。估计所使用的方程如下：

$$Y_{ijpt} = \beta_0 + \beta_1 City_p \times Post_t \times Carbon_j + \beta_2 City_p \times Post_t$$
$$+ \beta_3 City_p \times Carbon_j + \beta_4 Post_t \times Carbon_j + Z'_c \times f(t)$$
$$+ \gamma X_{it} + \alpha_i + \lambda_t + \theta_p trend_{pt} + \varphi_j trend_{jt} + \varepsilon_{ijpt} \quad (7-3)$$

其中，Z'_c 表示的是城市政治、经济与地理特征的虚拟变量，f（t）表示的是时间趋势的一次项。$Z'_c \times f(t)$ 控制了城市固有特征对于辖区内企业绿色创新增长趋势所产生的影响。

表 7-4 的第（1）列与第（4）列展示了，在加入城市特征与时间线性趋势后以后，分别以绿色专利申请数，以及绿色专利授权数为解释变量的回归结果。结果显示，$City_p \times Post_t \times Carbon_j$ 前的系数 β_1 仍至少在 5% 水平上显著为正。

---

① Lu Y, Tao Z, Zhu L. Identifying FDI Spillovers [J]. Journal of International Economics, 2017, 107, 75-90.
② "两控区"是指酸雨控制区或二氧化硫污染控制区的简称。

表 7 – 4　　　　　　　　　　稳健性检验回归结果

	绿色专利申请数对数值			绿色专利授权数对数值		
	(1)	(2)	(3)	(4)	(5)	(6)
$City_p \times Post_t \times Carbon_j$	0.121*** (0.030)	0.113*** (0.037)	0.111*** (0.038)	0.098** (0.039)	0.094** (0.043)	0.092** (0.044)
控制变量	Yes	Yes	Yes	Yes	Yes	Yes
企业固定效应	No	Yes	Yes	No	Yes	Yes
年份固定效应	Yes	Yes	Yes	Yes	Yes	Yes
省份×时间趋势固定效应	Yes	Yes	Yes	Yes	Yes	Yes
行业×时间趋势固定效应	Yes	Yes	Yes	Yes	Yes	Yes
R^2	0.0430	0.0495	0.0489	0.0429	0.0492	0.0489
N	19297	19297	19297	19147	19147	19147

注：列（1）、列（4）是考虑了低碳试点城市选择非随机性问题的回归结果；列（2）、列（5）是考虑了其他环境政策影响之后的回归结果；列（3）、列（6）则是对政策实施节点的稳健性检验；小括号内为省份层面的聚类调整标准差，*、**、*** 分别表示在10%、5%、1%显著性水平，即 $*p<0.10$，$**p<0.05$，$***p<0.01$。

（三）考虑其他环境政策的影响

由于样本期间内基于地区、行业实施的其他环境政策，也可能会对本章估计结果产生干扰。为此，本章通过对2010年前后实施的主要环境政策的梳理，需要进一步考虑以下政策的影响，主要包括：2007年排污权有偿使用与交易的试点等；2010年环保部实施的《上市公司环境信息披露指南》，要求16类重污染行业进行信息披露；2012年实施的碳排放权市场交易试点。由此，在式（7－3）回归中加入相关政策虚拟变量与时间线性趋势的交叉项，政策虚拟变量分别为重污染行业信息披露行业名单、实施碳排放权市场交易试点的省市名单、实施排污权有偿使用与交易的试点省市名单。

表7－4的第（2）列与第（5）列展示了在加入上述虚拟变量以后，分别以绿色专利申请数，以及绿色专利授权数为解释变量的回归结果。结果显示，$City_p \times Post_t \times Carbon_j$ 前的系数仍显著为正。

（四）政策实施节点

根据前文的论述，现有的研究对于第二批低碳城市试点政策生效时间确定存在不一致的情况。本章基准回归是将 2013 年作为第二批低碳城市试点政策生效时间，并将 2012 年作为稳健性检验，重复上述实证步骤。表 7-4 的第（3）列与第（6）列分别展示了检验结果，$City_p \times Post_t \times Carbon_j$ 前的系数 β_1 与显著性并没有发生大的改变。

第四节　异质性与机制分析

一、异质性分析

（一）专利异质性

发明专利属于高技术水平的创新，是一种质的变化，而实用新型专利更多体现出企业策略性创新行为，是一种量的变化（黎文靖和郑曼妮，2016）[1]。现有研究表明，政府创新激励政策可能造成微观企业策略性创新，形成"数量长足、质量跛脚"的创新困境（陈强远等，2020）[2]，使得实用新型专利过度"膨胀"，形成专利泡沫（毛昊等，2018）[3]。为了检验低碳城市试点政策是否只引发了企业策略性创新行为，本章进一步将专利区分为绿色发明专利与绿色实用新型专利，利用（7-1）式进行回归。

表 7-5 第（1）列～第（4）列的回归结果显示，$City_p \times Post_t \times Carbon_j$ 为正且均在至少 1% 水平上保持显著。这表明低碳城市试点政策不仅显著地促进了绿色实用新型专利申请数增加，而且对绿色发明专利申请数也有显著的促进作用。这表明，相较于非试点地区低碳排放行业内企业，低碳城市试点政策不仅促进了试点地区高碳排放行业内企业绿色创新活动数量上的增加，而且还带来了企业绿色创新质量上的提升，这

---

① 黎文靖，郑曼妮. 实质性创新还是策略性创新？——宏观产业政策对微观企业创新的影响 [J]. 经济研究，2016（4）.

② 陈强远，林思彤，张醒. 中国技术创新激励政策：激励了数量还是质量 [J]. 中国工业经济，2020（4）.

③ 毛昊，尹志锋，张锦. 中国创新能够摆脱"实用新型专利制度使用陷阱"吗 [J]. 中国工业经济，2018（3）.

切实地提升了企业绿色创新能力。

表 7 - 5　　　　　　　　专利异质性回归结果

	绿色发明专利对数值		绿色实用新型专利对数值	
	（1）	（2）	（3）	（4）
$City_p \times Post_t \times Carbon_j$	0.069 *** (0.014)	0.066 *** (0.018)	0.085 *** (0.028)	0.086 ** (0.033)
企业固定效应	No	Yes	No	Yes
控制变量	Yes	Yes	Yes	Yes
年份固定效应	Yes	Yes	Yes	Yes
省份×时间趋势固定效应	Yes	Yes	Yes	Yes
行业×时间趋势固定效应	Yes	Yes	Yes	Yes
R^2	0.0358	0.0413	0.0245	0.0295
N	19297	19297	19297	19297

注：列（1）、列（2）的因变量是绿色发明专利申请数加 1 取对数，列（3）、列（4）的因变量是绿色发明专利申请数加 1 取对数。小括号内为省份层面的聚类调整标准差，*、**、*** 分别表示在10%、5%、1%显著性水平，即 $*p<0.10$，$**p<0.05$，$***p<0.01$。

（二）企业性质的异质性

所有权性质上的差异可能会使得企业面对同样的环境规制政策时采取不同的策略性反应，使得政策实施效果具有异质性。为此，本章按照企业所有权性质将样本分为国有企业与非国有企业，进行分样本回归，进一步考察企业性质异质性对于低碳城市试点政策诱发企业绿色创新效果的影响。表 7 - 6 回归结果显示，从对企业绿色专利申请数，以及绿色实用新型专利申请数的影响来看，相较于非国有企业，低碳城市试点政策对于国有企业具有更显著并且更强的诱发作用。但该政策对于非国有企业绿色发明专利申请数具有较为显著的影响而对国有企业的影响却不显著。

表 7 - 6　　　　　　　　　企业所有制异质性回归结果

	国有企业			非国有企业		
	（1）	（2）	（3）	（4）	（5）	（6）
$City_p \times Post_t \times Carbon_j$	0.108 ** (0.045)	0.052 (0.031)	0.102 ** (0.042)	0.054 * (0.031)	0.038 * (0.021)	0.029 (0.021)
控制变量	Yes	Yes	Yes	Yes	Yes	Yes
企业固定效应	Yes	Yes	Yes	Yes	Yes	Yes
年份固定效应	Yes	Yes	Yes	Yes	Yes	Yes
省份 × 时间趋势固定效应	Yes	Yes	Yes	Yes	Yes	Yes
行业 × 时间趋势固定效应	Yes	Yes	Yes	Yes	Yes	Yes
R^2	0.0871	0.0707	0.0567	0.0428	0.0369	0.0272
N	8855	8855	8855	10442	10442	10442

注：列（1）、（3）的因变量是绿色专利申请总数加 1 取对数，其中第（2）、（4）列的因变量是绿色发明专利申请数加 1 取对数，第（3）、（6）列的因变量是绿色实用新型专利申请数加 1 取对数。此外，第（1）~（6）列回归方程中均加入了企业固定效应，小括号内为省份层面的聚类调整标准差，* 、** 、*** 分别表示在 10% 、5% 、1% 显著性水平，即 * p < 0.10 ，** p < 0.05 ，*** p < 0.01 。

这意味着低碳城市试点政策在国有企业样本中表现出了更为显著的效果，而且主要表现为激励国有企业绿色专利申请数量上的提升。低碳城市试点政策对于非国有企业的绿色创新质量提升具有一定诱发作用，但总体效果当前还没有完全显现。这一结果与徐佳等（2020）结论有一些差异，这主要是因为分析方法的差异。我们采用的是三重差分，除了考虑地区、政策的因素外，还进一步考虑了低碳城市试点政策对于高碳排放与低碳排放行业影响的差异。高碳排放行业主要来自传统的高耗能行业，如火电、石化、化工等，而这些行业中国有企业的占比相对较高，这使得低碳试点政策对于国有企业有着更直接的影响。同时，在对低碳城市试点选择的环境规制工具梳理时也发现，试点地区政府主要选择的数量型环境规制工具，环保补贴等相关优惠政策在同等条件下也倾向于国有企业。尽管这些因素使得低碳城市试点政策对于国有企业绿色创新整体数量上具有更显著的影响，但也可能带来国有企业策略性创新。该政策对于国有企业绿色发明专利影响不够显著。同时，尽管低碳城市试点政策对于非国有企业整体的绿色创新数量影响不太显著，但是有助于激励非国有企业去提升绿色创新质量而不是追求绿色创新数量。

二、机制分析

在推进低碳城市建设试点过程中，国家发展和改革委员会没有设置整齐划一的明确政策目标，也没有形成统一的量化考核指标，而是鼓励试点省市结合自身禀赋条件去探索各自城市低碳转型之路，这使得试点地区在选择具体的环境规制工具去落实低碳城市建设目标时拥有极大的自主性。试点省市均编制了落实试点工作的低碳发展规划，其中规定了低碳城市建设的目标、保障措施、实施方案等。不过由于试点省市之间低碳发展禀赋条件差异较大，各地设置的碳减排目标、"碳达峰时间"也不尽相同，具体环境规制工具选择与使用上的侧重点也不一样。我们将试点省市所使用的环境规制工具归纳总结为数量型、价格型，以及非正式型环境规制工具。[1]

进一步梳理后发现，各试点省市所选择的环境规制工具基本都涉及到数量型、价格型，以及非正式型环境规制工具这三类，其中数量型环境规制工具在数量上占据了主导地位，价格型环境规制工具在经济较为发达地区使用频率更高，非正式型环境规制工具往往体现为对前两类工具的一个补充。[2] 试点地区综合使用的这三类环境工具势必会对企业绿色创新行为产生影响，同时这种影响效果也可能受各地的资源禀赋情况影响。

（一）企业融资约束与研发创新行为

在梳理低碳试点省市为落实试点工作所制定的低碳发展相关规划过程中，我们发现绝大部分省市都强调了加大对低碳相关的绿色技术研发和扶持力度，采取具体措施包括财税补贴和市场推广等。除了直接针对绿色技术相关环境规制政策外，其他的如规定碳减排数量（数量型环境规制工具）和进行碳排放权交易（价格型环境规制工具），也会促使将外部环境成本内部化企业生产经营成本，激励企业通过创新获得绿色创

---

[1] 这三类政策工具定义在前文制度分析中已有解释，在此不再赘述。

[2] 我们在汪等（Wang et al.，2015）基础上对前两批共 42 个试点省、市的低碳相关环境规制工具进行了梳理，由于篇幅所限，相关表格并未在文中呈现。

新补偿（见表7-7）。

表7-7　　　　　　　　　企业层面机制检验回归结果①

	环保补贴	融资约束	研发人员	研发占比
	（1）	（2）	（3）	（4）
$City_p \times Post_t \times Carbon_j$	1.212 ** （0.598）	-0.232 ** （0.103）	0.113 * （0.060）	0.003 （0.002）
企业固定效应	Yes	Yes	Yes	Yes
控制变量	Yes	Yes	Yes	Yes
企业固定效应	Yes	Yes	Yes	Yes
年份固定效应	Yes	Yes	Yes	Yes
省份×时间趋势固定效应	Yes	Yes	Yes	Yes
行业×时间趋势固定效应	Yes	Yes	Yes	Yes
R^2	0.1014	0.1257	0.3266	0.0608
N	6229	11894	3862	8032

注：小括号内为城市层面的聚类调整标准差，＊、＊＊、＊＊＊分别表示在10%、5%、1%显著性水平，即＊$p < 0.10$，＊＊$p < 0.05$，＊＊＊$p < 0.01$。

　　基于这些特点，本章首先检验了企业获得的地方政府环保补贴和面临的融资约束，表7-7第（1）列与第（2）列回归结果显示，低碳城市试点政策显著地增加了企业所获得的政府补贴，改善了企业所面临的融资约束。同时，我们进一步检验了低碳试点政策对于企业研发的影响。表7-7第（3）列与第（4）列的回归结果表明，低碳城市试点政策对于企业研发人员投入具有显著的促进作用，对于研发占比的促进作用虽然不显著但也表现出正向的关系。

---

　　① 涉及的变量构造如下：（1）企业获得的地方政府环保补贴加1取对数；（2）企业所面临的融资约束，参考姜付秀（2019）的做法，本章构造了KZ指数来衡量企业融资约束程度；（3）企业的研发人员数加1取对数；（4）研发支出占营业收入比重；其中，环保补贴数据来自对上市公司责任报告的整理。研发人员和研发支出占比数据来自CNRDS数据库，融资约束指标计算所用数据来自CSMAR数据库。

（二）地方政府环境规制调节效应分析

城市资源禀赋条件如人力资源、财政资源、金融资源等，可能会影响低碳城市试点政策的实施效果。为了检验这些特定的资源禀赋对于低碳城市试点政策实施是否具有调节作用，本章设置如下回归方程（7-4），将调节变量与交互项系数相乘：

$$Y_{it} = \alpha + \beta_1 D_{it} \times Z_{it} + \beta_2 D_{it} + \beta_3 time \times Z_{it} + \beta_4 treat$$
$$\times Z_{it} + \gamma X_{it} + u_i + \lambda_t + \theta_p trend_{pt} + \varepsilon_{it} \qquad (7-4)$$

其中，i、p 和 t 分别表示城市、省份和年份；Y_{it} 表示地区整体层面绿色创新水平；核心变量 D_{it} 是虚拟变量表示低碳城市试点状态，在 i 城市进行低碳试点以后的年度取 1，否者取 0；Z_{it} 为调节变量，分别为：城市人力资本水平（Humc）用普通高等学校在校人数与地区总人口的比值表示；城市财政收入水平（Publicexp），用财政预算内收入与 GDP 的比重表示；城市金融发展水平（Finc），用金融机构贷款余额与 GDP 之比表示。X_{it} 表示一组控制变量；u_i 和 λ_t 分别表示城市固定效应和年份固定效应；$trend_{pt}$ 为因省份而异的时间趋势；ε_{it} 表示随机误差项，并聚类到城市层面。β_1 为双重差分统计量，捕捉了调节变量是否造成了低碳城市试点对于城市绿色创新水平的政策效果的异质性。城市资源禀赋的调节效应如表 7-8 所示。

表 7-8 城市资源禀赋的调节效应

Panel A	人力资源调节效应			
	城市绿色发明专利授权数		城市绿色实用新型专利授权数	
$D_{it} \times Humc_{it}$	0.326 *** (0.075)	0.085 ** (0.045)	0.636 *** (0.144)	0.04 (0.089)
控制变量	No	Yes	No	Yes
城市固定效应	Yes	Yes	Yes	Yes
年份固定效应	Yes	Yes	Yes	Yes
省份时间趋势	Yes	Yes	Yes	Yes
观测值个数	3832	3610	3832	3610
adj. R^2	0.5076	0.4095	0.3212	0.1555

Panel B	财政资源调节效应			
	城市绿色发明专利授权数		城市绿色实用新型专利授权数	
$D_{it} \times Pub \sim exp_{it}$	1846.39 *** (597.712)	874.468 * (499.119)	-8.651 (7.659)	-7.598 (6.651)
控制变量	No	Yes	No	Yes
城市固定效应	Yes	Yes	Yes	Yes
年份固定效应	Yes	Yes	Yes	Yes
省份时间趋势	Yes	Yes	Yes	Yes
观测值个数	3982	3720	3979	3720
adj. R^2	0.5029	0.5085	0.3144	0.3152
Panel C	金融资源调节效应			
	城市绿色发明专利授权数		城市绿色实用新型专利授权数	
$D_{it} \times Finc_{it}$	-1.346 (4.675)	1.444 (2.030)	-8.147 (9.356)	-0.429 (2.819)
控制变量	No	Yes	No	Yes
城市固定效应	Yes	Yes	Yes	Yes
年份固定效应	Yes	Yes	Yes	Yes
省份时间趋势	Yes	Yes	Yes	Yes
观测值个数	3983	3719	3983	3719
adj. R^2	0.5045	0.3965	0.3179	0.1535

注：小括号内为城市层面的聚类调整标准差，＊、＊＊、＊＊＊分别表示在10%、5%、1%显著性水平，即＊p<0.10，＊＊p<0.05，＊＊＊p<0.01。

三、试点地区环境规制选择与企业绿色创新互动关系

借助低碳城市试点这一外生冲击，前文分析了地方政府综合使用多种环境规制工具与企业绿色创新水平提升之间的因果关系。进而言之，试点地区绿色技术水平提升是否会对区域环境规制行为产生影响？绿色技术的研发与应用，从长远来看会降低环境保护的经济成本，从根本上解决经济发展与环境保护面临的传统困境，实现可持续发展。当地方政府意识到绿色技术水平提升所带来的绿色竞争优势时，其有动力去进一

步强化自身环境规制行为，从而形成一个正向的良性循环。传统的线性回归方程很难分析这种非线性的互动关系，而面板 VAR 模型中的脉冲效应函数，则可以很好地分析并描述系统中各内生变量对彼此冲击的响应，形象展现出各变量之间的相互影响。为此，本章采用基于面板数据的 VAR 模型（PVAR），对于两者的互动关系进行研究，并建立了以下PVAR 模型：

$$G_{it} = \beta_0 + \sum_{i=1}^{n} \beta_j G_{i,t-j} + \mu_i + \lambda_t + e_{it} \qquad (7-5)$$

模型中向量 $G_{it} = (Y_{it}，X_{it})'$，其中 Y_{it} 是地区绿色专利申请总量（lnsumpat），用于表示地区企业总体的绿色创新水平。X_{it} 表示的是衡量地方政府环境规制水平，本章参考 Chen et al.（2018）利用文本分析的方法计算出的环保词频在地方政府工作报告中的占比来衡量。[①] 相比于使用事后的环境规制后果间接衡量地方政府环境规制水平，基于环保词频在地方政府工作报告中的占比能够直接反映地方政府对于环境治理的重视程度。

图 7-4 展示了用蒙特卡洛模拟（500 次）得出的企业绿色创新能力与地方政府环境规制水平的脉冲响应图。[②] 图 7-4（b）显示，当企业绿色创新能力提升时，地方政府环境规制水平有了一个明显的正向响应；同时，图 7-4（c）显示，地方政府环境规制水平的提高，会对企业绿色创新能力的提升带来显著的正向冲击。图 7-4（b）~（c）的结果表明，当地区内企业整体的绿色创新水平获得一单位正向提升时，会给地方政府环境规制行为产生正向的激励作用，从而促使政府加大环境规制力度。环境规制力度的进一步加大又会对绿色创新产生正向的促进作用，从而形成地方政府环境规制选择与企业绿色创新之间的良性循环。

[①]　具体做法是从政府工作报告中选择与环境规制相关的句子，这些句子包含环境、能源消耗、污染、减排、环保等关键词，然后计算每一个城市每一年的环境相关词频占整个文本的比例。

[②]　面板向量自回归中有关平稳以及阶数选择等检验部分，由于篇幅所限未在文中报告，如有需要可联系作者索取。

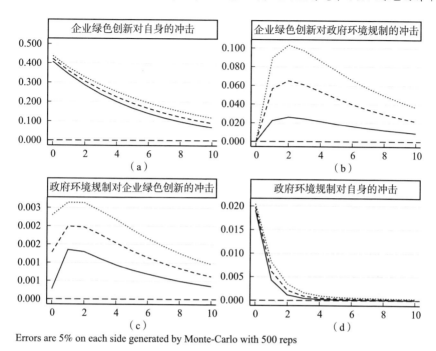

图 7-4 企业绿色创新能力对地方政府环境规制水平的脉冲响应

注：横轴表示冲击的滞后期数（年），本章为 10 年；纵轴表示其他变量对于响应的大小；实线表示响应函数曲线，虚线两侧为 95% 置信区。

第五节 本 章 小 结

　　本章基于部分省市进行低碳建设试点的政策背景，利用我国上市公司绿色专利申请数据，在探讨了试点地区综合利用环境规制政策与企业绿色创新能力提升的因果关系基础上，进一步研究了地方政府环境规制选择与企业绿色创新之间的互动关系。研究表明：一是相较于非试点地区低碳排放行业，低碳城市试点政策显著地提升了试点地区高碳排放行业内企业的绿色创新能力；二是地方政府综合使用了数量型、价格型与非正式型环境规制工具，有力地实现了自主环境规制政策优化与企业绿色创新能力提升之间的良性互动；三是进一步分样本来看，相较于非国有企业，国有企业绿色创新能力的提升表现得更为显著；四是进一步机制分析表明，试点地区的自主环境规制政策提高了政府环保补贴的力度，改善了企业面临的融资约束，激励了企业提高绿色技术研发投入的水平。企业绿色创新能力的提升，又会形成正反馈效应，进一步推动试点地区政府环境规制政策的优化升级，形成企业绿色创新能力提升与地区环境规制政策优化的良性循环，切实推进了以绿色发展理念引领经济高质量发展。

第八章 "一带一路"倡议对国内沿线典型城市的环境效应

近年来，"一带一路"倡议已经发展成为当今世界上最广阔、最具开放性的新型合作平台。"一带一路"倡议统筹我国各区域对外开放，将政策沟通、设施联通、贸易畅通、资金融通、民心相通这"五通"作为国际合作重点，巩固和发展与沿线地区的经贸联系和产业合作，开拓了国际经贸合作共赢的新局面。但与此同时，中国经济40年的快速增长给国内资源环境带来了巨大压力，推动发展方式绿色转型成为实现人与自然和谐共生现代化的必然要求。"2030年前实现碳达峰、2060年前实现碳中和"的碳排放控制目标的提出也为我国全面推进绿色发展、实现经济低碳转型制定了时间表，降碳、减污、扩绿、增长的协同被纳入我国经济社会发展的全局统筹推进。基于此，本章结合2007~2017年我国285个地级及以上城市的面板数据，利用双重差分模型估计了"一带一路"倡议的实施对国内沿线城市碳排放总量和强度的影响及其机制，并通过工具变量、倾向得分匹配、安慰剂检验等方法进行多重稳健性检验。

第一节 政策背景与特征事实

一、政策背景

2013年9月和10月，习近平总书记在出国访问期间先后提出了共建"丝绸之路经济带"和"21世纪海上丝绸之路"的合作倡议，引起

了国际社会的广泛关注。2014年，习近平总书记在中央财经领导小组
会议上提出研究"丝绸之路经济带"和"21世纪海上丝绸之路"规划，
并成立丝路基金，为"一带一路"沿线地区的基础设施、资源开发、
产业合作和金融合作等项目提供投融资支持。2015年，国家发展和改
革委员会、外交部和商务部联合发布了《推动共建丝绸之路经济带和
21世纪海上丝绸之路的愿景与行动》（以下简称《愿景与行动》），从
时代背景、共建原则、框架思路、合作重点、合作机制等方面对"一带
一路"倡议进行全面阐释。截至2022年4月底，我国已与149个国家、
32个国际组织签署了200多份合作文件，基础设施互联互通硕果累累，
对外投资规模稳步提升。

　　《共建"一带一路"：理念、实践与中国的贡献》白皮书指出，"一
带一路"分为五大方向：丝绸之路经济带有三大走向，一是从中国西
北、东北经中亚、俄罗斯至欧洲、波罗的海；二是从中国西北经中亚、
西亚至波斯湾、地中海；三是从中国西南经中南半岛至印度洋。21世
纪海上丝绸之路有两大走向，一是从中国沿海港口过南海，经马六甲海
峡到印度洋，延伸至欧洲；二是从中国沿海港口过南海，向南太平洋延
伸。与此相适应，《愿景与行动》中提出国内各区域也应该发挥本地区
的比较优势，实行更加积极主动的开放战略，加强东中西互动合作，全
面提升开放型经济水平。具体情况见表8-1。

表8-1　　　"一带一路"国内沿线各地区功能定位及发展方向

区域	重点建设省份	重要节点城市	战略定位	区域优势	发展规划
西北地区	新疆维吾尔自治区	兰州、西宁、西安	新疆被定位为"丝绸之路经济带核心区"，向西开放的重要窗口；形成面向中亚、南亚、西亚国家的通道、商贸物流枢纽、重要产业和人文交流基地	与中亚五国毗邻，在地缘和文化上与中亚地区国家相近；自然和旅游资源丰富，文化底蕴深厚；西部大开发战略为西部地区带来现代工业转移所需的较为先进的基础设施和专业人才	深化与中亚、南亚、西亚等国家交流合作，形成丝绸之路经济带上重要的交通枢纽、商贸物流和文化科教中心；打造西安内陆型改革开放新高地，加快兰州、西宁开发开放，推进宁夏内陆开放型经济试验区建设
	陕西省				
	甘肃省				
	宁夏回族自治区				
	青海省				

续表

区域	重点建设省份	重要节点城市	战略定位	区域优势	发展规划
东北地区	黑龙江省		全国重要的重工业基地、资源能源原材料制造业基地、农产品生产基地,向北开放的重要窗口和东北亚地区合作中心枢纽	森林、矿产等自然资源丰富,拥有较为完备的工业尤其是重工业体系;地理上位于东北亚核心地带,对外紧邻俄罗斯、蒙古国、朝鲜、韩国、日本等国家,对内拥有连接国内腹地的贸易通道	发挥内蒙古联通俄蒙的区位优势,完善黑龙江对俄铁路通道和区域铁路网,以及黑龙江、吉林、辽宁与俄远东地区陆海联运合作,推进构建北京—莫斯科欧亚高速运输走廊
	吉林省				
	辽宁省				
	内蒙古自治区				
西南地区	广西壮族自治区		西南、中南地区开放发展的战略支点;面向南亚、东南亚的辐射中心	与东盟国家陆海相邻,陆海空贸易通道全方位开放;21世纪海上丝绸之路与丝绸之路经济带有机衔接的重要门户	加快北部湾经济区和珠江—西江经济带开放发展;推进与周边国家的国际运输通道建设;推进与尼泊尔等国家边境贸易和旅游文化合作
	云南省				
	西藏自治区				
沿海地区①	上海市	大连、天津、烟台、青岛、上海、舟山、宁波、福州、泉州、厦门、汕头、深圳、广州、湛江、海口、三亚	福建省被定位为"21世纪海上丝绸之路核心区";其余省市是"一带一路"特别是21世纪海上丝绸之路建设的排头兵和主力军	长三角、珠三角、海峡西岸、环渤海等经济区开放程度高、经济实力强、辐射带动作用大	加强上海、天津、宁波—舟山、广州、深圳、湛江、汕头、青岛、烟台、大连、福州、厦门、泉州、海口、三亚等沿海城市港口建设,强化上海、广州等国际枢纽机场功能
	浙江省				
	福建省				
	广东省				
	海南省				

---

① 注:此处不包含港澳台地区。

区域	重点建设省份	重要节点城市	战略定位	区域优势	发展规划
内陆地区	重庆市	郑州、合肥、武汉、长沙、南昌、成都	打造重庆西部开发开放重要支撑和成都、郑州、武汉、长沙、南昌、合肥等内陆开放型经济高地	内陆地区纵深广阔、人力资源丰富、产业基础较好；依托长江中游城市群、成渝城市群、中原城市群、呼包鄂榆城市群、哈长城市群等重点区域，区域互动合作和产业集聚发展较好	推动长江中上游地区和俄罗斯伏尔加河沿岸联邦区的合作；打造"中欧班列"品牌，建设沟通境内外、连接东中西的运输通道；支持郑州、西安等内陆城市建设航空港、国际陆港，加强内陆口岸与沿海、沿边口岸通关合作

二、特征事实

碳排放强度由地区碳排放总量与地区生产总值之比得到。因此，城市碳排放总量的核算成为测算城市碳排放强度的必要条件。鉴于我国城市层面的能源统计数据并不完备，本章借鉴陈建东等（Chen et al.，2020）[①] 的方法，利用夜间灯光数据反演得到的碳排放总量数据进行研究。陈建东采用粒子群优化—反向传播（PSO - BP）算法统一 DMSP/OLS 和 NPP/VIIRS 卫星图像的规模，估算了 1997~2017 年中国 2 735 个县的二氧化碳排放量。在此基础上，汇总得到 2007~2017 年我国 285 个地级市的碳排放总量数据。

图 8 - 1 显示，2007~2017 年，我国碳排放总量先快速增长然后在高位有所波动，整体上呈现上升趋势。与世界上其他国家相比，我国碳排放总量处于世界高位，但还没有出现明显稳定的达峰特征。若考虑碳排放强度，即每万元 GDP 所产生的二氧化碳排放量，我国碳排放强度始终保持快速下降的趋势。2007~2017 年，我国碳排放强度从 2.42 吨/万元降为 1.22 吨/万元，下降幅度为 49.58%。这意味着我国碳减排工

① Chen J D, Gao M, Cheng S L, et al. County-level CO_2 emissions and sequestration in China during 1997~2017 [J]. Scientific Data, 2020, doi: 10.1038/s41597 - 020 - 00736 - 3.

作成效卓越,超额完成了"到2020年中国单位国内生产总值二氧化碳排放量比2005年下降40%~45%"的承诺。但与欧盟、美国等发达国家相比,我国碳排放强度还有很大差距,这也说明我国的碳减排工作还有很大潜力。

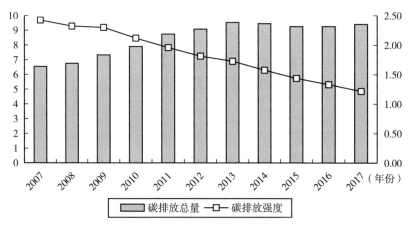

图8-1 2007~2017年中国碳排放总量和强度变化趋势

根据《愿景与行动》,将我国285个地级及以上城市分为两组,一组是"一带一路"倡议国内沿线城市,包括《愿景与行动》中提到的省份所辖地级市和28个重要节点城市;另一组是国内其他城市。通过比较国内沿线城市与国内其他城市碳排放总量和强度均值的变化趋势,可以较为直观地看出"一带一路"倡议对国内沿线城市碳排放的影响,两组城市的碳排放变化情况如图8-2所示。从图8-2中可以看出,2007~2017年,两组城市的碳排放总量总体上均呈上升趋势,2013年以后在高位有所波动,与我国整体碳排放量的变化趋势一致;且"一带一路"倡议提出前后,两组城市的碳排放总量变化情况没有明显区别,基本呈现同趋势变化。从图中可以看出,2007~2017年,两组城市的碳排放强度始终保持快速下降,但"一带一路"倡议提出前后,两组城市的碳排放强度变化趋势并不相同:2013年以前,两组城市的碳排放强度基本呈现同趋势变化;2013年及以后,与其他城市相比,国内沿线城市碳排放强度的下降趋势明显变缓,并且随着时间的推移二者差距越来越大。

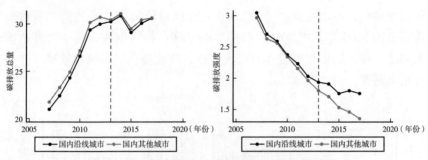

图 8 - 2   "一带一路"倡议前后国内沿线城市和
其他城市碳排放总量和强度变化趋势

据此可以初步认为,"一带一路"倡议实施对国内沿线城市碳排放总量的影响不明显,而 2013 年以后国内沿线城市碳排放强度下降趋势变缓则可能是"一带一路"倡议发挥作用的结果。

第二节   理论机制与研究假说

"一带一路"倡议实施对国内沿线城市碳排放强度可能有以下两个影响机制:一是产业部门的结构扭曲和集聚,二是居民部门的能源消费(见图 8 - 3)。

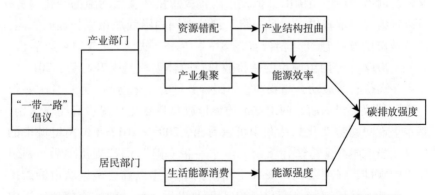

图 8 - 3   "一带一路"倡议影响国内沿线城市碳排放强度的研究框架

一、产业结构扭曲

大量研究认为产业结构和二氧化碳排放之间存在长期的互动关系，产业结构转型是影响一个经济体碳排放的主要因素之一，发达国家的发展实践也证实了这种观点。产业结构转型是指三次产业之间产值份额和就业份额此消彼长的过程，其实质是作为投入的资本和劳动力在产业间自由流动的结果。只有同时考察产值份额和就业份额的变动，才能对产业结构转型有一个更为完整的认识。理论上，产业结构转型中出现的扭曲可能会导致低效率或者无效率。

"一带一路"倡议提出后，地方政府纷纷出台各种政策参与"一带一路"建设，包括扩大银行授信、在资本市场上压低利率以维持较高水平的投资，甚至直接通过税收优惠和财政支持影响资本在产业间的配置等，这些都可能导致产业结构出现扭曲。在原有的甚至扩大的市场需求下，企业为了降低成本选择用资本代替劳动，在大多数情况下会引起资源和能源利用的增加，从而导致碳排放强度的提升。同时，我国劳动力从第一产业向二、三产业转移，在"人口红利"的作用下劳动力成本被压到很低，从而大大降低了传统产业的生产成本，使得传统产业始终可以获得一定利润而不会退出市场，抑制了产业结构的转型升级。从这个意义上看，"一带一路"倡议实施在推动国内沿线城市产业结构转型过程中可能会出现产值份额和就业份额的扭曲，从而导致能源效率降低和碳排放强度提高。

二、产业集聚

经济集聚作为与城市化相伴随的经济现象，一方面可能因为人口规模和生产规模的扩大，导致地区能源消费增长，从而引起碳排放总量的增加；另一方面也会通过生产要素共享、交通运输更加便利、知识和技术溢出等渠道产生外部性，提高城市全要素生产率和能源利用效率，降低城市的碳排放强度。王海宁（2010）[①] 基于我国行业层面数据，发现

① 王海宁，陈媛媛. 产业集聚效应与工业能源效率研究——基于中国 25 个工业行业的实证分析［J］. 财经研究，2010（9）.

产业集聚能够有效提高能源效率；李思慧（2011）[①] 基于我国工业企业数据，发现产业集聚可以促进企业对能源的集中利用，提高能源效率。师博等（2013）[②] 发现，我国城市集聚程度与能源利用效率呈现明显的阶段性效果，早期的城市集聚会提高能源效率，过度的城市集聚则会抑制能源效率的提高；韩峰（2014）[③] 认为，城市活动的空间集聚并不必然会促进能源效率，中间投入的空间可得性和劳动力集聚会对地区能源效率产生不同的作用。尽管产业集聚对能源效率是否存在阶段性影响还存在争议，但众多研究已经证明产业集聚确实会影响能源效率，进而影响到城市的碳排放强度。

一方面，"一带一路"倡议创造性地提出"五通"——政策沟通、设施联通、贸易畅通、资金融通和民心相通。中欧班列作为共建"一带一路"的重要基础设施项目，其重要意义在于打造高质量的经济贸易链，引领沿线地区产业集聚和升级；另一方面，《愿景与行动》明确提出"扩大服务业开放，推动区域服务业加快发展，促进产业集群发展"，这种对城市的政策导向和战略定位可能在一定程度上影响到国内沿线城市产业的发展和集聚。

三、居民能源消费

进入 21 世纪以来，我国工业化城镇化的快速推进提高了城市的能源消耗，同时城市居民生活水平的提高也拉动了对消费品的需求。其中，对能源产品的消费直接促进了碳排放的增长；而对非化石能源产品和服务的消费则间接拉动了产业部门的碳排放，尤其是对电力、热力和服务的消费。随着消费在国民经济总需求中所占比例的提高，居民消费产生的碳排放很可能像发达国家一样成为我国碳排放最主要的来源。

从资源禀赋上来讲，我国"富煤、贫油、少气"，煤炭是我国能源

---

① 李思慧. 产业集聚、人力资本与企业能源效率——以高新技术企业为例 [J]. 财贸经济，2011（9）.

② 师博，沈坤荣：政府干预、经济集聚与能源效率 [J]. 管理世界，2013（10）.

③ 韩峰，冯萍，阳立高. 中国城市的空间集聚效应与工业能源效率 [J]. 中国人口·资源与环境，2014（5）.

体系的基石；从发展阶段上来讲，我国还未完成工业化，对能源的需求还在不断扩大。一方面，能源的互联互通是"一带一路"建设的重要内容。"一带一路"倡议不仅推动了一些共建国家的基础设施建设和对我国的能源出口，也推动了我国同一些南方国家的能源商品服务贸易，比如泰国、印度、印度尼西亚等。这种直接的能源贸易和隐藏在经济活动中的隐含能源流动可能提高国内沿线城市的能源强度，进而推动碳排放强度的提升。另一方面，"一带一路"倡议也可能通过促进国内沿线城市的经济增长，提升居民的能源消费强度，从而间接影响到城市碳排放强度。

据此，本章提出：

假说1："一带一路"倡议实施提高了国内沿线城市碳排放强度，对碳排放总量没有显著影响。

假说2："一带一路"倡议对国内沿线城市的碳排放效应，主要是通过产业部门的结构扭曲效应、集聚效应和居民部门的能源消费效应导致的。

第三节　研究设计

一、模型设定与变量说明

为了检验"一带一路"倡议的实施对国内沿线城市碳排放总量和强度的影响，本章将"一带一路"倡议的提出看作一个准自然实验，采用双重差分模型进行政策效果的评估。双重差分法的关键在于精准识别受到政策冲击的样本城市，本章将2013年作为政策冲击发生的时间节点，选择在《愿景与行动》中提到的省份所辖的地级城市，以及26个重要节点城市作为实验组，共有149个城市，其他未受"一带一路"倡议重大影响的136个城市作为控制组。与国内其他学者有所区别，王桂军等将《愿景与行动》发布的年份2015年作为政策冲击时间，汪克亮等和卢盛峰等则选择2014年作为政策时点，本章参考余东升（2021）的做法，选取2013年作为"一带一路"倡议政策时点。主要原因有以

下两点：第一，虽然《愿景与行动》作为国家层面的战略规划出台于
2015年底，但"一带一路"倡议概念的提出最早源于习近平总书记
2013年出国访问期间。因此，如果将政策时点定为2015年，忽视了
2013～2015年"一带一路"倡议提出所带来的政策效果，这可能会造
成一些结果上的偏误。第二，本章考察的时间区间为2007～2017年，
如果将政策时点定为2015年，政策时点后的样本时间过短，可能会造
成一些估计问题和结果的不可靠。

本章构建双重差分模型如下：

$$Carbon_{it} = \alpha + \beta Treat_i \times OBOR_t + \sum_j \gamma_j Control_{it} + \delta_t + \mu_i + \varepsilon_{i,t}$$

$$(8-1)$$

其中，i表示城市，t表示时间。被解释变量Carbon表示碳排放，
本章分别从碳排放总量和碳排放强度两个方面对其进行衡量，其中碳排
放强度用地区碳排放总量和地区生产总值的比值来表示。核心解释变量
是虚拟变量 $Treat_i \times OBOR_t$，是城市分组虚拟变量和时间分组虚拟变量
的交互项，Treat = 1表示处理组，Treat = 0表示对照组；$OBOR_t$ = 1表示
2013年及以后，$OBOR_t$ = 0表示2013年之前。control代表一系列控制
变量，主要包括：①经济发展水平。本章采用人均国内生产总值取对数
进行衡量。②对外开放水平。由于考察期内各地级市进出口数据有所缺
失，本章采用外商直接投资额占地区生产总值的比重进行衡量。③人口
密度。本章采用全市年末总人口数与行政区域面积之比来表示。④政府
干预程度。本章采用地方财政一般预算内支出占地区生产总值的比重来
表示。⑤金融发展水平。本章采用年末金融机构人民币各项贷款余额占
地区生产总值的比重来表示。⑥城镇化水平。本章采用市区人口占全市
年末总人口的比重来表示。γ、μ和ε分别表示时间固定效应、个体固
定效应和随机误差项。

二、数据来源

考虑到在本章考察期内，巢湖市于2011年撤市立县，三沙市、海
东市、儋州市、毕节市、铜仁市等地级市于2013年设立，本章删除这
些城市样本，同时也删除拉萨等数据缺失严重的城市样本，最终得到
2007～2017年我国285个地级市的面板数据。其中解释变量数据根据

《愿景与行动》整理所得；被解释变量碳排放总量和碳排放强度数据主要来源于 CEADs 数据库，控制变量均来自《中国城市统计年鉴》和各省份和城市统计年鉴等公开数据。文中涉及的相关变量的描述性统计情况如表 8-2 所示。

表 8-2　　　　　　　　　　变量统计性描述

变量	样本量	均值	标准差	最小值	最大值
碳排放总量	3135	27.9356	24.3678	2.0907	230.7117
碳排放强度	3135	2.1198	1.3342	0.1558	9.8003
经济发展水平	3135	10.4010	0.6792	8.1309	13.0556
对外开放水平	3067	0.0028	0.0028	0.0000	0.0294
人口密度	3052	0.0437	0.0333	0.0004	0.2648
政府干预程度	3135	0.1791	0.1001	0.0426	1.4851
金融发展水平	3135	0.8548	0.5435	0.0753	7.4501
城镇化水平	3048	0.3543	0.2390	0.0435	1.0000

第四节　实证结果分析

一、基准回归结果

本章采用双向固定效应模型研究"一带一路"倡议实施对城市碳排放的影响，其中被解释变量包括碳排放总量和强度。为了了解"一带一路"倡议对城市碳排放的动态影响，本章将"一带一路"倡议提出后的第一年（2014 年）、第二年（2015 年）、第三年（2016 年）、第四年（2017 年）设置为时间虚拟变量，与处理组虚拟变量相乘作为核心解释变量进行回归。表 8-3 报告了模型的基准回归结果，模型（1）、模型（2）是平均处理效应，模型（3）是动态处理效应，所有回归均控制了个体效应和时间效应，并将稳健标准误聚类到城市层面。平均处理效应检验结果显示，无论是否加入控制变量，碳排放强度的核心解释变量在 1% 的水平上显著为正，碳排放总量的核心解释变量虽然为正但不显著。这说明参与"一带一路"建设显著提高了城市的碳排放强度，但对城市碳排放总量没有显著影响。动态处理效应检验结果显示，"一带一路"倡议提出当年（2013 年）以及第二年（2014 年）和第三年（2015 年），碳排放强度的核心解释变量的回归系数为正但不显著，表明"一带一路"倡议的提出并没有产生立竿见影的环境效应。从 2016年开始，碳排放强度的核心解释变量显著为正，而且从系数大小上来看，政策效应呈明显上升趋势，这表明随着深度参与"一带一路"建设，城市碳排放强度的提升也逐渐增加。

表 8 - 3　　　　　　　　　　　　基准回归结果

项目	碳排放总量			碳排放强度		
	(1)	(2)	(3)	(1)	(2)	(3)
"一带一路"	0.4980 (0.521)	0.6177 (0.568)		0.2048 *** (0.057)	0.1507 *** (0.052)	
Treat×2014 年			0.6001 (0.945)		-0.7407 *** (0.258)	0.1292 (0.095)
Treat×2015 年			0.3450 (0.830)		-20.9624 *** (6.172)	0.1497 (0.100)
Treat×2016 年			0.4259 (0.880)		7.4191 *** (2.065)	0.2578 ** (0.103)
Treat×2017 年			0.7008 (0.958)		0.334 9 (0.310)	0.325 9 *** (0.104)
常数项	27.7800 *** (0.123)	30.467 9 *** (7.085)	27.7625 *** (0.335)	2.0704 *** (0.013)	9.2771 *** (2.679)	2.0802 *** (0.036)
控制变量	No	Yes	Yes	No	Yes	Yes
个体固定效应	Yes	Yes	Yes	Yes	Yes	Yes
年份固定效应	Yes	Yes	Yes	Yes	Yes	Yes
样本量	3135	3135	3135	3135	3135	3135
R^2	0.983	0.983	0.983	0.935	0.943	0.936

注：括号内为聚类到城市层面的稳健标准误；***，** 和 * 分别表示在 1%，5% 和 10%的水平上显著，以下各表同。除特别说明外，后表中均控制了控制变量、个体固定效应以及年份固定效应。

二、稳健性检验

(一)平行趋势检验

适用双重差分法的一个重要前提是满足"平行趋势假设",即处理组和对照组在受到政策冲击前要保持相同的变化趋势。如果不满足"平行趋势假设",则无法将政策后处理组和对照组的差异减去两者的共同趋势得到政策净效应,政策交互变量前的系数可能会得到一定程度的高估或低估。在上文中已经通过绘制城市碳排放总量和强度均值的时间趋势图来判断处理组和对照组在"一带一路"倡议前是否具有相同的趋势,发现处理组和对照组城市的碳排放总量在"一带一路"倡议提出前后均保持基本一致的趋势;但对于碳排放强度,在2013年之前处理组和对照组城市的碳排放强度呈现基本一致的下降趋势,2013年及以后处理组城市碳排放强度的下降趋势明显变缓,这在一定程度上佐证了"一带一路"倡议对城市碳排放强度的影响。然而基于时间趋势图的分析只能作为初步判断,更为准确的判断需要构建计量模型来完成。

本章将"一带一路"倡议提出前的每一年都设置一个"伪"时间虚拟变量,并将其与城市虚拟变量相乘,构造出一系列"伪"处理组虚拟变量,然后将这些"伪"处理组虚拟变量与核心解释变量一起对碳排放总量和强度进行回归,结果如图8-4所示。可以看出,无论是碳排放总量还是碳排放强度,2007~2012年"伪"处理组虚拟变量的估计系数均不显著,这说明"一带一路"倡议提出前,处理组和对照组的碳排放总量与强度不存在显著差异,变化趋势基本一致,满足"平行趋势假设"。

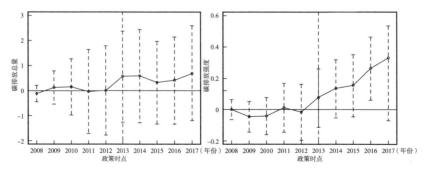

图8-4 平行趋势检验

（二）工具变量回归

考虑到"一带一路"倡议国内沿线城市并非随机选定，可能会受到国家战略方向、城市经济发展等一些不可观测因素的影响，进而产生政策评估的内生性问题。本章借鉴城市经济学研究将历史上高速公路的规划路线作为工具变量的做法，选择中国古代"丝绸之路"途径的地区作为工具变量，以缓解模型的内生性问题。工具变量需要满足两个条件：一是外生性；二是相关性。在理论上，选择中国古代丝绸之路作为工具变量能够满足以上两个条件：一方面，"一带一路"倡议虽然在深度和广度上都远远超越古代丝绸之路，但依然可以说是古代丝绸之路的继承与延续，因此"一带一路"倡议圈定的重点建设的省份与古代"丝绸之路"途径的地区有一定程度的重合；另一方面，古代丝绸之路并不会直接影响这些沿线城市的碳排放强度。表8－4第（1）列～第（4）列汇报了工具变量的回归结果。如果聚类到城市层面，第（1）列古代丝绸之路工具变量的系数显著为正，说明古代丝绸之路途径的地区更容易被圈定为"一带一路"倡议重点建设省市，但第（2）列的结果并不显著；如果将聚类放宽至"省份＊年份"层面，第（3）列、第（4）列的结果均显著为正，说明在缓解了可能存在的内生性问题后，本章的基准回归结果依然成立。

表8－4 **稳健性检验：工具变量回归**

项目	（1）	（2）	（3）	（4）
	第一阶段	第二阶段	第一阶段	第二阶段
古代丝绸之路	0.5553 *** （0.032）		0.5553 *** （0.033）	
"一带一路"		0.2224 （0.169）		0.2224 * （0.123）
Kleibbergen－Paap rk F 值	298.991		278.404	
样本量	2992	2992	2992	2992
控制变量	Yes	Yes	Yes	Yes
个体固定效应	Yes	Yes	Yes	Yes
年份固定效应	Yes	Yes	Yes	Yes

(三) PSM – DID 检验

"一带一路"倡议国内沿线城市的圈定可能还存在某些可观测因素导致的样本选择偏差问题。因此,本章采用倾向得分匹配的双重差分(PSM – DID)方法,进一步增强基准回归结果的稳健性。具体地,本章采用一对一有放回的近邻匹配方法、卡尺选择 0.01 进行匹配。图 8 – 5 显示了匹配前后处理组和对照组倾向得分的对比情况,可以看出匹配后处理组和对照组之间的差异明显缩小,表明匹配效果较好,可以使用匹配后的样本进行回归分析。结果显示,"一带一路"倡议核心解释变量的系数为 0.1902 并在 1% 水平上显著,与基准回归结果的系数 0.1507 相差不大,说明本章的研究结论不受 PSM 方法的影响,依然稳健。

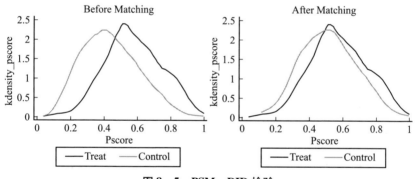

图 8 – 5 PSM – DID 检验

(四) 时间安慰剂检验 – 改变政策冲击时间

基准回归结果说明,"一带一路"倡议的实施明显提升了城市碳排放强度,但这一结果可能会受到未观测到的政策冲击或变量影响。为了排除这些可能的干扰,进一步支持基准回归结果的稳健性,本章参考刘瑞明(2015)的做法,将"一带一路"倡议提出的时间设定到 2013 年之前,如果核心解释变量不再显著,说明确实是"一带一路"倡议提升了城市的碳排放强度;如果核心解释变量依然显著,则证明存在不可观测的政策或者变量影响了城市的碳排放强度。表 8 – 5 显示了分别将政策冲击时间设定为 2008 ~ 2011 年的估计结果,发现核心解释变量的系数均不显著,这表明城市碳排放强度的提升确实是由 2013 年"一带一路"倡议的提出和实施导致的。

表 8 - 5 安慰剂检验:改变政策冲击时间

项目	(1) 提前 2 年	(2) 提前 3 年	(3) 提前 4 年	(4) 提前 5 年
Treat × Post2011	0.0938 (0.061)			
Treat × Post2010		0.0703 (0.063)		
Treat × Post2009			0.0459 (0.067)	
Treat × Post2008				0.0284 (0.073)
样本量	2992	2992	2992	2992
R^2	0.943	0.943	0.942	0.942
控制变量	Yes	Yes	Yes	Yes
个体固定效应	Yes	Yes	Yes	Yes
年份固定效应	Yes	Yes	Yes	Yes

(五)样本安慰剂检验-随机抽取实验组

本章在 285 个地级市样本中随机抽取 149 个城市样本作为"伪"处理组进行安慰剂检验,并将这个"伪"城市虚拟变量与时间虚拟变量相乘,构成"伪"处理组虚拟变量。然后把"伪"处理组虚拟变量作为核心解释变量进行回归,并将这种随机抽样重复 500 次。图 8 - 6 显示了 500 次回归结果的系数分布情况,横轴为"伪"处理组虚拟变量回归的估计系数值,纵轴为估计系数的 P 值分布,水平虚线和垂直虚线的交汇点为真实基准回归的估计结果。可以看出,核心解释变量的系数没有显著偏离零值,真实估计系数在安慰剂检验中属于异常值。这说明本章的结论并非偶然所得,基准回归的结果依然稳健。

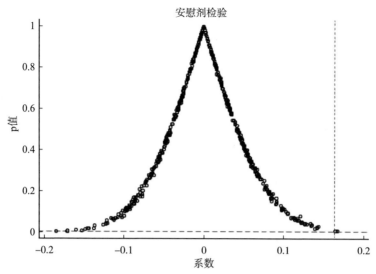

图 8 - 6 安慰剂检验：随机选取处理组

（六）排除其他政策干扰

通过政策梳理发现，在 2013 年左右中国出台和实施了一系列相关的政策试点，其中比较有影响力的有"科技与金融结合试点"、"国家创新型城市试点"和"低碳城市试点"等。前两项试点政策的目的在于强化对技术创新的政策支持，增加创新投入、优化创新环境、促进创新要素集聚，助力城市产业结构优化升级和驱动城市经济发展模式转变，由此推动城市经济绿色低碳发展。而"低碳城市"则是中国国家发展和改革委员会为推动生态文明建设和低碳绿色发展，确保我国实现控制温室气体排放目标而进行的政策试点，从政策目标上能明显预期到该政策对城市碳排放的影响。鉴于本章考察期为 2007～2017 年，这些试点政策所产生的政策效果也会干扰到本章的研究。为了排除"一带一路"倡议实施期间这些政策试点的干扰，准确识别和估计"一带一路"倡议的政策效应，本章在基准回归模型中依次加入这些政策的虚拟变量。表 8 - 6 模型（1）、模型（2）、模型（3）表示分别在基准回归模型中加入"科技与金融结合试点"、"低碳城市试点"和"国家创新型城市试点"的政策虚拟变量作为控制变量，模型（4）表示将这些政策虚拟变量全部加入基准回归模型中。结果显示，无论是分别加入这些政策虚拟变量，还是同时考虑这些试点政策的干扰，本章的结论依然稳健。

表8-6　　　　　　　　　安慰剂检验：排除其他政策干扰

项目	（1） 科技与金融结合	（2） 国家创新型城市	（3） 低碳城市	（4） 同时考虑三种政策
"一带一路"	0.1471*** （0.052）	0.1553*** （0.050）	0.1516*** （0.052）	0.1558*** （0.050）
样本量	2992	2992	2992	2992
R^2	0.944	0.943	0.944	0.944
控制变量	Yes	Yes	Yes	Yes
个体固定效应	Yes	Yes	Yes	Yes
年份固定效应	Yes	Yes	Yes	Yes

（七）其他稳健性检验

本章还进行了其他一系列稳健性检验。第一，替换被解释变量。除了碳排放强度外，人均二氧化碳排放量也可以作为城市二氧化碳排放强度的指标。本章采用人均二氧化碳排放量作为被解释变量进行回归，估计结果见表8-7第（1）列。在替换了被解释变量后，核心解释变量 $Treat_i \times OBOR_t$ 的估计系数依然在1%的水平上显著为正，这表明参与"一带一路"建设对城市碳排放强度的提升效应依然稳健。第二，对变量进行缩尾处理。为排除极端值对结论的影响，本章根据被解释变量对样本进行5%的缩尾处理，重新进行回归。估计结果表明，核心解释变量 $Treat_i \times OBOR_t$ 的估计系数大小基本一致，依然在1%的水平上显著，本章的结论是可靠的。第三，对样本进行筛选。考虑到样本中存在一些直辖市、省会城市和副省级城市等重点城市，可能会导致存在非随机性因素对估计结果产生干扰，本章剔除掉样本内的重点城市，重新对回归模型进行估计。结果显示，剔除掉重点城市后，核心解释变量 $Treat_i \times OBOR_t$ 的估计系数依然显著为正，本章结论进一步得到支持。

表 8 - 7 其他稳健性检验

项目	(1) 替换被解释变量	(2) 缩尾处理	(3) 剔除重点城市
"一带一路"	1.0197 *** (0.326)	0.1577 *** (0.040)	0.1191 *** (0.059)
样本量	2082	2992	2509
R^2	0.949	0.954	0.942
控制变量	Yes	Yes	Yes
个体固定效应	Yes	Yes	Yes
年份固定效应	Yes	Yes	Yes

三、影响机制检验

参与"一带一路"建设的市场主体是企业，按照此逻辑应该从微观主体的行为中检验"一带一路"倡议影响城市碳排放强度的机制。然而较为遗憾的是，在本研究考察的时间窗口内，国内目前没有合适的微观数据库能够提供具有足够代表性的企业二氧化碳排放数据。鉴于数据的可得性，本章依然基于城市层面从产业结构、产业集聚和居民能源消费三个方面来考察"一带一路"倡议影响城市碳排放强度的机制。

（一）产业结构扭曲

为检验这一机制，本章引入产业结构层次指数、产业结构高级化指数和产业结构合理化指数作为产业结构的代理变量。

产业结构层次指数衡量的是某个地区主导产业从第一产业向第三产业演进的状态。本章参考付凌晖（2010）的做法根据产值比重和从业人员比重分别构造出两个指标：

$$IS1_{it} = \sum_{m=1}^{3} y_{imt} \times m \qquad (8-2)$$

$$IS2_{it} = \sum_{m=1}^{3} l_{imt} \times m \qquad (8-3)$$

其中，y_{imt} 表示 i 城市 m 产业在 t 时期的产值占 i 城市总产值的比重，l_{imt} 表示 i 城市 m 产业在 t 时期的从业人员数占 i 城市三次产业从业人员总数的比重，m 表示对 m 产业所赋予的权重。

产业结构高级化指数刻画的是产业结构由劳动生产率较低的产业向劳动生产率更高的产业演进的过程。本章借鉴刘伟和蔡志洲（2008）的做法，用产业产值比重与产业劳动生产率的乘积之和表示：

$$SH_{it} = \sum_{m=1}^{3} y_{imt} \times \varphi_{imt} \qquad (8-4)$$

其中，φ_{imt} 表示 i 城市 m 产业在 t 时期的劳动生产率，用产业产值和产业从业人员人数的比值表示。

产业结构合理化指数体现的是三次产业之间的协调程度和资源在三次产业间的合理配置程度。本章借鉴干春晖（2011）的做法，用泰尔指数来表示：

$$TL_{it} = \sum_{m=1}^{3} \left(\frac{Y_{imt}}{Y_{it}} \right) \ln \left(\frac{Y_{imt}/Y_{it}}{L_{imt}/L_{it}} \right) \qquad (8-5)$$

其中，Y_{imt} 为 i 城市 m 产业在 t 时期的产值，Y_{it} 为 i 城市在 t 时期的总产值；L_{imt} 为 i 城市 m 产业在 t 时期的从业人员数，L_{it} 为 i 城市在 t 时期三次产业的从业人员总数。该指标为反向指标，数值越大，代表产业结构越不合理；数值越接近 0，代表产业结构越合理。

表 8 - 8 汇报了这一机制的检验结果。如第（1）列、第（2）列所示，"一带一路"倡议显著提升了以从业人员结构衡量的产业结构层次指数，但降低了以产值结构衡量的产业结构层次指数。这说明"一带一路"倡议的实施确实导致国内沿线城市产业结构中产值份额和就业份额之间出现扭曲，一个可能的解释是，"一带一路"倡议虽然促进了劳动力从第一、二产业向第三产业流动，但由于劳动力素养、教育程度、技能水平等因素，劳动力向更高层次产业的转移没有及时促进产值结构的调整，反而使得高层次产业的劳动生产率有所降低。第（3）列的结果也间接地支持了这一解释："一带一路"倡议显著降低了劳动生产率衡量的产业结构高级化指数。第（4）列显示核心解释变量的系数为正但不显著，说明"一带一路"倡议对于资源要素在产业间的合理配置并无显著影响。

表8-8 机制分析：结构扭曲效应

项目	(1) 产业结构层次 指数 (1)	(2) 产业结构层次 指数 (2)	(3) 产业结构高级化	(4) 产业结构合理化
"一带一路"	- 2.1105 *** (0.411)	3.8462 *** (1.002)	- 0.1625 *** (2318.053)	0.6881 (1.186)
样本量	2992	2972	2968	2972
R^2	0.964	0.871	0.646	0.882
控制变量	Yes	Yes	Yes	Yes
个体固定效应	Yes	Yes	Yes	Yes
年份固定效应	Yes	Yes	Yes	Yes

（二）产业集聚效应

为检验这一机制，本章采用以下四个变量作为经济集聚的代理变量：①经济密度，用二、三产业增加值和城市建设用地面积之比表示。②产业集聚，限于城市层面制造业就业人数的数据存在严重短缺，本章用第二产业就业人数比重构造的区位熵来表示。③就业密度，用一、二、三产业从业人员总数与行政区域面积之比表示。④市区人口密度，用市区人口总数和市区面积之比表示。

表8-9汇报了这一机制的检验结果。列（1）和列（4）表明"一带一路"倡议并未对城市单位面积建设用地的产值和市区人口密度产生显著影响。列（2）中核心解释变量的系数为负，表明"一带一路"倡议显著降低了第二产业的集聚程度；列（3）中核心解释变量的系数为正，表明"一带一路"倡议显著提高了城市的就业密度。这说明国内沿线城市可能存在"重服务、轻制造"的偏向性产业集聚倾向，已有研究也支持这一观点。"一带一路"倡议赋予沿线城市更好的发展前景，通过"虹吸效应"吸引了其他城市的劳动力前来就业，提高了城市的就业密度；但从城市内部来说，"一带一路"倡议更注重交通运输仓储等生产性服务业的发展，吸引了部分第二产业的从业人员转移到第三产业中，从而抑制了第二产业尤其是制造业的集聚程度，提高了城市的碳排放强度。

表 8 − 9   机制分析：集聚效应

项目	(1) 经济密度	(2) 产业集聚	(3) 就业密度	(4) 人口密度
"一带一路"	− 0.0046 (0.032)	− 7.6190 ** (3.201)	0.0014 * (0.001)	0.0013 (0.017)
样本量	2972	2992	2987	2992
R²	0.837	0.887	0.923	0.818
控制变量	Yes	Yes	Yes	Yes
个体固定效应	Yes	Yes	Yes	Yes
年份固定效应	Yes	Yes	Yes	Yes

（三）能源强度效应

为检验这一机制，本章采用人均电力消费作为能源强度的代理变量。表 8 – 10 汇报了这一机制的检验结果，列（1）显示"一带一路"倡议显著提升了沿线城市的人均电力消费。为了进一步分析人均电力消费提升的原因，本章分别就全社会用电总量、工业用电和城镇居民生活用电进行检验。列（2）、列（3）、列（4）显示，全社会用电总量和工业用电量的系数为正但不显著，而城镇居民生活用电则显著为正，因此国内沿线城市碳排放强度的提升部分是由于城镇居民生活用电量的增加所致。

表 8 − 10   机制分析：能源强度效应

项目	(1) 人均电力消费	(2) 全社会用电总量	(3) 工业用电	(4) 城镇居民生活用电
"一带一路"	0.5193 *** (0.164)	0.5574 (0.681)	0.2133 (0.505)	0.1508 * (0.829)
样本量	2945	2945	2921	2902
R²	0.903	0.925	0.886	0.957
控制变量	Yes	Yes	Yes	Yes
个体固定效应	Yes	Yes	Yes	Yes
年份固定效应	Yes	Yes	Yes	Yes

第五节　进一步分析

一、异质性分析

我国幅员辽阔，地区间发展不均衡，不同的城市地理位置、经济地位和资源禀赋也各不相同。那么，这些不同的城市特征是否会使得"一带一路"倡议的碳排放效应产生差异化的效果？本章从地理位置、规划等级、资源禀赋这三个方面进行异质性分析。

（一）区分城市的地理区位

"一带一路"倡议是"新丝绸之路经济带"和"21世纪海上丝绸之路"的简称，前者大多途经新疆、甘肃、陕西、宁夏等西部省份，而后者的参与对象主要是上海、浙江、福建、广东、海南等港口资源丰富的东部沿海省份。此外，"一带一路"倡议重点圈定了武汉、长沙、郑州、合肥、南昌等中部城市作为我国内陆对外开放的经济高地。因此，可以将全国分为东部和中西部两个不同的区域进行回归，可以更详细地了解"一带一路"倡议对城市碳排放强度的影响，具体结果见表8-11。由第（1）列、第（2）列可知，"一带一路"倡议显著提升了东部城市的碳排放强度，对于中西部城市没有显著影响。这可能是由于："一带一路"倡议可以通过促进产业间的劳动力流动转移影响城市产业结构，进而影响城市的碳排放强度。而东部城市的产业结构转型领先于中西部城市，一方面是因为第三产业的发展对劳动力的吸纳能力更强，第一、二产业的劳动力加速向第三产业转移，可能导致一定程度上的结构扭曲；另一方面由于劳动力和其他生产要素的涌入也会加剧城市的"拥挤效应"，从而提升了城市的碳排放强度。

表 8 – 11 　　　　　　　　　　　　　异质性分析

项目	(1) 东部	(2) 中西部	(3) 中心城市	(4) 非中心城市	(5) 资源型城市	(6) 非资源型城市
"一带一路"	0.1773 *** (0.065)	0.0873 (0.081)	0.2343 *** (0.072)	0.0790 (0.072)	0.1452 (0.109)	0.1311 *** (0.046)
样本量	921	1752	1051	1941	1178	1814
R^2	0.955	0.939	0.951	0.939	0.924	0.962
控制变量	Yes	Yes	Yes	Yes	Yes	Yes
个体固定效应	Yes	Yes	Yes	Yes	Yes	Yes
年份固定效应	Yes	Yes	Yes	Yes	Yes	Yes

（二）区分城市的规划等级

我国城市众多，不仅有直辖市这种行政级别较高的城市，而且不同地级市的政治地位和经济实力也是参差不齐。根据 2010 年《全国城镇体系规划》，可以将我国地级及以上城市分为中心城市和非中心城市。与非中心城市相比，中心城市具有较强的局部区位优势，能够获得更多的经济资源和政策红利，对周边城市的劳动力、资本和技术等生产要素存在一定的"虹吸效应"。因此，在中心城市和非中心城市之间，"一带一路"倡议的碳排放效应可能会因为城市等级存在异质性。表 8 – 11 中第（3）列、第（4）列报告了中心城市和非中心城市的回归结果。结果显示中心城市的核心解释变量系数为 0.2343，在 1% 的水平上显著为正；非中心城市的系数为 0.0790，且不具有显著性。这可能是因为：相比于非中心城市，中心城市在交通便利、经济发展方面具有更大优势，对劳动力具有更强的吸引力，在参与"一带一路"建设过程中存在不同程度的"政策俘获性"。

（三）区分城市的资源禀赋

资源禀赋既是城市崛起的重要力量，也是城市发展的约束条件。我国地大物博，每座城市具有不同类型和数量的资源禀赋，包括地形、水文、矿产等。根据国务院《全国资源型城市可持续发展规划（2013 – 2020 年)》，可以将我国城市分为资源型城市和非资源型城市两类。与非资源型城市相比，资源型城市的发展主要依靠对本地区矿产资源的开采和加工，甚至有些城市完全是因为资源开采出现的。这种发展方式通常会形成不合理的产业结构和对生态环境的巨大破坏，给城市深化改革和转型发展造成不同程度的阻力。本章分别对资源型城市和非资源型城市进行回归分析，两组样本的回归结果如表8-11第（5）列、第（6）列所示。结果显示，"一带一路"倡议并没有对资源型城市产生显著的碳排放效应，反而显著提升了非资源型城市的碳排放强度。主要原因可能是资源型城市发展方式单一，生产要素存在一定程度的错配现象，能源结构和产业结构扭曲程度本身较重；而非资源型城市市场化程度较高，存在"船小好调头"的现象，在参与"一带一路"建设的过程中更容易实现生产要素的重新配置，政策效果也更为明显。

二、协同效应分析

二氧化碳和环境污染物的产生并不完全一致，但依然具有一定程度的同根同源性。研究单一政策对多种环境污染物的影响，是协同推进减碳减污、实现绿色可持续发展的前提。本章基准回归结果表明"一带一路"倡议显著地提升了国内沿线城市的碳排放强度，但对二氧化碳排放总量的影响并不显著。为了进一步分析"一带一路"倡议对国内沿线城市其他污染物的排放是否存在协同效应，本章选择工业烟尘排放强度、工业废水排放强度、工业SO_2排放强度和PM2.5浓度作为被解释变量，对"一带一路"倡议的环境协同效应进行检验。

表8-12汇报了协同效应的回归结果。第（1）列、第（2）列、第（3）列表明"一带一路"倡议对工业烟尘排放强度、工业废水排放强度、工业SO_2排放强度均不具有显著影响，但第（4）列核心解释变量的系数显著为正，说明"一带一路"倡议显著提升了国内沿线城市的PM2.5浓度。这可能是因为PM2.5主要源于各种工业过程中化石燃料的燃烧和机动车排放、秸秆焚烧等，和二氧化碳的产生具有高度同源性。因此"一带一路"倡议在提升国内沿线城市碳排放强度的同时，也提升了这些城市的PM2.5浓度。

表 8 – 12　　　　　　　　　　　协同效应分析

项目	(1) 工业烟尘排放强度	(2) 工业废水排放强度	(3) 工业 SO_2 排放强度	(4) PM2.5
"一带一路"	-0.002 (0.009)	-0.000 (0.000)	-0.000 (0.001)	1.342^{**} (0.520)
样本量	2945	2945	2945	2945
R^2	0.160	0.827	0.577	0.937
控制变量	Yes	Yes	Yes	Yes
个体固定效应	Yes	Yes	Yes	Yes
年份固定效应	Yes	Yes	Yes	Yes

第六节　本章小结

　　本章基于碳排放总量和强度"双控"的视角，采用双重差分法考察了"一带一路"倡议与沿线城市碳排放总量及强度之间的因果效应，研究发现："一带一路"倡议的实施对城市碳排放总量的影响不显著，但显著提升了城市的碳排放强度，该结论在经过工具变量法、倾向得分匹配、安慰剂等一系列稳健性检验之后依然成立。从影响机制来看，"一带一路"倡议主要是通过产业部门的结构转型效应、集聚效应和居民部门的能源消费强度效应推升了国内沿线城市碳排放强度。从异质性分析来看，"一带一路"倡议对我国东部地区城市的碳排放效应更大，对非资源型城市和等级更高的中心城市影响更加显著。从污染协同效应来看，"一带一路"倡议也提高了国内沿线城市的 PM2.5 浓度，对其他环境污染物的排放强度影响不显著。因此，本章为"一带一路"倡议国内沿线城市如何平衡共建"一带一路"和实现"双碳"目标两者之间的关系提供了经验证据。

第九章　总结与建议

第一节　主要研究结论

本书从产业结构演化的视角分析中国生态文明与绿色发展的部分关键问题，重点分析了绿色发展与产业结构之间的互动关系、绿色发展的主要驱动因素如何通过产业结构优化这一过程影响绿色发展进程，以及部分政策因素对绿色发展的影响。但是在研究之前，有必要对绿色发展和产业结构优化进行更为准确的评价和分析，在此基础上才能运用更为丰富的实证方法，对以上关系和机制进行分析和验证。根据前文系统的研究，本书得出如下四个基本结论。

一、绿色发展和产业结构升级的耦合协同程度存在区域差异

近年来，我国绿色发展指数整体呈上升趋势。分区域来看，绿色发展的地域分布特征较为明显，截至 2020 年，东部地区和西部地区的绿色发展指数高于中部地区，而西部地区的绿色发展水平高于东部地区和中部地区。细分来看，增长质量指数、绿色生活指数，东部地区优于中西部地区，资源利用指数、环境质量指数和生态保护指数，西部地区要优于东部地区，中部地区表现较差。分省市来看，浙江、江苏、上海、四川、重庆等省份既保证了"绿水青山"，又实现了"金山银山"。进一步对我国各省份的绿色发展和产业结构升级的耦合协调水平和空间关联效应、空间分异状态进行分析，发现三点结论：一是 2011～2020 年，我国绿色发展水平和产业结构升级水平均呈现逐渐提高的发展趋势。分

区域来看，2011～2015年，我国整体以及东、中、西部地区的生态文明建设和绿色发展滞后于产业结构转型升级；2016～2020年，我国整体上以及东、中、西部地区的绿色发展和产业结构转型升级同步发展，开始趋于协调。二是我国绿色发展和产业结构升级的耦合协调度在空间分布上有所不同。具体而言，东部沿海地区经济发展水平高，绿色发展和产业结构升级的耦合协调度更高；西部地区生态资源丰富，但产业结构转型升级相对滞后，导致其耦合协调水平较低，但要高于中部地区。而中部地区既存在产业结构转型升级缓慢的历史问题，也存在经济建设过程中忽视生态文明建设的现实问题，使得该地区的绿色发展水平和产业结构升级耦合协调度较低。三是我国绿色发展水平和产业结构升级的耦合协调度具有空间关联效应。从全局来看，我国绿色发展水平和产业结构升级的耦合协调度具有空间自相关性，这说明存在空间集聚现象。但是，我国绿色发展水平和产业结构升级的耦合协调度空间分异明显。核密度图显示，2011～2020年，我国整体上耦合协调水平有所提高，但空间分布变化明显。2011～2015年，空间分布趋于均衡，但依然存在"一省独大"的现象；2016～2020年，空间差异又逐渐扩大。泰尔指数分解结果显示，我国绿色发展水平和产业结构升级耦合协调度空间差异主要是由东、中、西部地区区域内差异逐渐扩大造成的，而区域间差异的贡献率在逐渐降低。

二、产业结构优化是实现绿色发展的必然路径

产业结构优化是实现绿色发展的必然路径。根据本书第五章的研究，基于省级层面相邻省份之间的经济关联和由政绩考核体系的行政激励驱动的创新竞争和模仿效应，我国省级层面的绿色发展对关联地区绿色发展绩效具有显著的空间溢出效应，产业结构优化的三个变量，以及二个绿色技术进步变量对绿色发展绩效均具有显著的影响。其中，产业结构生态化对绿色发展绩效的影响最为突出，对绿色发展绩效具有正向的促进作用；产业结构高级化对绿色发展绩效的影响大于产业结构协同化变量，且二者对绿色发展绩效的影响具有性质一致性，即都具有正向的直接效应和负向的间接效应。这既集中反映了我国经济增长中物质资本贡献远大于人力资本贡献的事实，也揭示了我国以高能耗、重污染为

特征的粗放型发展模式已经在发生转变，但整体上依然处于量变积累阶段，仍未达到质的转变阶段。研究中两个绿色技术进步变量对绿色发展绩效的影响进一步佐证了这一结论。单位 GDP 能耗变量对绿色发展绩效的影响在全部五个变量中是最显著的，无论直接效应还是间接效应都是作用强度最大的。绿色专利授权量对绿色发展绩效的影响都存在正向的促进作用，但相对影响的强度较弱。这充分说明了我国绿色发展目前依然处于以节能减排为核心的早期发展阶段，长期内绿色科技创新始终是制约我国绿色发展的主要短板。因此，围绕绿色科技要素市场培育的改革深化是构成进一步促进系统性绿色发展的关键。根据本书第六章的研究，绿色金融这一因素能够有效的促进地区绿色发展，也能够有效推动产业结构转型升级，促使产业结构高级化，提升产业结构生态化水平，但对产业结构合理化水平影响不显著。通过门槛回归分析发现，绿色金融对绿色发展的作用会受到区域产业结构生态化转型的影响，存在一个双重门槛值，只有当产业结构生态化水平跨过第二重门槛值之后，绿色金融对区域绿色发展才呈现出非常显著的正面影响。通过面板VAR 模型分析发现，绿色金融的正向冲击能够显著提升产业结构生态化水平，以及区域绿色发展水平，产业结构生态化水平也能够有效的推动绿色发展。可见，这一研究进一步验证了产业结构优化是我国实现绿色发展的必然路径。

三、地区环境规制政策优化与企业绿色创新能力提升之间存在良性互动

根据本书第七章的研究发现，低碳城市试点政策显著地提升了试点地区高碳排放行业内企业的绿色创新能力，我国大部分地方政府综合使用了数量型、价格型与非正式型环境规制工具，这有力地实现了自主环境规制政策优化与企业绿色创新能力提升之间的良性互动。进一步区分国有企业和非国有企业后发现，相较于非国有企业，国有企业绿色创新能力的提升表现得更为显著；而进一步机制分析发现，试点地区的自主环境规制政策提高了政府环保补贴的力度，改善了企业面临的融资约束，激励了企业提高绿色技术研发投入的水平。企业绿色创新能力的提升，又会形成正反馈效应，进一步推动试点地区政府环境规制政策的优

化升级，形成企业绿色创新能力提升与地区环境规制政策优化的良性循环。因此，在"自上而下"的制度框架内探索"自下而上"的环境规制模式，能够有利于充分调动地方政府自主环境规制选择的积极性，鼓励地方政府因地制宜探索合理的环境规制手段。相比传统"自上而下"的环境规制模式，"自下而上"的模式会赋予了地方政府更大的环境规制自主权，有利于提升地方政府自主环境规制的内在动力，促进地方政府制度创新释放政策红利。而"波特假说"的实现依赖于合理且适度的环境规制政策，环境规制工具的异质性作用往往使得单一环境规制政策效果不甚理想，所以综合使用环境规制政策工具，形成各类政策工具的组合创新，才能更好地激发企业绿色创新活力，实现经济与环境之间的协调发展。与此同时，通过建立以政府为主导、企业为主体的环境综合治理体系，将更有利于发挥"有为政府"的自主环境规制作用，只有着眼于提升企业绿色创新能力，形成绿色竞争优势，打破经济发展与环境保护的困境，实现"有为政府"和"有效市场"的良性互动，才能切实推进绿色发展。

四、产业结构转型升级是经济发展与碳排放脱钩的主要途径

根据本书第八章的研究，"一带一路"倡议这类政策的实施对城市碳排放总量的影响并不显著，但能够显著提升城市的碳排放强度。分析发现，"一带一路"倡议主要是通过产业部门的结构转型效应、集聚效应和居民部门的能源消费强度效应推升国内沿线城市碳排放强度。进一步区分区域和考虑其他污染物发现，"一带一路"倡议对我国东部地区城市的碳排放效应更大，对非资源型城市和等级更高的中心城市影响更加显著，"一带一路"倡议会提高国内沿线城市的 PM2.5 浓度，对其他环境污染物的排放强度影响不显著。因此，一方面，调整产业结构是降低碳排放强度的关键。虽然"一带一路"倡议在短期内呈现出产业结构转型和低碳发展的矛盾，但从发达国家的长期历史来看，产业结构转型升级依然是经济发展与碳排放脱钩的主要途径。与此同时，国内沿线城市因为现实条件和自身特点不同，相关政策的影响程度也存在显著差异。另一方面，将能源结构纳入分析范畴时，经济快速增长带来的能源需求扩张是我国碳排放总量保持高位的主要原因，因为我国仍然长期保

持着以煤炭为主的能源结构。

第二节　对策建议

根据从产业结构演化的视角，研究我国绿色发展水平及趋势，科技创新、绿色金融因素与绿色发展的关系，以及相关政策因素对绿色发展的影响，本书对产业结构演化背景下我国生态文明与绿色发展的理论支撑和实践逻辑有了更加清晰的认识和把握，根据这些研究结论，结合"十四五"期间我国面临的新形势，提出我国绿色发展、产业结构优化和增长质量提升等方面的五点政策建议。

一、因地制宜，精准施策，促进绿色发展和产业结构优化形成良性互动

近年来我国整体上以及各地区的绿色发展和产业结构转型升级同步发展，开始趋于协调，但不同省份或地区在自然条件、经济发展、产业结构、历史文化和环境治理等方面都存在较大差异，应充分发挥各地区经济发展特征和产业优势，兼顾产业结构优化升级，有针对性地制定分区域的绿色发展策略，促进绿色发展和产业结构优化的协调联动，形成良性互动，这是我国走向生态文明的必然要求。一方面，基于绿色发展和产业结构升级耦合协调度的空间分布特征，制定更加符合地区经济发展的政策措施，由于东部沿海地区绿色发展和产业结构升级的耦合协调度更高，在制定相关政策措施时应该更加注重统筹兼顾和与时俱进；由于西部地区产业结构转型升级相对滞后于绿色发展，所以在政策制定的过程中，应该在保护固有生态资源环境的同时，更加重视对产业结构转型升级的政策倾斜和资源投入。由于中部地区、东北地区产业结构转型升级的程度和绿色发展的水平都不高，两者的耦合协调度也较低，所以应该通过更加合理的政策设计、安排及实施促进相关政策的有效性，在发展中兼顾环境保护。另一方面，强化各地区产业结构升级和绿色发展方面的区域协同，一是要促进区域生态治理有效配合，责任共担，确保区域之间生态环境利益关系的平衡。各地方应通过完善政策制度，通过

生态补偿等方式，减少不同生态治理参与主体之间的矛盾，促进区域经验交流和沟通合作，促进形成区域生态治理责任共担机制。各地方必须强化共保联治责任，结合各地区自身优势和特点，联合出台区域生态治理政策、相关指标和标准，明确划分责任范围；二是坚持绿色发展理念，优化区域之间产业结构和布局，建立产业区域协调互动机制，坚持区域产业功能化、差异化发展，形成与地区资源环境相适应的产业发展格局，积极做好不同区域之间的产业转移和承接，缩小各区域绿色发展和产业结构升级耦合协调度方面的空间差异。

二、深化改革，健全法制，构建更加规范的环境规制法治体系

绿色发展是贯穿我国经济社会发展全过程、各领域的一场长期的发展方式变革，必须有效推动各领域的改革深化，逐渐强化、规范驱动绿色发展的激励体系，这里既包括反向激励，也包括正向激励。根据以上研究结论，绿色发展绩效外溢效应的一个重要驱动机制就是地方政府基于绿色发展政绩考核压力的环境规制创新和模仿。因此，环境规制政策的完备性及其执行成本与落地效果，是激发市场有效绿色要素需求的基础。一方面，污染企业基于环境规制的成本压力寻求更高效率的绿色生产要素，是驱动绿色发展的基础动力。这也是推动市场机制在绿色发展中发挥基础性资源配置功能的前提条件。目前，我国环境规制政策主要集中在省级层面，且以命令型环境规制为主体。经过近些年的实践，亟须在法治轨道内，通过总结成功的经验和做法，在国家层面逐步规范环境规制的法治框架。便于有计划、分阶段地有序淘汰重污染领域的落后产能，逐步提高排放标准，巩固、扩大节能减排的领域和深度。同时，对绿色发展的正向激励体系的制度探索也应逐步进入制度试点阶段。比如，对重点领域的重点企业的绿色技术革新与进步提供政策性绿色金融支持等正向激励体系也需要逐步建立、健全。只有把激励搞对，使得环境保护行为成为日常生产、生活中绝大多数机构和个人的理性选择结果，才能从根本上塑造驱动绿色发展的动力基础。另一方面，要深化政府行政管理体制改革，这是促进绿色发展的制度保障。绿色发展中关键环境问题的特殊性，预示着它的解决必须依靠有效市场和有为政府的结合，市场在绿色发展中的资源配置基础作用的发挥要严格依赖于政府公

共服务职能。从本质来看，绿色发展和产业结构的优化升级都与政府的行为密切相关，或者说政府行为从根本上决定了每一个方面的发展质量。在市场经济条件下，围绕绿色发展的产业结构优化过程，"市场发挥决定性作用"的前提条件严格依赖于政府提供公共服务的水平和质量。"更好发挥政府作用"的实质其实就是强调由政府提供保障市场高效运行的制度条件。总之，"有为"政府的制度供给和公共服务是市场健康、高效运行的前提条件。因此，进入新发展阶段，我国应该在新发展理念的总引领下，以生态文明制度体系的"四梁八柱"为依托，积极建立和完善我国环境规制的制度体系和促进环境规制政策落实的监管体系。

三、创新引领，技术攻关，发挥企业在绿色技术创新中的主体地位

新发展理念指导下，创新成为发展的第一动力，而绿色科技创新是长期驱动绿色发展的物质基础和根本路径。根据以上研究，以绿色专利授权量表征的绿色技术进步变量对绿色发展绩效的影响并不突出。相反，以单位 GDP 能耗表征的绿色技术进步的另一个变量对绿色发展绩效的促进效应的确是最突出的，这既揭示了我国绿色发展的现实阶段，也充分说明绿色科技创新的严重供给不足。从长期看，真正完全解决绿色发展问题的关键在于能否最终诱致系统的环境友好型技术变迁。在有效刺激清洁生产技术的市场需求的前提下，深化科研管理体制的改革，培育科技创新的环境条件，促进清洁生产要素的市场有效供给，也是驱动绿色发展的重要决定因素。同时，有针对性地扶植科技要素市场的建设，充分鼓励可有效降低市场信息交易成本的专业化中介机构的发育。在具体政策举措方面，一方面，要充分发挥企业在绿色技术创新中的主体地位，我国大部分地方政府综合使用了数量型、价格型与非正式型环境规制工具，这有力地实现了自主环境规制政策优化与企业绿色创新能力提升之间的良性互动，而在"自上而下"的制度框架内探索"自下而上"这种环境规制模式，能够赋予地方政府更大的环境规制自主权，有利于提升地方政府自主环境规制的内在动力，促进地方政府制度创新释放政策红利。因此，应该加快探索"自下而上"环境规制模式，完

善环境规制综合治理体系，充分激发微观企业绿色创新活力。要建立以政府为主导、企业为主体的环境综合治理体系，发挥"有为政府"的自主环境规制作用，着眼于提升企业绿色创新能力，形成绿色竞争优势，打破经济发展与环境保护的困境，实现"有为政府"和"有效市场"的良性互动，切实推进以绿色发展理念引领实现经济高质量发展。另一方面，政府要充分发挥创新和投资的引领作用，建立激励相容的绿色技术创新机制和投资机制，通过制度体系构建、政策支持和预期管理等举措，推动关键核心领域绿色技术创新取得新进展，鼓励企业加大对绿色技术创新的研发投入。近年来，我国的绿色技术创新的步伐加快，全国的绿色技术专利申请数量快速增长，国家级的绿色技术创新项目相继设立。但针对绿色技术创新的体制机制还未建立完全，尤其是绿色专利保障机制还不够完善，导致绿色技术创新效果的发挥还十分有限。此时，必须加大绿色技术创新领域的金融、信贷、资金和人才等政策支持力度，积极培育绿色技术创新的企业主体或者龙头企业，鼓励以政府为主导建立产学研联合体。

四、多措并举，完善工具，发挥绿色金融对于地区绿色发展的推动作用

绿色金融是推动地区绿色发展的有力工具，政府要重视绿色金融发展，充分发挥绿色金融的资源配置、生态产品价格发现，以及环境风险管理等功能。要完善绿色金融政策法规体系，创新政策工具，鼓励金融机构开发各类绿色金融产品，推动绿色债券、绿色信贷等产品发展，进一步扩大绿色金融支持范围，强化绿色金融对各领域的资源绿色化配置支持，除了关注环境治理和环境建设，绿色发展的其他领域，如资源利用、生态保护等也应予以重视。绿色金融对产业结构转型升级的作用也要予以重点关注，可以借助绿色金融工具进一步推动产业结构沿着高级化、生态化方向演进，消除绿色金融对产业结构合理化不利影响。在制定绿色金融发展政策时，政府需要认识到绿色金融对产业结构生态化的影响。具体而言，政府应该充分发挥绿色金融对绿色产业的支持作用，同时支持传统企业的升级改造与节能减排，推动清洁生产技术的应用与绿色产品的研发，从而不断提升产业结构生态化水平，推动绿色发展与

产业结构优化升级之间形成良性互动。事实上，目前我国绿色金融对绿色发展的推动作用贡献率还较低，从动态来看绿色金融对绿色发展长效机制还没有真正建立起来，绿色金融在引导资源进行绿色化配置，激励传统污染型企业进行绿色转型还有巨大潜力可以被挖掘，这是未来进一步完善绿色金融政策体系需要关注的重点。与此同时，要建立健全绿色金融的监管体系，加大对相关金融工具的监管力度，加大检查和执法，防范各类金融风险的出现，在撬动新的增长动能的同时，维护好市场的秩序。

五、合作发展，高质量共建，加快推进绿色"一带一路"行稳致远

实现"双碳目标"是当前阶段我国绿色发展的重要任务，也是我国产业结构优化升级的主要目标导向，而影响城市碳排放的因素有很多，政策是其中一个非常重要的影响因素。根据以上研究，"一带一路"倡议这类政策的实施能够显著提升城市的碳排放强度，它通过产业部门的结构转型效应、集聚效应和居民部门的能源消费强度效应推升国内沿线城市碳排放强度。因此，应该重视调整"一带一路"沿线城市的产业结构，这是降低碳排放强度的关键。虽然"一带一路"倡议在短期内呈现出产业结构转型和低碳发展的矛盾，但从发达国家的长期历史来看，产业结构转型升级依然是经济发展与碳排放脱钩的主要途径。国内沿线城市应把握共建"一带一路"带来的巨大机遇，依托"一带一路"国际合作平台，坚持高水平的"引进来"和"走出去"并重，在推动国内产业向沿线地区转移合作和承接国际产业转移的高水平动态平衡发展中，加快实现自身产业结构优化升级。与此同时，国内沿线城市要根据自身特点因地施策。东部沿海城市应继续巩固作为我国对外开放高地的先导地位，利用和发挥好"一带一路"倡议创新合作、技术合作的平台作用，促进国际创新要素流动，完善国际创新合作网络，努力提升多样化、专业化创新集聚，借助城市群的辐射能力带动周边地区发展；中西部沿线城市应打造对外开放新格局，大力发展数字经济和服务贸易，促进生产性服务业和制造业深度融合，在承接好东部沿海地区产业转移的同时，扩大与沿线国家和地区的经贸合作，有序形成国内国际

产业转移梯度布局。此外，鉴于我国长期保持以煤炭为主的能源结构，经济快速增长带来的能源需求扩张是我国碳排放总量保持高位的主要原因。从能源供给来看，具备开发能力和开发条件的国内沿线城市应大力发展风能、太阳能等可再生能源产业，在保证满足经济社会发展需求和能源安全的前提下，努力提高清洁能源占比，推进能源供给体系的低碳转型。从能源消费来看，应该继续大力倡导、支持形成绿色生产生活方式，提高能源利用效率，努力建设更加高质量的能源节约型社会。

参 考 文 献

［1］白仲林．面板数据的计量经济学分析［M］．天津：南开出版社，2008年．

［2］薄海，赵建军．生态现代化：我国生态文明建设的现实选择［J］．科学技术哲学研究，2018，35（1）：100-105.

［3］曹翔滕，聪波，张继军．"一带一路"倡议对沿线国家环境质量的影响［J］．中国人口·资源与环境，2020，30（12）：116-124.

［4］昌敦虎，缪琪，原佳倩，等．"一带一路"沿线国家碳排放：外商直接投资与发展要素的共同影响分析［J］．环境科学研究，2022，35（7）：1556-1563.

［5］陈长．省域生态产业化与产业生态化协同发展理论、实证——以贵州为例［J］．贵州社会科学，2019（8）：122-130.

［6］陈芳，赵芸霆．交互环境规制视角下长三角产业生态化水平测度及提升路径［J］．区域经济评论，2022（4）：152-160.

［7］陈国进，丁赛杰，赵向琴，蒋晓宇．中国绿色金融政策、融资成本与企业绿色转型——基于央行担保品政策视角［J］．金融研究，2021（12）：75-95.

［8］陈洪波．"产业生态化和生态产业化"的逻辑内涵与实现途径［J］．生态经济，2018，34（10）：209-213，220.

［9］陈强．高级计量经济学及Stata应用（第二版）［M］．北京：高等教育出版社，2014年．

［10］陈强远，林思彤，张醒．中国技术创新激励政策：激励了数量还是质量［J］．中国工业经济，2020（4）：79-96.

［11］陈诗一．节能减排、结构调整与工业发展方式转变的研究［M］．北京：北京大学出版社，2011年．

［12］陈宇，孙枭坤．政策模糊视阈下试点政策执行机制研究——

基于低碳城市试点政策的案例分析 [J]. 求实, 2020 (2): 46 - 64, 110 - 111.

[13] 程钰, 李晓彤, 孙艺璇, 陈延斌. 我国沿海地区产业生态化演变与影响因素 [J]. 经济地理, 2020, 40 (9): 133 - 144.

[14] 崔如波. 绿色经济: 21 世纪持续经济的主导形态 [J]. 社会科学研究, 2002 (4): 47 - 50.

[15] 习心薇, 曾珍香. 环境规制对我国能源效率影响的研究——基于省际数据的实证分析 [J]. 技术经济与管理研究, 2020 (3): 92 - 97.

[16] 范丹, 孙晓婷. 环境规制、绿色技术创新与绿色经济增长 [J]. 中国人口·资源与环境, 2020, 30 (6): 105 - 115.

[17] 方行明, 魏静, 郭丽丽. 可持续发展理论的反思与重构 [J]. 经济学家, 2017 (3): 24 - 31.

[18] 付明卫, 叶静怡, 孟俣希等. 国产化率保护对自主创新的影响——来自中国风电制造业的证据 [J]. 经济研究, 2015, 50 (2): 118 - 131.

[19] 干春晖, 郑若谷, 余典范. 中国产业结构变迁对经济增长和波动的影响 [J]. 经济研究, 2011, 46 (5): 4 - 16, 31.

[20] 高锦杰, 张伟伟. 绿色金融对我国产业结构生态化的影响研究——基于系统 MM 模型的实证检验 [J]. 经济纵横, 2021 (2): 105 - 115.

[21] 谷树忠. 产业生态化和生态产业化的理论思考 [J]. 中国农业资源与区划, 2020, 41 (10): 8 - 14.

[22] 郭克莎, 田潇潇. 加快构建新发展格局与制造业转型升级路径 [J]. 中国工业经济, 2021 (11): 44 - 58.

[23] 郭付友, 佟连军, 刘志刚等. 山东省产业生态化时空分异特征与影响因素——基于 17 地市时空面板数据 [J]. 地理研究, 2019, 38 (9): 2226 - 2238.

[24] 韩晶, 陈超凡, 施发启. 中国制造业环境效率、行业异质性与最优规制强度 [J]. 统计研究, 2014, 31 (3): 61 - 67.

[25] 韩宁. 生态文明: 当代中国的文明选择与可持续发展的转机 [J]. 科学社会主义, 2014 (5): 111 - 114.

［26］韩英，马立平．京津冀产业结构转型升级的效果测度［J］．首都经济贸易大学学报，2020，22（2）：45－55.

［27］韩永辉，黄亮雄，王贤彬．产业结构升级改善生态文明了吗——本地效应与区际影响［J］．财贸经济，2015（12）：129－146.

［28］韩永楠，葛鹏飞，周伯乐．中国市域技术创新与绿色发展耦合协调演变分异［J］．经济地理，2021，41（6）：12－19.

［29］韩政，程钰，刘娜．科技创新对中国沿海地区产业生态化的影响研究［J］．湖南师范大学自然科学学报，2021，44（4）：81－90.

［30］何爱平，安梦天．地方政府竞争、环境规制与绿色发展效率［J］．中国人口·资源与环境，2019，29（3）：21－30.

［31］郇庆治．生态文明建设与可持续发展的融通互鉴［J］．可持续发展经济导刊，2020（1）：59－62.

［32］黄亮雄，王鹤，宋凌云．我国的产业结构调整是绿色的吗？［J］．南开经济研究，2012（3）：110－127.

［33］黄天能，许进龙，谢凌凌．资源枯竭城市产业结构转型升级水平测度及其影响因素——基于24座地级市的面板数据［J］．自然资源学报，2021，36（8）：2065－2080.

［34］黄跃，李琳．中国城市群绿色发展水平综合测度与时空演化［J］．地理研究，2017，36（7）：1309－1322.

［35］金刚，沈坤荣．地方官员晋升激励与河长制演进：基于官员年龄的视角［J］．财贸经济，2019，40（4）：20－34.

［36］匡远配，唐文婷．中国产业结构优化度的时序演变和区域差异分析［J］．经济学家，2015（9）：40－47.

［37］雷玉桃，游立素．区域差异视角下环境规制对产业生态化效率的影响［J］．产经评论，2018，9（6）：140－150.

［38］黎文靖，郑曼妮．实质性创新还是策略性创新？——宏观产业政策对微观企业创新的影响［J］．经济研究，2016，51（4）：60－73.

［39］黎元生．生态产业化经营与生态产品价值实现［J］．中国特色社会主义研究，2018（4）：84－90.

［40］李集生．产业生态化、环境规制与循环经济绩效的耦合实证——基于18个城市群面板数据［J］．技术经济与管理研究，2022

（6）：99 – 105.

[41] 李青原，肖泽华. 异质性环境规制工具与企业绿色创新激励——来自上市企业绿色专利的证据 [J]. 经济研究，2020，55（9）：192 – 208.

[42] 李胜兰，初善冰，申晨. 地方政府竞争、环境规制与区域生态效率 [J]. 世界经济，2014，37（4）：88 – 110.

[43] 李天星. 国内外可持续发展指标体系研究进展 [J]. 生态环境学报，2013，22（6）：1085 – 1092.

[44] 李晓西，夏光. 中国绿色金融报告 2014 [M]. 北京：中国金融出版社，2014.

[45] 李彦文，李慧明. 绿色变革视角下的生态现代化理论：价值与局限 [J]. 山东社会科学，2017（11）：188 – 192.

[46] 李扬杰，李敬. 长江经济带产业生态化水平动态评价——基于全局主成分分析模型的测算 [J]. 林业经济，2020，42（7）：41 – 50.

[47] 李扬杰，张莉. 基于全局熵值法的长江上游地区产业生态化水平动态评价 [J]. 生态经济，2021，37（7）：44 – 48，56.

[48] 李毓，胡海亚，李浩. 绿色信贷对中国产业结构升级影响的实证分析——基于中国省级面板数据 [J]. 经济问题，2020（1）：37 – 43.

[49] 李子豪，毛军. 地方政府税收竞争、产业结构调整与中国区域绿色发展 [J]. 财贸经济，2018，39（12）：142 – 157.

[50] 联合大学学报（人文社会科学版），2021，19（1）：11 – 19，38.

[51] 廖文龙，董新凯，翁鸣，等. 市场型环境规制的经济效应：碳排放交易、绿色创新与绿色经济增长 [J]. 中国软科学，2020（6）：159 – 173.

[52] 林德简，陈加利，邱国玉. 中国环保产业的绿色金融支持因子研究——基于中证环保产业 50 指数成份股的实证分析 [J]. 工业技术经济，2018，37（5）：129 – 135.

[53] 刘华军，刘传明，孙亚男. 中国能源消费的空间关联网络结构特征及其效应研究 [J]. 中国工业经济，2015（5）：83 – 95.

［54］刘金全，魏阙．创新、产业结构升级与绿色经济发展的关联效应研究［J］．工业技术经济，2020，39（11）：28－34.

［55］刘乃全，戴晋．我国对"一带一路"沿线国家 I 的环境效应［J］．经济管理，2017，39（12）：6－23.

［56］刘西明．绿色经济测度指标及发展对策［J］．宏观经济管理，2013（2）：39－40.

［57］刘霞，何鹏．绿色金融在中部地区经济发展中的影响效应研究［J］．工业技术经济，2019，38（3）：76－84.

［58］刘晔，张训常．碳排放交易制度与企业研发创新——基于三重差分模型的实证研究［J］．经济科学，2017（3）：102－114.

［59］陆根尧，盛龙，唐辰华．中国产业生态化水平的静态与动态分析——基于省际数据的实证研究［J］．中国工业经济，2012（3）：147－159.

［60］逯承鹏，刘志良，刘祎平，等．黄河流域产业生态化时空格局及其影响因素［J］．生态学杂志，2022，41（7）：1342－1350.

［61］吕明元，陈磊．"互联网＋"对产业结构生态化转型影响的实证分析——基于上海市 2000－2013 年数据［J］．上海经济研究，2016（9）：110－121.

［62］罗能生，王玉泽．财政分权、环境规制与区域生态效率——基于动态空间杜宾模型的实证研究［J］．中国人口·资源与环境，2017，27（4）：110－118.

［63］马国栋．生态现代化理论及其实践意涵［J］．武汉理工大学学报（社会科学版），2015，28（6）：1053－1058.

［64］马骏，孟海波，邵丹青，等．绿色金融、普惠金融与绿色农业发展［J］．金融论坛，2021，26（3）：3－8，20.

［65］马梅若．绿色金融"三大功能""五大支柱"助力实现"30·60 目标"——访全国政协委员、经济委员会副主任、人民银行副行长陈雨露［J］．中国金融家，2021（3）：31－33.

［66］毛昊，尹志锋，张锦．中国创新能够摆脱"实用新型专利制度使用陷阱"吗［J］．中国工业经济，2018（3）：98－115.

［67］孟望生，邵芳琴．中国各省区绿色经济增长效率测度［J］．统计与决策，2020，36（16）：105－109.

[68] 牛文元. 可持续发展理论的内涵认知——纪念联合国里约环发大会20周年 [J]. 中国人口·资源与环境, 2012, 22 (5): 9-14.

[69] 潘峰, 西宝, 王琳. 中国式分权下的地方政府环境规制均衡模型 [J]. 财经论丛, 2015 (3): 105-113.

[70] 齐绍洲, 林屾, 崔静波. 环境权益交易市场能否诱发绿色创新?——基于我国上市公司绿色专利数据的证据 [J]. 经济研究, 2018, 53 (12): 129-143.

[71] 钱争鸣, 刘晓晨. 中国绿色经济效率的区域差异与影响因素分析 [J]. 中国人口·资源与环境, 2013, 23 (7): 104-109.

[72] 冉冉. "压力型体制" 下的政治激励与地方环境治理 [J]. 经济社会体制比较, 2013 (3): 111-118.

[73] 冉冉. 中国环境政治中的政策框架特征与执行偏差 [J]. 教学与研究, 2014 (5): 55-63.

[74] 尚嫣然, 温锋华. 新时代产业生态化和生态产业化融合发展框架研究 [J]. 城市发展研究, 2020, 27 (7): 83-89.

[75] 邵帅, 范美婷, 杨莉莉. 经济结构调整、绿色技术进步与中国低碳转型发展——基于总体技术前沿和空间溢出效应视角的经验考察 [J]. 管理世界, 2022, 38 (2).

[76] 邵帅, 范美婷, 杨莉莉. 经济结构调整、绿色技术进步与中国低碳转型发展——基于总体技术前沿和空间溢出效应视角的经验考察 [J]. 管理世界, 2022, 38 (2): 46-69, 4-10.

[77] 邵帅, 李欣, 曹建华. 中国的城市化推进与雾霾治理 [J]. 经济研究, 2019, 54 (2): 148-165.

[78] 沈洁, 张永恒, 周冰. 黄河流域产业生态化评价及优化路径研究 [J]. 人民黄河, 2020, 42 (10): 6-10.

[79] 沈坤荣, 金刚, 方娴. 环境规制引起了污染就近转移吗? [J]. 经济研究, 2017, 52 (5): 44-59.

[80] 沈坤荣, 金刚. 中国地方政府环境治理的政策效应——基于 "河长制" 演进的研究 [J]. 中国社会科学, 2018 (5): 92-115, 206.

[81] 史敦友. 异质性环境规制、技术创新与中国工业绿色化 [J]. 贵州财经大学学报, 2021 (3): 83-93.

[82] 斯丽娟. 西部地区产业生态化时空演进及其驱动机制 [J].

甘肃社会科学, 2021 (4): 149 – 156.

[83] 斯丽娟, 姚小强. 绿色金融改革创新与区域产业结构生态化——来自绿色金融改革创新试验区的准自然实验 [J]. 学习与探索, 2022 (4): 129 – 138, 2.

[84] 宋弘, 孙雅洁, 陈登科. 政府空气污染治理效应评估——来自中国"低碳城市"建设的经验研究 [J]. 管理世界, 2019, 35 (6): 95 – 108, 195.

[85] 苏冬蔚, 连莉莉. 绿色信贷是否影响重污染企业的投融资行为? [J]. 金融研究, 2018 (12): 123 – 137.

[86] 苏任刚, 赵湘莲, 程慧. 绿色金融支持绿色产业发展的作用机理、路径分析 [J]. 财会月刊, 2019 (11): 153 – 158.

[87] 孙太清. 可持续发展理论之探讨 [J]. 经济问题, 2004 (1): 9 – 11.

[88] 唐飞鹏. 地方税收竞争、企业利润与门槛效应 [J]. 中国工业经济, 2017 (7): 99 – 117.

[89] 唐啸. 绿色经济理论最新发展述评 [J]. 国外理论动态, 2014 (1): 125 – 132.

[90] 王班班, 莫琼辉, 钱浩祺. 地方环境政策创新的扩散模式与实施效果——基于河长制政策扩散的微观实证 [J]. 中国工业经济, 2020 (8): 99 – 117.

[91] 王宏斌. 生态现代化理论视域中的中国生态文明建设: 一种规范性的探讨 [J]. 当代世界与社会主义, 2014 (2): 89 – 92.

[92] 王磊, 龚新蜀. 产业生态化研究综述 [J]. 工业技术经济, 2013, 32 (7): 154 – 160.

[93] 王礼刚. 汉江生态经济带产业生态化与生态产业化耦合协调发展研究 [J]. 长江流域资源与环境, 2022, 31 (6): 1198 – 1207.

[94] 王韧. 中国绿色金融治理效应评估及绿色政策选择——基于334 家公众公司的微观数据 [J]. 宏观经济研究, 2021 (6): 133 – 145.

[95] 王书斌, 徐盈之. 环境规制与雾霾脱钩效应——基于企业投资偏好的视角 [J]. 中国工业经济, 2015 (4): 18 – 30.

[96] 王文举, 向其凤. 中国产业结构调整及其节能减排潜力评估 [J]. 中国工业经济, 2014 (1): 44 – 56.

[97] 王遥, 潘冬阳, 张笑. 绿色金融对中国经济发展的贡献研究 [J]. 经济社会体制比较, 2016 (6): 33 – 42.

[98] 王勇, 陈诗一, 朱欢. 新结构经济学视角下产业结构的绿色转型: 事实、逻辑与展望 [J]. 经济评论, 2022 (4): 59 – 75.

[99] 魏福丽, 袁旭梅. 中国省域高质量绿色发展水平评价与演化 [J]. 经济地理, 2020, 40 (2): 108 – 116.

[100] 魏海生, 李祥兴. 建设美丽中国的行动指南——深入学习习近平生态文明思想 [J]. 经济社会体制比较, 2022 (1): 1 – 10.

[101] 魏丽莉, 修宏岩, 侯宇琦. 数字经济对城市产业生态化的影响研究——基于国家级大数据综合试验区设立的准自然试验 [J]. 城市问题, 2022 (11): 34 – 42.

[102] 魏巍, 陈志国, 孙春生, 等. 京津冀产业生态化水平测度及时空动态演变 [J]. 统计与决策, 2020, 36 (21): 110 – 113.

[103] 协天紫光, 薛飞, 葛鹏飞. 中国对外直接投资对"一带一路"沿线国家绿色全要素生产率的影响 [J]. 上海财经大学学报, 2019, 21 (6): 96 – 110.

[104] 谢婷婷, 刘锦华. 绿色信贷如何影响中国绿色经济增长? [J]. 中国人口·资源与环境, 2019, 29 (9): 83 – 90.

[105] 徐波, 汪波, 朱琳. 我国产业结构与就业结构演进及动态测度 [J]. 统计与决策, 2019, 35 (18): 121 – 125.

[106] 徐佳, 崔静波. 低碳城市和企业绿色技术创新 [J]. 中国工业经济, 2020 (12): 178 – 196.

[107] 徐晓光, 樊华, 苏应生, 等. 中国绿色经济发展水平测度及其影响因素研究 [J]. 数量经济技术经济研究, 2021, 38 (7): 65 – 82.

[108] 杨志江, 文超祥. 中国绿色发展效率的评价与区域差异 [J]. 经济地理, 2017, 37 (3): 10 – 18.

[109] 姚秋蕙, 韩梦瑶, 刘卫东. "一带一路"沿线地区隐含碳流动研究 [J]. 地理学报, 2018, 73 (11): 2210 – 2222.

[110] 尹子擘, 孙习卿, 邢茂源. 绿色金融发展对绿色全要素生产率的影响研究 [J]. 统计与决策, 2021, 37 (3): 139 – 144.

[111] 余东华. 黄河流域产业生态化与生态产业化的战略方向和主

要路径 [J]. 山东师范大学学报（社会科学版），2022，67（1）：128 -
138.

[112] 余东升，李小平，李慧. "一带一路"倡议能否降低城市环
境污染？——来自准自然实验的证据 [J]. 统计研究，2021，38（6）：
44 - 56.

[113] 余泳泽，孙鹏博，宣烨. 地方政府环境目标约束是否影响了
产业转型升级？[J]. 经济研究，2020，55（8）：57 - 72.

[114] 余泳泽. 中国省际全要素生产率动态空间收敛性研究 [J].
世界经济，2015，38（10）：30 - 55.

[115] 俞亚丽. 我国可持续发展理论：进展与评价 [J]. 经济理论
与经济管理，2000（3）：76 - 80.

[116] 袁恩桢. 社会主义市场经济可持续发展的三个问题 [J]. 毛
泽东邓小平理论研究，2016（9）：19 - 22，91.

[117] 袁航，朱承亮. 国家高新区推动了中国产业结构转型升级吗
[J]. 中国工业经济，2018（8）：60 - 77.

[118] 袁世一，李永武，陈维国，等. 产业生态化与空间集聚效应
研究——来自中国31个省、市、自治区的面板数据 [J]. 管理评论，
2020，32（6）：72 - 81.

[119] 曾刚，胡森林. 技术创新对黄河流域城市绿色发展的影响研
究 [J]. 地理科学，2021，41（8）：1314 - 1323.

[120] 张波，白丽媛. "两山理论"的实践路径——产业生态化和
生态产业化协同发展研究 [J]. 北京联合大学学报（人文社会科学版），
2021，19（1）：11 - 19，38.

[121] 张成思，朱越腾. 对外开放、金融发展与利益集团困局
[J]. 世界经济，2017，40（4）：55 - 78.

[122] 张华. 低碳城市试点政策能够降低碳排放吗？——来自准自
然实验的证据 [J]. 经济管理，2020，42（6）：25 - 41.

[123] 张华. 地区间环境规制的策略互动研究——对环境规制非完
全执行普遍性的解释 [J]. 中国工业经济，2016（7）：74 - 90.

[124] 张婷，李泽辉，崔婕. 绿色金融、环境规制与产业结构优化
[J]. 山西财经大学学报，2022，44（6）：84 - 98.

[125] 张文龙，邓伟根. 产业生态化：经济发展模式转型的必然选

择 [J]. 社会科学家, 2010 (7): 44 - 48.

[126] 张晓玲. 可持续发展理论: 概念演变、维度与展望 [J]. 中国科学院院刊, 2018, 33 (1): 10 - 19.

[127] 张亚明, 陈宝珍. 京津冀生态环境支撑区产业生态化效率研究 [J]. 现代城市研究, 2016 (12): 21 - 27.

[128] 张媛媛, 袁奋强, 刘东皇, 等. 产业生态化水平的测度及其影响因素研究 [J]. 长江流域资源与环境, 2019, 28 (10): 2331 - 2339.

[129] 张征宇, 朱平芳. 地方环境支出的实证研究 [J]. 经济研究, 2010, 45 (5): 82 - 94.

[130] 赵斌. 关于绿色经济理论与实践的思考 [J]. 社会科学研究, 2006 (2): 44 - 47.

[131] 赵领娣, 张磊, 徐乐, 等. 人力资本、产业结构调整与绿色发展效率的作用机制 [J]. 中国人口·资源与环境, 2016, 26 (11): 106 - 114.

[132] 钟昌标, 胡大猛, 黄远浙. 低碳试点政策的绿色创新效应评估——来自中国上市公司数据的实证研究 [J]. 科技进步与对策, 2020, 37 (19): 113 - 122.

[133] 周琛影, 田发, 周腾. 绿色金融对经济高质量发展的影响效应研究 [J]. 重庆大学学报 (社会科学版), 2022, 28 (6): 1 - 13.

[134] 周亮, 车磊, 周成虎. 中国城市绿色发展效率时空演变特征及影响因素 [J]. 地理学报, 2019, 74 (10): 2027 - 2044.

[135] 周小亮. 包容性绿色发展: 理论阐释与制度支撑体系 [J]. 学术月刊, 2020, 52 (11): 41 - 54.

[136] 周小喜, 段存儒, 武照亮, 等. 工业产业生态化效率演变特征及其驱动因素 [J]. 统计与决策, 2022, 38 (15): 93 - 97.

[137] 周煊, 程立茹, 王皓. 技术创新水平越高企业财务绩效越好吗?——基于16年中国制药上市公司专利申请数据的实证研究 [J]. 金融研究, 2012 (8): 166 - 179.

[138] 周映伶, 罗胤晨, 文传浩. 城市产业生态化水平指标体系构建与综合评价 [J]. 统计与决策, 2021, 37 (6): 73 - 77.

[139] 诸大建. 从"里约+20"看绿色经济新理念和新趋势 [J].

中国人口·资源与环境, 2012, 22 (9): 1 - 7.

[140] 庄贵阳. 中国低碳城市试点的政策设计逻辑 [J]. 中国人口·资源与环境, 2020, 30 (3): 19 - 28.

[141] Anderson J. Environmental Finance [M] //Ramiah V, Gregoriou G. Handbook of Environmental and Sustainable Finance. London: Academic Press, 2016: 307 - 333.

[142] Brundtland G. H. World Commission on Environment and Development [J]. Environmental Policy & Law, 1987, 14 (1): 26 - 30.

[143] Cai X., Lu Y., Wu M., and Yu L. Does Environmental Regulation Driveaway Inbound Foreign Direct Investment? Evidence from a Quasi-natural Experiment in China [J]. Journal of Development Economics, 2016, 123: 73 - 85.

[144] Cheng J., Yi J., and Dai S., and Xiong Y. Can Low-carbon City Construction Facilitate Green Growth? Evidence from China's Pilot Low-carbon City Initiative [J]. Journal of Cleaner Production, 2019, 231 (9): 1158 - 1170.

[145] Conrad K., and Wastl D. The Impact of Environmental Regulation on Productivity in German Industries [J]. Empirical Economics, 1995, 20 (4): 615 - 633.

[146] Eremia A., Stancu I. Banking Activity for Sustainable Development [J]. Theoretical and Applied Economics, 2006 (6): 23 - 32.

[147] Hansen B. E. Inference when a nuisance parameter is not identified under the null hypothesis [J]. Econometrics, 1996, 64: 413 - 430.

[148] Hansen B. E. Threshold Effects in Non-dynamic Panels: Estimation, Testing and Inference [J]. Journal of Econometrics, 1999, 93 (2): 345 - 368.

[149] Jacobson L. S., LaLonde R. J., and Sullivan D. G. Earnings Losses of Displaced Workers [J]. The American Economic Review, 1993, 83 (4): 685 - 709.

[150] Le Sage J. P. and Pace R. K. Introduction to Spatial Econometrics [M]. Boca Raton: CRC Press, 2009.

[151] Ley, Marius, Stucki, Tobias, and Woerter, Martin. The Im-

pact of Energy Prices on Green Innovation [J]. The Energy Journal, 2016, 37 (1): 41 -75.

[152] Li P. , Lu Y. , and Wang J. Does Flattening Government Improve Economic Performance? Evidence from China [J]. Journal of Development Economics, 2016, 123: 18 -37.

[153] Lu Y. , Tao Z. , and Zhu L. Identifying FDI Spillovers [J]. Journal of International Economics, 2017, 107: 75 -90.

[154] Mandal S K. , Madheswaran S. Environmental Efficiency of the Indian Cement Industry: An Interstate Analysis [J]. Energy Policy, 2010, 38 (2): 1108 -1118.

[155] Porter M. E. , and Van - Der - Linde C. Toward a New Conception of the Environment - Competitiveness Relationship [J]. Journal of Economic Perspectives, 1995, 9 (4): 97 -118.

[156] Shadbegian, Ronald J. , and Gray, Wayne B. Pollution abatement expenditures and plant-level productivity: A production function approach [J]. Ecological Economics, 2005, 54: 196 -208.

[157] Solow R. M. Technical Change and the Aggregate Production Function [J]. Review of Economics and Statistics, 1957 (39): 312 - 320.

[158] UNEP et al. Green Jobs: Towards Decent Work in a Sustainable [J]. Low - Carbon World, 2008 (9): 4.

[159] UNEP. Green Economy: Developing Countries Success Stories [Z]. 2010: 5.

[160] Wang E, Liu X, Wu J, et al. Green Credit, Debt Maturity and Corporate Investment - Evidence from China [J]. Sustainability, 2019, 11 (3): 583.

[161] Wang Q. Fixed-effect Panel Threshold Model Using Stata [J]. Stata Journal, 2015, 15: 121 -134.

[162] Wooldridge J. M. Econometric Analysis of Cross Section and Panel Data [M]. MIT Press, 2010.